本书是国家社会科学基金青年项目 [15CKS015]
无锡党的建设研究基地 [WXDJ1709A] 的研究成果

本书由江南大学学术著作出版基金资助

SIXIANG ZHENGZHI JIAOYUXUE LILUN
QIANYAN WENTI YANJIU

思想政治教育学理论前沿问题研究

侯勇 / 著

中国社会科学出版社

图书在版编目（CIP）数据

思想政治教育学理论前沿问题研究/侯勇著. —北京：中国社会科学出版社，2018.1（2023.8 重印）

ISBN 978-7-5203-1862-4

Ⅰ.①思… Ⅱ.①侯… Ⅲ.①思想政治教育—教育学 Ⅳ.①D64

中国版本图书馆 CIP 数据核字（2017）第 330204 号

出 版 人	赵剑英
责任编辑	赵　丽
责任校对	张依婧
责任印制	王　超

出　　版	中国社会科学出版社
社　　址	北京鼓楼西大街甲 158 号
邮　　编	100720
网　　址	http://www.csspw.cn
发 行 部	010-84083685
门 市 部	010-84029450
经　　销	新华书店及其他书店

印　　刷	北京明恒达印务有限公司
装　　订	廊坊市广阳区广增装订厂
版　　次	2018 年 1 月第 1 版
印　　次	2023 年 8 月第 2 次印刷

开　　本	710×1000　1/16
印　　张	18.25
插　　页	2
字　　数	290 千字
定　　价	78.00 元

凡购买中国社会科学出版社图书，如有质量问题请与本社营销中心联系调换

电话：010-84083683

版权所有　侵权必究

目 录

导 言 …………………………………………………………………… (1)

第一章　前沿分析 ………………………………………………… (7)
　　一　思想政治教育学前沿研究相关阐释 ………………………… (7)
　　二　思想政治教育学前沿研究动态实证分析 …………………… (12)
　　三　思想政治教育学研究前沿中的热点问题 …………………… (24)

第二章　概念澄清 ………………………………………………… (40)
　　一　"思想政治教育是什么"的前提澄清 ……………………… (40)
　　二　思想政治教育概念提出与变化 ……………………………… (42)
　　三　思想政治教育概念群的辨析 ………………………………… (45)
　　四　思想政治教育概念研究反思 ………………………………… (54)

第三章　学科建设 ………………………………………………… (60)
　　一　思想政治教育学科理论阐释 ………………………………… (60)
　　二　思想政治教育学科发展实践 ………………………………… (67)
　　三　思想政治教育学科建设问题 ………………………………… (70)
　　四　思想政治教育学科建设构思 ………………………………… (80)

第四章　本质论争 ………………………………………………… (86)
　　一　思想政治教育本质研究的重要意义 ………………………… (86)
　　二　思想政治教育本质研究现状述评 …………………………… (88)
　　三　思想政治教育的"政治性"本质属性考查 ………………… (91)

四　思想政治教育政治性本质生成 …………………………… (96)

第五章　价值追问 ………………………………………………… (99)
　　一　思想政治教育价值研究理论阐释 ……………………… (100)
　　二　思想政治教育价值研究评估 …………………………… (102)
　　三　思想政治教育价值范式嬗变 …………………………… (107)
　　四　思想政治教育价值研究未来展望 ……………………… (109)

第六章　话语建构 ………………………………………………… (113)
　　一　思想政治教育话语相关概念分析 ……………………… (113)
　　二　思想政治教育话语研究的现状述评 …………………… (117)
　　三　思想政治教育话语困境及原因分析 …………………… (125)
　　四　思想政治教育话语权力实现 …………………………… (136)

第七章　公共关注 ………………………………………………… (147)
　　一　思想政治教育公共性研究的理论阐释 ………………… (147)
　　二　思想政治教育公共性研究的现状评述 ………………… (150)
　　三　思想政治教育公共性存在的问题 ……………………… (154)
　　四　思想政治教育公共化的转型逻辑 ……………………… (159)

第八章　组织建制 ………………………………………………… (164)
　　一　思想政治教育组织研究现状 …………………………… (164)
　　二　思想政治教育组织化结构与功能 ……………………… (169)
　　三　思想政治教育组织建制设计 …………………………… (176)
　　四　思想政治教育组织建制的价值外显 …………………… (181)

第九章　空间整合 ………………………………………………… (187)
　　一　思想政治教育空间整合研究现状 ……………………… (187)
　　二　思想政治教育空间整合目标 …………………………… (192)
　　三　思想政治教育空间整合机制 …………………………… (197)
　　四　思想政治教育空间整合动力 …………………………… (211)

第十章 转型研究 ……………………………………………… (218)
    一 思想政治教育转型研究论域 …………………………… (218)
    二 思想政治教育转型研究评估 …………………………… (225)
    三 思想政治教育转型研究前提反思 ……………………… (229)
    四 思想政治教育转型研究进路 …………………………… (235)

第十一章 系统建设 ……………………………………………… (238)
    一 思想政治教育系统研究现状 …………………………… (238)
    二 思想政治教育系统本体阐释 …………………………… (244)
    三 思想政治教育系统化存在：三个样本的分析 ………… (256)
    四 思想政治教育系统建设方略 …………………………… (261)

结 语 …………………………………………………………… (269)

参考文献 ………………………………………………………… (274)

后 记 …………………………………………………………… (283)

导　言

　　思想政治教育学科化建设30多年来，在以马克思列宁主义、毛泽东思想、邓小平理论、"三个代表"重要思想、科学发展观、习近平新时代中国特色社会主义思想指导下，以中国特色社会主义道路、理论、制度和文化建设的实践经验为基础，思想政治教育学理论体系实现了从经验形态向科学形态的跃迁。习近平总书记在全国高校思想政治工作会议上强调："要努力构建全方位、全领域、全要素的哲学社会科学体系，在学科体系、学术体系、话语体系等方面体现中国特色、中国风格、中国气派。"① 思想政治教育学理论前沿问题是引导和推进思想政治教育科学发展的重大问题，是推进思想政治教育学科体系、学术体系、话语体系建设的焦点与重点问题。由于研究角度相异和研究方法分殊，这方面相关研究著作和研究论文成果不少，本书围绕学科基本原理体系深化与发展的一些论题展开专题研究，选取的研究论题仅仅是基于笔者的个人兴趣和学习工作思考展开，以期抛砖引玉。全书内容共十一章，探讨的问题主要有两大部分，一是思想政治教育学元理论问题，主要是第一章到第五章，分析探讨了思想政治教育前沿分析、思想政治教育概念澄清、思想政治教育学科建设、思想政治教育本质论争、思想政治教育价值追问等问题，推进思想政治教育理论前沿研究的内部化；二是思想政治教育基本理论问题，主要是第六章到第十一章，分析探讨了思想政治教育话语建构、公共关注、组织建制、空间整合、转型研究、系统建设等专题。具体章节内容如下：

---

　　① 《习近平在全国高校思想政治工作会议上强调：把思想政治工作贯穿教育教学全过程开创我国高等教育事业发展新局面》，《人民日报》2016年12月9日第1版。

第一章是前沿分析。主要回答思想政治教育学前沿三个前提性澄清："研究现状如何""研究什么""如何研究"，即阐明思想政治教育学前沿研究现状、把握前沿研究的问题意识和研究动态。

第二章是概念澄清。主要探讨"思想政治教育是什么"的学科困惑，了解思想政治教育概念现象、学理意义和探讨空间；探讨思想政治教育概念演进、思想政治教育概念群和思想政治教育概念研究思路，力图回应"思想政治教育是什么"的命题。

第三章是学科建设。从学科系统化整体立场上反思和探究思想政治教育学科内部化与外部化建设问题，梳理思想政治教育学科发展历史、学科发展轨迹和学科建设存在的问题；探讨思想政治教育学科之眼；探索"思想政治教育学科科学化"的建设理路。

第四章是本质论争。依据"为什么要探究思想政治教育本质""思想政治教育本质理解是怎么样""思想政治教育本质是什么"的问题意识，从思想政治教育本质的意义、思想政治教育本质研究现状概观、思想政治教育政治性本质属性考查、思想政治教育政治性本质生成四个方面回答上述三个问题。

第五章是价值追问。主要从四个方面展开分析：一是理论阐释，分析思想政治教育价值是什么、教育价值范式研究借鉴；二是梳理思想政治教育价值研究主要成果、研究存在的问题；三是梳理思想政治教育价值范式嬗变轨迹，从传统思想政治教育生命线范式、学科化时期功能论范式、价值哲学主客体关系范式等进行梳理；四是在对思想政治教育价值研究评估基础上，对思想政治教育价值研究展望、思想政治教育价值发展趋势进行研究。

第六章是话语建构。主要研究内容包括：一是分析思想政治教育话语、思想政治教育话语权研究现状，在此基础上提出思想政治教育话语权的基本内涵；二是从思想政治教育理论话语主导权弱化、学术话语权式微、实践话语管控权失落三个维度总结分析思想政治教育话语权遭遇的现代性困境，并从思想政治教育系统内部和外部揭示其原因；三是思想政治教育话语权实现的对策路径，确立思想政治教育核心话语，拓展思想政治教育话语领域，推进思想政治教育话语表达转型，实现思想政治教育话语自信。

第七章是公共关注。主要分析思想政治教育公共性研究现状、存在问题及其实现：一是分析了解思想政治教育公共性所处时代背景、理论依据、理论内涵；二是梳理思想政治教育公共性研究现状与问题；三是探讨思想政治教育公共性产生的逻辑起点、作用机理等；四是探索推进思想政治教育公共性与公共化转型逻辑。

第八章是组织建制。主要在梳理思想政治教育组织研究现状的基础上，把握思想政治教育组织建制的内涵，在此基础上分析思想政治教育组织建制的功能，结合高校思想政治教育组织个案、思想政治教育组织单位行动个案，分析研究思想政治教育组织机构建制设计及其价值外显。

第九章是空间整合。在分析高校思想政治教育空间整合的研究现状基础上，分析高校思想政治教育空间整合的"系统优化、立德树人和系统秩序"目标，分析高校思想政治教育制度空间整合、学科空间整合、价值空间整合、社会空间整合机制，及从政党意志、市场力量、社会力量、高校主体整合等探究高校思想政治教育空间整合动力。

第十章是转型研究。包括三个方面内容：一是思想政治教育转型研究概观，把握其研究存在的问题及产生的原因；二是对思想政治教育转型研究的前提性澄清；三是提出新时期思想政治教育现代转型的研究构思和基本进路。

第十一章是系统建设。依据思想政治教育系统研究的问题意识展开分析：一是总结梳理思想政治教育系统研究现状、存在问题；二是分析思想政治教育系统内涵、特征、结构；三是探索思想政治教育系统嬗变轨迹；四是以教社科［2015］2号文件为例分析思想政治教育系统化存在与建构；五是提出思想政治教育系统建设方略。

本书理论探讨主要注重以下几点：

第一，深化思想政治教育学科基本问题研究，力图推进思想政治教育学科学发展。本书重点探讨思想政治教育学科两类前沿问题，一是思想政治教育基础理论中的前沿问题，从基本原理角度探讨思想政治教育的"元"问题，如思想政治教育前沿分析、思想政治教育概念澄清、思想政治教育学科建设、思想政治教育本质论争、思想政治教育价值追问等问题；二是选取思想政治教育学科理论问题，如思想政治教育话语分析、思想政治教育公共性与公共化关注、思想政治教育组织建制的探索、思想政治教育空间整合、思想政治教育转型探讨、思想政治教育系统建设，基本建构起一个前沿研究框架和思路，为以后的研究提供一些参考。可以说，通过运用多学科知识分析学科建设、话语建构、公共关注、组织建制、空间整合系统建设思想政治教育内部化与外部化研究，拓展思想政治教育理论研究交叉学科研究，有利于推进思想政治教育学基本理论和前沿理论发展。

第二，创新思想政治教育研究论点，力图推进思想政治教育理论生长。一是提出思想政治教育概念的理解——思想政治教育是在思想领域以教育形式展开的政治实践活动。具体而言，思想政治教育是教育者按照社会发展要求和人的思想行为活动规律引导社会成员将一定社会的思想观念、政治观点、道德规范通过内外化过程自主建构思想品德素质的社会实践活动。二是深化思想政治教育"学科之眼"分析，勘定思想政治教育学科边界。不同学科都有其自己的"眼睛"，即所谓"学科之眼"。政治学使用的"权力"之眼，经济学使用的是"资本"之眼。从这个角度而言，笔者以为，思想政治教育学科之眼是"思想"，这是思想政治教育学科异于其他学科的首要标志，是确定思想政治教育学科边界和进行学科定位的重要范畴。三是明晰思想政治教育话语内涵——思想政治教育话语是在意识形态政治实践中潜隐政治权力运作展现出来的意识形态言语符号系统。思想政治教育话语权是在意识形态政治实践活动中形成的话语影响力、吸引力和控制力，包括理论话语主导权、学科话语引领权、工作话语管控权。随着社会现代化与思想政治教育系统内部转型，思想政治教育系统内部遭遇话语权困境，在此基础上提出实现由思想政治教育权力话语向话语权力转换的三维策略。四是阐释思想政治教育公共性研究论纲。思想政治教育作为一种政治社会化公共性实践和意识形态性政治活动，具有公共性内在品质，包括"涉及公众、实现公众和依靠公众"三个方面内涵和"理论—组织—实践形态"三个方面内在结构。分析思想政治教育公共性面临思想政治教育理论的公共性式微、思想政治教育学科的公共性焦虑、思想政治教育实践的公共性失位等困境，提出实现思想政治教育公共性关注和公共化转型路径。五是对思想政治教育组织进行专题探究。思想政治教育组织是在思想领域围绕社会目标通过教育形式与外部环境相联系的社会动态实体结构系统。具体而言，思想政治教育组织包括静态的思想政治教育组织建构存在和动态的组织化思想政治教育实践存在两个维度。利益满足是思想政治教育组织建制的价值起点；社会治理是思想政治教育组织建制的价值存在；社会和谐是思想政治教育组织建制的价值目标；价值实现是思想政治教育组织建制的价值旨归。六是对思想政治教育转型问题进行学术分析，回答了思想政治教育现代转型的内涵前提条件，探讨思想政治教育转型是在何种角度或何种意义层面的转型的基本定位；分析了思想政治教育转型研究的路径。七是提出思想政治教育系统化建设的初步思考。思想政治教育系统研究强调用系统论的观点将思想政治教育系统作为一个既存在内部紧密联系，又存在着大量外部联系的整体来看待，将复杂的思想政治教育系统划分为不同组分别进行研究，如理论、学科、实践、人、环境等要素，通过学科共同体意识和学科自觉将知识生产和知识应用整合在一起，提出要正确处理思想政治教育系统生态关系，以推进思想政治教育系统化建设，推进思想政治教育系统思维方式应用。

第三，深化思想政治教育学科研究方法，力图推进思想政治教育前沿学研究。本书综合运用多种研究方法：一是运用文献统计学研究方法，如十一个专题通过文献梳理分析总结各个专题研究现状、评估、问题与发展问题。二是采用法律与政策文本结合的分析方法，通过文献资料阅读、相关政策文件样本进行理论分析，如思想政治教育组织建制专题，以《关于进一步加强和改进大学生思想政治教育的意见》（16号文）、《中央宣传部、国务院国资委关于加强和改进新形势下国有及国有控股企业思想政治工作的意见》《普通高校思想政治理论课建设体系创新计划》（教社科［2015］2号文）三个文件样本为个案展开对思想政治教育系统研究与系统化建设的分析。三是应用行为事件访谈法（BEI），通过对思想政治教育理论研究者和实践工作者进行开放式访谈，根据受访者对自己过去职业活动中思想政治教育理论研究与实践工作的描述、参与、言行、言行背后的原因和依据、行动和事件的结果等内容详尽描述，来分析思想政治教育学理论前沿问题。四是坚持系统研究方法。运用思想政治教育系统思维是思想政治教育系统方法论的根本要求，是本书研究的根本方法。运用系统论观点分析和研究思想政治教育，从历史与社会的角度阐述思想政治教育的系统建设、思想政治教育学科建设、思想政治教育现代转型、思想政治教育组织建制、思想政治教育空间整合等主题。五是强调社会研究方法。"社会视野"是社会方法论的基本思维角度，也是本书的基本立场。以社会为视角，从思想政治教育与社会关系中考察思想政治教育理论前沿问题。坚持社会视角和社会与思想政治教育互动作为考察思想政治教育理论前沿问题的基本思维。六是多学科交叉分析法，综合运用政治学、经济学、管理学、社会学、心理学、生态学等多学科的理论和研究技术，如社会学中的"结构功能主义分析"、系统科学中"系统分析"等分析思想政治教育学科、思想政治教育组织、思想政治教育系统等结构化存在，揭示现代思想政治教育学理论前沿问题。

第一章

前沿分析

一 思想政治教育学前沿研究相关阐释

关于思想政治教育学前沿问题，概念的明晰非常重要，必先知晓前沿内涵是什么，才能进一步探究前沿的理论与实践形态。根据对"思想的前提批判"（孙正聿语）思维逻辑层次跃迁思路，本书首先对"思想政治教育前沿是什么"这个元问题进行前提性反思。

(一) 前沿研究题解

什么是前沿？从内涵的相关性分析来看，与前沿研究相关性较强的词有研究热点、难点、焦点等。热点多指人们关注的重大事件和国家政策以及新闻事件，而研究热点是人们研究中关注的重大问题、研究中引起广泛争论的焦点问题，研究难点是人们研究中遇到的困难、难以推进的重点问题。研究前沿则指向当前所面临的需要解决的、正在或即将发生的反映事物发展核心趋势的理论和实践问题。研究前沿是研究热点的前奏和基础，但研究热点问题并不一定是研究前沿问题。研究难点是研究中的阻碍、难以推进之处，研究前沿问题可能是研究的难点之处，研究难点也可能是前沿问题。从发展变化性角度来分析，与前沿相关性较强的词有发展、变迁、整合、转型、进化、革命、超前、先导、超越等反映变化态势的词组，可以说前沿是由发展、变迁、整合、转型、进化、革命等推动前进的，因而前沿问题具有动态性、前瞻性、趋向性、发展性、前进性等特征。

(二) 思想政治教育学前沿研究内涵概观

什么是思想政治教育学前沿？判断思想政治教育学前沿的标准是什么？内涵理解主要有以下几种代表性观点：一是思想政治教育前沿问题是"思想政治教育实践中遇到的新问题、重大问题、焦点和热点问题，这些问题关系到党、国家和民族的前途和命运，对改革开放和社会主义现代化建设以及每个人的全面自由发展产生重大影响，制约着现代思想政治教育的创新和发展，是思想政治教育工作者要创造性回答的带有普遍性、关键性、集中性的迫切问题"①。二是思想政治教育学前沿是思想政治教育学理论研究与实践发展中出现的居于学科最新与最先领域，具有发展的前瞻性、趋向性、争议性、迫切性、复杂性属性的影响思想政治教育学创新和发展的重大问题。② 三是思想政治工作前沿是思想政治工作向前发展中所呈现出来的走向、所显现出来的运动状态的形势及其所展示出来的趋向走势，"是指思想政治工作前沿本质属性的总和，具体包括思想政治工作的前沿意识、前沿视域、前沿行为"③。四是认为思想政治教育学科前沿问题至少有三重规定："（1）学科建设发展紧迫需要而又尚待研究的重要理论问题；（2）学科领域中理论与实践发生矛盾而又亟待解决的重大问题；（3）学科理论逻辑演进中生发出来而又必须解决的新问题。"④ 从思想政治工作前沿的"前沿发展、前沿矛盾、前沿规律、前沿结构、前沿环节"五个要素论述思想政治工作前沿理论。⑤ 上述观点强调思想政治教育前沿性，对前沿本体内涵有所阐释，强调思想政治教育学前沿呈现出新向势、新问题、重要性的表征，具有重要借鉴意义，但仍需进一步追问与反思。一是没有区分思想

---

① 王学俭等：《现代思想政治教育前沿问题研究》，人民出版社2008年版，第6页。
② 颜素珍、侯勇：《思想政治教育学前沿研究回顾与发展趋向探析》，《思想政治教育研究》2010年第2期。
③ 王志军、余仰涛：《论思想政治工作前沿的基本内涵》，《江汉论坛》2008年第4期。
④ 张澍军：《试论思想政治教育学科前沿的若干重大问题》，《马克思主义研究》2011年第1期。
⑤ 参见余仰涛、李珂《论"思想政治工作前沿发展"概念》，《思想政治教育研究》2008年第4期；黄治国、余仰涛《论思想政治工作前沿发展的基本规律》，《江汉论坛》2009年第3期；黄治国、余仰涛《论思想政治工作前沿运行环节》，《思想政治教育研究》2009年第2期。

政治教育学前沿和思想政治教育前沿两个概念之间的异同。思想政治教育学前沿主要指向思想政治教育学术研究、学科研究等基本的学术研究为主；而思想政治教育前沿主要指向思想政治教育理论、思想政治教育学科、思想政治教育实践领域呈现出来的理论研究、学科建设、实践发展的重大前沿问题。二是对思想政治教育热点、难点与前沿等相邻概念做出区分，容易将思想政治教育热点、难点问题与思想政治教育前沿问题混同。思想政治教育研究热点是人们在研究某一时期中关注的重点问题，同时也引起广泛争论的焦点问题；思想政治教育研究难点是人们在研究中遇到的困难、难以推进的重点问题；而思想政治教育研究前沿则指向当前所面临的需要解决的正在或即将发生的、反映思想政治教育理论研究和实践发展的核心趋势问题。思想政治教育研究前沿问题是研究热点的前奏和基础，但研究热点问题并不一定是研究前沿问题，二者是充分非必要条件关系。思想政治教育研究难点是研究中的阻碍、难以推进之处，研究前沿问题可能是研究的难点之处，研究难点也可能是前沿问题。

（三）思想政治教育学前沿研究著作概观

思想政治教育专业著作中以"思想政治教育前沿研究"为名的代表性著作主要有：张耀灿先生整合研究力量形成的专著《思想政治教育学前沿》（2006，人民出版社）、王学俭教授等编著《现代思想政治教育前沿问题研究》（2008，人民出版社）、孙其昂教授《思想政治教育学前沿研究》（2013，人民出版社）、马振清教授《思想政治教育前沿问题研究》（国家行政学院出版社，2014年）、张澍军教授《思想政治教育前沿论略》（人民出版社，2015年），等等。这些专著分别从不同角度、不同的框架体系对思想政治教育前沿研究展开了探索，其中张耀灿先生《思想政治教育学前沿》[①]（2006）主要从理论研究层面，以专题式研究框架展开研究："范畴建构、价值追问、结构优化、功能发挥、过程分析、机

---

① 十年前笔者就购买《思想政治教育学前沿》，阅读多次，深受其中的观点的启发与滋养。此种前沿研究的逻辑展开与框架建构对笔者了产生了重要影响，可以说，本书的大纲思路就是吸收了这种架构思路。

制转换、活动研究、主体间性、文化环境、社会归化、评估探讨"等；王学俭教授等编著的《现代思想政治教育前沿问题研究》（2008）从理论前沿层面对思想政治教育实践论、需要论、人学论、价值论和沟通机制等问题进行研究，从应用前沿问题层面集中研究了马克思主义正义观教育、中国传统文化与现代思想政治教育关系、现代思想政治教育在和谐社会建设中的有效性问题、中国特色社会主义理论教育发展问题等；孙其昂教授《思想政治教育学前沿研究》[①]（2013）重点探讨思想政治教育学两类前沿问题，一是思想政治教育学基础理论中的新问题，紧扣"思想政治教育是什么"命题，强调思想政治教育"向内求索"，对思想政治教育概念、思想政治教育实践、思想政治教育学、思想政治教育学科、思想政治教育环境等思想政治教育学基本问题进行研究。二是思想政治教育学新问题，选取了若干重要问题，阐述了思想政治教育人、思想政治教育本质、思想政治教育基本精神、思想政治教育现代性、思想政治教育现代转型和思想政治教育系统论等理论和实践前沿问题。马振清教授《思想政治教育前沿问题研究》（国家行政学院出版社，2014）阐明了思想政治教育与科学发展观、社会主义道德建设、社会主义法治国家建设、社会主义和谐社会建设、社会主义核心价值体系的提出、全面建设与建成小康社会、经济全球化以及马克思主义意识形态主导地位、社会进步与人的全面发展、现代科技革命进程的相互关系，提出思想政治教育融入其中的理论与实践。张澍军教授《思想政治教育前沿论略》（2015）以学科前沿问题为论域，着重从创新思想政治教育观、思想政治教育与世界观人生观价值观、思想政治教育与人的发展、思想政治教育与社会思潮、思想政治教育与理想信念五个方面探讨和阐释了改革开放新时期以来思想政治教育的新课题。

在思想政治教育元理论、元问题研究中，代表性著作主要有：倪愫襄教授《思想政治教育元问题研究》（2014）主要从思想政治教育

---

① 笔者作为孙其昂教授第一批毕业的思想政治教育博士生，深受先生研究思维和研究方法的影响，带有先生思想的"烙印"与痕迹。在攻读硕博士学位过程中，就参加先生前沿课程的听课及助教工作，本书一些专题受到先生专著的启发，一些专题在先生前沿专著基础上进行了推进与进一步思考。

的根本性问题、前提性问题出发来研究思想政治教育元问题,并对思想政治教育元问题提出一些自己的认识和反思,也是对思想政治教育元问题的初步解答和思考。诸如对思想政治教育的学科视域的宏观思考、对思想政治教育概念的语义分析、对思想政治教育的发生根源的探索、对思想政治教育的科学基础的追问、对思想政治教育本质特征的研究、对思想政治教育功能的定位、对思想政治教育的价值属性的考问、对思想政治教育的目标指向的反思、对思想政治教育的研究方法的探讨等。

可见,近年来相继出版的著作,一方面代表了学界对思想政治教育学理论前沿问题的关注和聚焦,另一方面也以丰富的思想政治教育理论研究成果,对当前思想政治教育领域的重大理论与实践问题进行了较深入的研究,有力地推动了思想政治教育学理论前沿研究的发展与创新。

(四) 思想政治教育学理论前沿内涵阐释

笔者以为,思想政治教育前沿问题是制约、影响、推进思想政治教育创新发展的核心性、创新性、突破性的理论研究、学科建设、实践增长的重要突破口和学术增长点。思想政治教育前沿问题反映思想政治教育理论研究和实践探索中遇到的热点问题、焦点问题、难点问题,"既包括理论研究发展和创新的学理性问题,也包括在具体实践中、在一线工作中遇到的实际问题;既包括原有的研究范畴随着理论和实践的发展而呈现出的新内容、新特征,也包括在以往理论和实践方面从未遇到过的新出现、刚发生而又迫切需要解决的全新问题"①。思想政治教育前沿问题研究具有鲜明的"前沿性"特征:一是创新性,反映思想政治教育理论研究、学科建设和实践增长研究的新动向、新趋势;二是焦点性,反映思想政治教育理论研究、学科建设和实践增长研究的热点问题、重大问题;三是突破性,反映思想政治教育理论研究、学科建设和实践增长研究的学术增量,是思想政治教育研究的增长点和突破口。借鉴上述前沿理解的合理内核,笔者以为:思想政治教育学理论前沿是思想政治教

---

① 冯刚:《深刻把握思想政治教育的前沿问题》,《教学与研究》2012 年第 9 期。

育学理论研究与实践发展中出现的居于学科最新与最先领域，具有发展的前瞻性、趋向性、争议性、迫切性、复杂性属性的影响思想政治教育学创新和发展的重大问题。可以从以下几方面进行理解：一是强调思想政治教育学前沿的前瞻性，是理论研究者在"莫道君行早，更有早行人"意境中承担"早行人"的角色，是超越于热点和难点问题的理论前瞻性问题；二是强调前沿研究的争议性，只有在争议之中才能引起关注，才能有"否定之否定"的发展，才能具有发展性；三是强调趋向性，思想政治教育学前沿问题是思想政治教育发展的一种新向势，是处在学科的前沿趋向性的理论问题；四是强调思想政治教育理论研究与实践发展中制约思想政治教育发展和创新的重大复杂问题。

二 思想政治教育学前沿研究动态实证分析

(一) 背景与问题

近年来，实证主义方法论指导的定量研究在社会学、教育学、法学、情报与文献学等学科得到广泛应用，涌现出来的成果也较丰富。思想政治教育实证主义研究方法论逐渐引起学界的关注，定量研究成果逐渐增多起来。从笔者手中所及的资料来看，主要分为两种实证研究：

第一，思想政治教育实践工作实效测量、测评等；主要集中探讨思想政治教育过程、思想政治教育活动实施效果等问题。邓卓明等[①]对构建大学生思想政治教育测评体系的四个前提、五项原则、指标体系、实施路径进行了探索。沈壮海等[②]对思想政治教育测评研究进行了分析，对思想政治教育测评研究的发展阶段、范围特点、类型标准、原则机制、指标体系、途径程序、未来发展等进行了分析。沈壮海教授团队的《中国大学生思想政治教育发展报告 2014，2015》采用随机抽样与立意抽样相结合的方法进行实证研究，聚焦大学生思想政治状况的实证调查分析，

---

① 邓卓明、李德全：《大学生思想政治教育测评体系构建新探》，《思想理论教育导刊》2009 年第 4 期。
② 沈壮海、段立国：《思想政治教育测评研究的回顾与展望》，《思想教育研究》2014 年第 9 期。

观测大学生思想政治教育的开展状况及其成效。北京化工大学全国大学生思想政治教育发展研究中心编《中国大学生思想政治教育年度质量报告》从整体、专题和区域报告三个维度对大学生思想政治教育发展趋势、大学生思想政治教育工作状况和质量水平、地区大学生思想政治教育发展情况等进行分析。

第二，思想政治教育理论研究之"研究"。沈壮海教授就思想政治教育学术版图指出：支撑起这种跨越式发展的，是我们党的思想政治教育的优良传统、政治优势和经验积累，是中国特色社会主义事业发展所蕴含的对这一学科的强劲社会需求，同时也包括这一学科领域学者倾力推进的以学科化为主题的科学研究。在较短的时间内比较全面地构建起了以思想政治教育原理、思想政治教育方法论、思想政治教育发展史、比较思想政治教育，及相关领域思想政治教育研究等为基本内容的思想政治教育专业人才培养的教材体系，也基于这种教材体系的建设大体确定了思想政治教育的学科边界和学术领域。[1] 刘晓哲[2]对10年来我国思想政治教育类论文进行综合研究与分析，将思想政治教育研究取向分为经验研究取向、文献研究取向、思辨研究取向、学科交叉研究取向、比较研究取向。沈壮海[3]收集多所高校图书馆所藏题名中含有"思想政治教育"的著作目录，整理成"改革开放以来思想政治教育研究著作目录"，对改革开放以来思想政治教育研究的学术版图进行分析。韩华[4]基于2000—2009年思想政治教育学科博士学位论文的研究主题、文献综述、研究方法和参考文献的统计数据，展开对思想政治教育学科科学化发展的统计分析。高立伟等[5]对思想政治教育博士论文、思想政治教育博士

---

[1] 沈壮海：《改革开放以来思想政治教育研究的学术版图》，《思想理论教育导刊》2008年第11期。
[2] 刘晓哲：《对10年来我国思想政治教育类论文的综合研究与分析》，《思想理论教育导刊》2005年第1期。
[3] 沈壮海：《改革开放以来思想政治教育研究的学术版图》，《思想理论教育导刊》2008年第11期。
[4] 韩华：《推进思想政治教育学科科学化发展的思考——基于对2000—2009年思想政治教育学科博士学位论文的分析》，《思想理论教育》2011年第7期。
[5] 高立伟、孙其昂：《思想政治教育学科研究生科研方法规训的实证分析——基于研究生培养方案的考察》，《思想理论教育》2012年第11期。

点培养方案、思想政治教育硕士点培养方案进行抽样,对思想政治教育学科科研方法规训进行实证分析。沈壮海等在大学生思想政治教育发展报告 2015 版中关注大学生思想政治教育研究之"研究",对大学生研究论文知识图谱进行分析与评述。上官莉娜等[①]对思想政治教育学科四本期刊在 1994—2013 年刊发的比较思想政治教育文献的关键词进行"共词分析",梳理出学科比较研究的发展脉络、研究热点与研究动态。马升冀[②]对以 2012 年人大复印报刊资料《G2 思想政治教育》全文转载论文为样本,梳理出思想政治教育八大热点与前沿问题。本研究将汲取实证主义方法论思路,对思想政治教育研究动态与前沿进行实证分析。

(二) 数据来源与研究方法

在 CNKI 数据库检索,分别设定检索条件:(核心期刊 = Y 或者 CSSCI 期刊 = Y),学术期刊单库检索,共搜索 2016 年核心期刊刊文 670 篇;保持同样的检索条件,以(关键词 = 思想政治教育)(精确匹配),在学术期刊单库检索,获得 1397 篇;保持同样的检索条件,以(主题 = 思想政治教育)(精确匹配),在学术期刊单库检索,获得 1530 篇。对这些研究成果进行回顾与梳理,有利于为思想政治教育的理论研究和实践发展提供充分的学术基础和坚实的思想支撑。

表 1—1　　　　　CNKI 学术期刊单库 2016 年检索情况

CNKI 学术期刊单库检索	核心期刊及 CSSCI（篇）	全部期刊（篇）
题名 = 思想政治教育	670	5135
关键词 = 思想政治教育	1397	14158
主题 = 思想政治教育	1530	14955

---

① 上官莉娜、黄强:《比较思想政治教育研究 20 年回溯及展望——基于 4 本期刊 Cite Space 的共词分析》,《思想教育研究》2016 年第 1 期。

② 马升冀:《2012 年思想政治教育研究的热点与前沿问题》,《理论与改革》2013 年第 3 期。

为了更精准地把握思想政治教育学科研究动态与研究前沿，紧扣研究热点与难点问题，本研究以人大复印报刊资料数据为样本进行分析。人大书报资料中心作为中国学术研究评价的重要品牌和专业学术平台，具有很强的权威性、代表性和覆盖性，体现中国人文社会科学研究的理论热点和学术前沿。《G2思想政治教育》精选思想政治教育领域的优秀学术论文，聚焦学术热点和学科前沿，具有样本的高端性、权威性、典型性和前沿性特点。本书主要借用实证主义研究方法论，采用搜集资料、分析资料、处理数据等具体方法和技术，以2016年人大复印报刊资料《G2思想政治教育》12期全文转载的论文为样本，主要运用SPSS 21.0分析软件围绕转载文章作者群、研究热点及趋势进行分析。

（三）论文转载数据分析概观

1. 转载论文作者单位分析

2016年度人大复印资料报刊资料《思想政治教育》全文转载论文156篇，通过编码分析发现：

表1—2　　《G2思想政治教育》2016年载文作者分布情况
（以第一作者为准）

作者单位类型	频率	百分比（%）
党校类机构	2	1.3
社科院系统	5	3.2
普通高校	34	21.8
211高校	47	30.1
985高校	61	39.1
军队院校	2	1.3
国家部委	5	3.2
合计	156	100.0

通过表1—2可以发现：第一，转载论文作者单位类型主要以高校为主，占了大约2/3以上，这也说明高校是思想政治教育研究的主要阵

地。习近平总书记在全国高校思想政治工作会议上强调:"高校思想政治工作关系高校培养什么样的人、如何培养人以及为谁培养人的问题,把思想政治工作贯穿教育教学全过程,实现全程育人、全方位育人。"这就要求继续加强高校思想政治教育理论研究与实践工作的整合,推动高校思想政治教育理论研究与实践工作的协同创新。第二,高校论文作者发表论文中,以"211高校""985"高校论文作者占了被转载论文作者总数的70%以上,这也说明重点高校在高校思想政治教育研究中占主导地位,重点高校论文作者在思想政治教育学科的影响力居于主流地位。

表1—3 《G2思想政治教育》2016年载文作者单位排名
（一作单位）

排名	单位	篇数
1	中国人民大学	16
2	东北师范大学	10
3	武汉大学	8
4	清华大学	5
4	北京师范大学	5
4	中国社会科学院	5
5	北京大学	4
5	复旦大学	4
5	西南大学	4

从表1—3可以看出,《G2思想政治教育》2016年载文一作单位全文转载前三位分别是中国人民大学、东北师范大学、武汉大学。其中中国人民大学作者高达16篇,占总比重的10.3%,即1/10的全文转载作者来源于中国人民大学;东北师范大学作者也有10篇,占总比重的6.4%。笔者借用CNKI计量可视化分析工具进行补充分析发现,2016年度检索到的以"思想政治教育"为篇名的670篇核心期刊论文单位排名前五位的分别是:东北师范大学（28篇）、武汉大学（28篇）、河海大学（18篇）、中国人民大学（16篇）、西南大学（13篇）,这也和人大复印资料

全文转载数据基本吻合（去除多样化篇名、非核心期刊文章转载等因素，如清华的《社会主义核心价值观研究》转载率较高，而目前刊物级别属于普刊）。可见，《G2思想政治教育》2016年载文作者单位排名前五位的9家单位也体现出所在单位马克思主义理论学科的科研实力，特别是体现思想政治教育学科的实力和水平。如东北师范大学是全国思想政治教育重点学科建设单位，"北清人师"是思想政治教育优势学科的传统高校。这也符合这些地区思想政治教育博士点建设单位分布、思想政治教育学科建设的实际情况。从全国招收思想政治教育专业博士生的70所高校来看［注：共有41个一级学科博士点和34个二级学科博士点，分布于72所学校，包括中国矿业大学（北京、徐州）两个校区、中国地质大学（北京、武汉）两个校区］，2016年《G2思想政治教育》全文转载第一作者分布数据也验证了北京、上海、湖北、吉林、江苏等思想政治教育学科博士点比较集中的集聚性高水平性等特点。另外，2016年《G2思想政治教育》全文转载第一作者分布省区数据的降序排列也反映出这些省份思想政治教育学科点作者成果的丰富性和作者影响力较高特点。可以看出，思想政治教育学科建设与发展存在的"两极化"现象：传统重镇学科建设成果多、真空地带仍然存在，需要补强思想政治教育学科发展的"地区差异"短板。

表1—4　《G2思想政治教育》2016年载文高频作者分析
（一作者2篇及以上）

作者	题目
郑永廷	《论社会意识形态与思想政治教育的内在联系》 《"四个全面"战略布局与思想政治教育创新发展》
黄蓉生	《思想政治教育专业政策价值探析》 《新时期青年思想政治教育工作的行动指南》
骆郁廷	《加强形势与政策教育的多维思考》 《论网络思想政治教育的主体与客体》
顾钰民	《思想政治教育主客体关系研究扫描与思考》 《高校思想政治理论课改革"慕课热"以后的"冷思考"》
刘建军	《以弹性思维把握社会主义核心价值观》　《思想政治教育主客体难题的哲学求解》 《思想政治教育的话语转换及其路径》

续表

作者	题目
朱效梅	《网络意识形态话语权建构研究》 《弘扬中国精神以构筑当代大学生实现中国梦的文化力量》
郭凤志	《高校思想政治理论课教学方法创新体系构建的思考》 《加强高校意识形态建设的文化主体意识及话语体系创新》
李兰芬	《走向历史深处的公民道德建设》 《"互联网+"时代的公民道德建设》
张智	《〈神圣家族〉对思想政治教育理论的启示》 《科学抽象法：思想政治教育学研究的主导方法》

通过表1—4可以看出，2016年在《G2思想政治教育》全文转载的论文作者超过2篇的共有9人，其中刘建军教授三篇，郑永廷教授、黄蓉生教授等8人各2篇（注：经过整理发现，张耀灿教授、陈锡喜教授等独著与二作者身份转载文章数量也超过2篇）。从9位作者的学科影响力来看，既有学科前辈，又有长江学者，还有中青年领军人才，更有青年学者，老中青搭配梯次呈现；从9位作者任职单位来看，主要是中国人民大学、复旦大学、清华大学、武汉大学、西南大学等高校，这些高校既是全国著名的重点高校，又是思想政治教育学科发展与建设的传统优势学校。通过进一步搜索发现，这些作者大都属于思想政治教育学科核心作者群，论文成果转引率较高。如郑永廷教授《论思想政治教育的本质及其发展》一文转引达166次；黄蓉生教授《大学生思想政治教育：理想信念是核心》一文转引达110次；骆郁廷教授《论思想政治教育主体、客体及其相互关系》一文转引172次；刘建军教授《关于当代中国马克思主义大众化的若干问题》一文转引达294次［截至2016年12月25日中国知网数据］。

2. 转载论文作者职称分析

在统计第一作者职称情况时，将作者职称分成初级、中级（含博士后）、副高级、正高级、其他（博硕士生）五类进行编码，对于一些源发期刊文章作者中没有标注职称信息的，通过在2016年度中国"知网"发表文章、学院网站师资介绍等途径进行补充，在读博士生有职称的以职称为准，仍有三篇论文者没有查到职称信息。

表1—5　　《G2思想政治教育》2016年论文作者职称分布情况
（以第一作者为准）

作者职称		频次	百分比（%）
有效	初级	2	1.3
	中级	20	12.8
	副高	36	23.1
	正高	90	57.7
	其他（博硕士生）	5	3.2
	合计	153	98.1
缺失	系统	3	1.9
合计		156	100.0

从第一作者职称统计情况来看，占比较大的主要是具有高级职称的论文作者高达80.8%，其中正高级占57.7%，副高级占23.1%。这体现出高级职称论文作者成果被《思想政治教育》全文转载的可能性更大，也体现出高级职称论文成果的影响力与认可度更高一些。当然从数据统计中也发现：一些初、中级职称的作者论文被转载的比重也达到14.1%，特别是一些在读的硕士生、博士生以独立作者身份发表的论文被全文转载，如中国人民大学博士生常宴会发表在《贵州师范大学学报》的《论思想政治理论课教师在网络空间中的角色定位》、东北师范大学硕士生郜厚军发表在《思想教育研究》的《思想政治教育比较研究的可比性探析》等；还有辅导员杨雪以助教身份发表在《高校辅导员》上的《主流媒体上的高校辅导员职业形象分析》，这也反映出人大复印资料中心选择转载论文时并不唯职称为上、唯学历为重，对学缘影响、社会资本较弱的青年研究者、潜在研究人员（博、硕士生）而言，只要文章选题好、文章质量高，也同样可以被全文转载。这种文章转载选用的公正之风、公平之气将会在无形当中影响学术界氛围，有利于引领学术生态的良性运行。

3. 转载论文基金资助分析

在对转载论文基金资助进行编码、分析：

表1—6 　　　《G2思想政治教育》2016年载文基金资助情况
（第一个为准）

资助级别	频次	百分比（%）
无	56	35.9
校级	9	5.8
市厅级	6	3.8
省部级	42	26.9
国家级	43	27.6
合计	156	100.0

从表1—6可以看出，2016年全年转载的156篇论文中，国家级社科基金、省部级基金、市厅级、校级基金资助的比重分别为27.6%、26.9%、3.8%、5.8%；其中省部级及以上的纵向基金项目资助论文比重达到56.5%，没有基金资助的论文比重占35.9%。

通过将基金资助与源发期刊、一作单位与源发期刊两组变量进行交叉分析。具体结果显示如下：

表1—7　　　《G2思想政治教育》2016年载文基金资助＊源发期刊
的交叉制表　　　　　　　　　　　　　　　单位：篇

		源发期刊来源					合计
		普刊	中文核心	CSSCI扩展	CSSCI核心	报纸	
基金资助	无	10	8	16	20	2	56
	校级	3	2	2	2		9
	市厅级	1	2	1	2		6
	省部级	8	1	8	25		42
	国家级	6	2	6	29		43
合计		28	15	33	78	2	156

注：Pearson chi2（2）=24.878, Pr=0.072。

从《G2思想政治教育》2016年载文基金资助与源发期刊两个变量进行交叉分析结果来看（Pr>0.05），基金资助与源发期刊无显著差异，源发期刊刊发文章是否有基金资助、资助基金级别与全文转载与否并无显著相关性，没有基金资助发表论文比重高于有国家级、省部级项目资助论文的比重，可以推测，人大报刊复印中心选择论文被全文转载注重更多的是论文成果质量。

4. 转载论文作者省份分析

根据对 2016 年《G2 思想政治教育》全文转载的 156 篇文章进行统计分析，转载文章第一作者分布为 24 个省份，具体统计表1—8：

表1—8　　《G2 思想政治教育》2016年载文作者省份分布（第一机构）

序号	省份	发文量	百分比（%）	序号	省份	发文量	百分比（%）
1	北京	51	32.8	14	浙江	2	1.3
2	上海	17	10.9	15	贵州	2	1.3
3	湖北	17	10.9	16	江西	2	1.3
4	吉林	12	7.7	17	山东	2	1.3
5	江苏	10	6.4	18	甘肃	1	0.6
6	河南	6	3.9	19	云南	1	0.6
7	广东	5	3.2	20	辽宁	1	0.6
8	重庆	5	3.2	21	海南	1	0.6
9	安徽	4	2.6	22	广西	1	0.6
10	湖南	4	2.6	23	山西	1	0.6
11	四川	4	2.6	24	云南	1	0.6
12	天津	3	1.9	合计		156	100.0
13	陕西	3	1.9				

从表1—8可以看出，2016 年《G2 思想政治教育》全文转载第一作者分布省区情况。从全文转载的第一作者分布情况来看，居于前五位的分别是北京51篇、上海17篇、湖北17篇、吉林12篇、江苏10篇，这体现出这些省区在思想政治教育研究成果的丰富性、重要性、前沿性等特点，也反映出这些省区是思想政治教育学科的研究重镇。当然还有内蒙古、黑龙江、新疆、西藏、青海、宁夏、福建、河北等省区在2016年没有思想政治教育论文被全文转载。

5. 转载论文源刊分析

通过将转载文章源发期刊根据 2016 年度当期北大中文核心期刊和南大 CSSCI 数据库进行编码分析。

表1—9　　　　《G2思想政治教育》2016年载文源刊情况

	频次	百分比（%）
普刊	28	17.9
中文核心	15	9.6
CSSCI扩展	33	21.2
CSSCI核心	78	50.0
报纸	2	1.3
合计	156	100.0

注：1＝普刊；2＝中文核心期刊；3＝CSSCI扩展；4＝CSSCI核心期刊及CSSCI集刊；5＝报纸（人民日报、光明日报及中国社会科学报），其中刊物既属于中文核心期刊又属于CSSCI期刊的以CSSCI期刊来源进行统计。

从表1—9可以看出，《G2思想政治教育》2016年载文源刊统计发现，北大中文核心与南大CSSCI核心期刊论文占比高达82.1%，这说明核心期刊文章成为全文转载的重要来源。其中CSSCI核心期刊转载论文比重高达50%，这也在一定程度上反映出CSSCI核心期刊文章成果在人大复印报刊中心选择时的影响力和认可度较高。

表1—10　　　《G2思想政治教育》2016年载文源刊刊文排名情况（两篇以上）

序号	源期刊	频次	百分比（%）	序号	源期刊	频次	百分比（%）
1	《思想理论教育》	17	10.9	11	《中国人民大学学报》	3	1.9
2	《思想理论教育导刊》	14	9	12	《高校辅导员》	2	1.3
3	《马克思主义研究》	12	7.7	13	《红旗文稿》	2	1.3
4	《社会主义核心价值观研究》	11	7.1	14	《理论月刊》	2	1.3
5	《学校党建与思想教育》	9	5.8	15	《马克思主义与现实》	2	1.3
6	《思想教育研究》	8	5.1	16	《毛泽东邓小平理论研究》	2	1.3
7	《教学与研究》	7	4.5	17	《求是》	2	1.3
8	《湖北社会科学》	3	1.9	18	《中共党史研究》	2	1.3
9	《马克思主义理论学科研究》	3	1.9	19	《中国井冈山干部学院学报》	2	1.3
10	《社会主义研究》	3	1.9	20	《中国青年研究》	2	1.3

从转载两篇以上的期刊来看，核心期刊《马克思主义研究》《思想理论教育》《思想理论教育导刊》《思想教育研究》《教学与研究》等刊发文章转载率排在前列，这在一定程度反映出这些期刊代表着思想政治教育学科核心期刊的文章水平、办刊质量，特别是在与其他学科同类期刊的比较中，逐渐具有一定的影响力与知名度。如在新版的南京大学 CSSCI 核心期刊来源期刊库中《思想教育研究》《思想理论教育》同时进入 CSSCI 核心期刊序列，反映出思想政治教育学科研究成果、研究平台展示的进一步提升。值得引起重视的是新近创刊的《社会主义核心价值观研究》刊物，尽管创刊时间较短，但因其文章成果的专题性、前沿性、代表性特点，转载率较高，估计在将来能进入核心期刊序列。

表1—11　《G2 思想政治教育》2016 年载文一作单位 * 源发期刊交叉制表

一作单位	源发期刊来源					合计
	普刊	中文核心	CSSCI 扩展	CSSCI 核心	报纸	
党校类机构		1		1		2
社科院系统	2			2		4
普通高校	7	4	7	16		34
211 高校	6	6	6	29		47
985 高校	11	3	18	28	1	61
军队院校	2					2
部委事业单位		1	2	2	1	6
合计	28	15	33	78	2	156

注：Pearson chi2（2）= 39.248，Pr = 0.026。

从《G2 思想政治教育》2016 年载文一作单位与源发期刊两个变量进行交叉分析结果来看（Pr < 0.05），作者单位与源发期刊具有显著性差异，二者相关性较强，"211 高校"及以上高校在 CSSCI 核心期刊发文及被全文转载的比重明显高于其他高校，被转载论文作者中学校层次与刊物级别呈正相关的关系。在文章质量同类水平下，高校层次越高，刊物层次越好的情况下，文章越容易被全文转载，这也客观反映了高校办学

质量水平,传统重点高校到今天的"双一流"高校思想政治教育学科水平的强弱在思想政治教育论文全文转载数据分析中也得到验证。

三 思想政治教育学研究前沿中的热点问题

从 2016 年度人大复印报刊资料《思想政治教育》转载论文刊期与文章数量分析来看,全年共有 12 期,第一期共转载文章 18 篇,第 2 期转载 14 篇,第 3、5、6、7、11 期转载 13 篇,第 4、8、9、10 期转载 12 篇,第 12 期转载 11 篇,平均每期转载 13 篇。

表 1—12　　《G2 思想政治教育》2016 年刊期发文数

期次	频次	百分比（％）	期次	频次	百分比（％）
第 1 期	18	11.5	第 7 期	13	8.3
第 2 期	14	9	第 8 期	12	7.7
第 3 期	13	8.3	第 9 期	12	7.7
第 4 期	12	7.7	第 10 期	12	7.7
第 5 期	13	8.3	第 11 期	13	8.3
第 6 期	13	8.3	第 12 期	11	7.1

从 2016 年度人大复印报刊资料《思想政治教育》转载论文设置来看,全年共设置专栏 16 个,主要栏目有理论经纬、意识形态研究、核心价值观研究、社会思潮、高校思政、领导干部、学科建设、德育研究、动态与述评、重点关注、爱国主义、精神传承、比较与借鉴、探索争鸣、课程教学、公民教育。

表 1—13　　《G2 思想政治教育》2016 年转载论文栏目分布

栏目	频次	百分比（％）	栏目	频次	百分比（％）
核心价值观研究	39	25.0	课程教学	4	2.6
理论经纬	35	22.4	学科建设	3	1.9
意识形态研究	22	14.1	精神传承	3	1.9

续表

栏目	频次	百分比（%）	栏目	频次	百分比（%）
高校思政	16	10.3	公民教育	3	1.9
社会思潮	7	4.5	领导干部	2	1.3
德育研究	7	4.5	动态与述评	2	1.3
比较与借鉴	6	3.8	探索争鸣	2	1.3
爱国主义	4	2.6	重点关注	1	0.6

从表1—13可以看出，2016年度人大复印报刊资料《思想政治教育》栏目设置中，关注度前五位的栏目分别是"核心价值观研究""理论经纬""意识形态研究""高校思政""社会思潮""德育研究"。从CNKI设定检索条件：（核心期刊或者CSSCI期刊）并且（题名＝思想政治教育）（精确匹配）进行搜索，在学术期刊单库补充检索共获得2016年度670篇文章，从关键词的共词网络图来看，关注度较高的关键词为："思想政治教育""高校思想政治教育""网络思想政治教育""价值观""意识形态""话语权""新媒体""学科建设"等。这也客观验证了《思想政治教育》转载论文真实地反映并呈现学科研究前沿和研究热点。

1. 社会主义核心价值观研究关注呈"井喷"之势

主要有以下几个研究论域：一是对核心价值观"文明""平等""公正""友善"等范畴的关注，郝立新[1]提出"文明"还应被视为社会与公民发展的价值目标，培育文明理念的基本路径包括树立正确的文明观、培育文明意识、践行文明理念、开阔文明视野等方面。顾肃[2]讨论了作为核心价值观的平等对转型正义的意义，阐释了平等的含义，提出要区分结果平等和机会平等的观点。段妍[3]从社会主义核心价值观的"公正"范畴出发，认为"公正"是与自由、平等和法治有机统一的"公正"，提出

---

[1] 郝立新：《文明理念的价值意蕴和培育路径》，《思想理论教育导刊》2015年第10期。
[2] 顾肃：《论作为核心价值观的平等对转型正义的意义》，《浙江学刊》2015年第6期。
[3] 段妍：《社会主义核心价值观中"公正"真谛及其实现路径》，《思想理论教育导刊》2016年第4期。

了明确"公正"价值取向，积极培育践行社会主义公正观。艾国等①提出要从体现社会主义的本质要求、对中华优秀文化的继承、对世界文明有益成果的吸收、体现时代精神四个维度把握社会主义核心价值观"友善"内涵。

二是对价值观关系范式的关注，主要讨论了社会主义核心价值观与中国传统文化、社会心理、中国精神及全人类共同价值的契合性等问题。郑永扣②提出社会主义核心价值观对于中国精神具有重要的思想定位意义、价值定向意义和实践意义。丰子义③提出价值观建设要处理好与文化相对主义、后现代主义的关系问题，同时不要轻视后现代主义的影响。戴木才④认为，社会主义核心价值观是对全人类共同价值的吸纳和发展，与全人类共同价值是辩证统一的。房广顺等⑤讨论了社会主义核心价值观与中国传统文化的契合性，强调坚定马克思主义理论自信和中华文化自觉。陈秉公⑥提出系统建构中国传统价值观涵养社会主义核心价值观的内容体系、方法体系和社会支撑体系的观点。

三是从传统价值观维度探讨传统家训、传统思维方式、"经典"与"经验"两大范本对于核心价值观践行经验借鉴与方法论启示。任者春⑦从国家主体向度、社会主体向度、个人主体向度分析中国古代核心价值观践行基本经验；周斌⑧强调传统家训的创造性转化要重视

---

① 艾国、刘艳：《从四个维度把握社会主义核心价值观之友善的内涵》，《思想理论教育导刊》2015 年第 10 期。

② 郑永扣：《社会主义核心价值观之于中国精神的三重意义》，《社会主义核心价值观研究》2015 年第 1 期。

③ 丰子义：《价值观建设需警惕两种"主义"》，《中国社会科学报》2015 年 9 月 24 日第 3 版。

④ 戴木才：《全人类"共同价值"与社会主义核心价值观》，《光明日报》2015 年 10 月 28 日第 13 版。

⑤ 房广顺、隗金成：《社会主义核心价值观与中国传统文化的契合性》，《马克思主义研究》2015 年第 10 期。

⑥ 陈秉公：《传统价值观涵养社会主义核心价值观若干理论研究》，《理论探讨》2016 年第 4 期。

⑦ 任者春：《从"为政以德"到"化民易俗"：中国古代核心价值观践行的基本经验探析》，《山东大学学报》（哲学社会科学版）2016 年第 1 期。

⑧ 周斌：《实现传统家训创造性转化的原则与策略》，《探索》2016 年第 1 期。

家训的方法论意义，使人们充分感受传统家训的规矩意识，将传统家训文化融入家庭教育、学校教育和社会生活。邱吉[①]分析了中国社会核心价值观整体上完成了从儒家思想向马克思主义的转变的观点，并进一步分析指出：经历了从两汉儒学、宋明理学到马克思主义中国化的三次大整合，也经历了从诸子百家争鸣、鸦片战争到中华人民共和国成立一百年间的思想启蒙和当代多元文化并存的三次内部争论，还经历了从汉代佛教传入、清末基督教冲击、近代西方思潮涌入到当代全球文化冲击的四次外扰历程。石书臣从四个维度分析了中国传统思维方式对践行社会主义核心价值观的启示："'家国一体'的传统思维方式倡导国家、社会和个人三个层面的一体化；'一多相容'的传统思维方式坚持一元性与兼容性相结合；'循序渐进'的传统思维方式重视青少年核心价值观的养成；'知行合一'的传统思维方式强调培育和践行相统一。"[②] 刘伟等[③]认为，新时期应当有效借鉴和转化这"经典"与"经验"两大范本，创造性地转化社会主义核心价值观制度化建构的经验。

四是社会主义核心价值观践行路径研究，主要提出了"生活化""图像化""政策化""示范化""融合化""教化化"等具体对策。孙婷婷等[④]提出运用视觉图像广泛深入地推进对当今中国的典型形象、艺术形象、虚拟形象和生动实践体现核心价值观的认同教育。田旭明[⑤]分析当前社会主义核心价值观引领民间舆论场的现实困境，提出创新话语方式、增强理论解释力与说服力、推动传统媒体与新兴媒体的深度融合等对策建议。江畅等[⑥]提出建立社会主义核心价值观政策化的长效保障机制的观

---

① 邱吉：《中国社会核心价值观的变迁》，《中国人民大学学报》2015年第6期。
② 石书臣、蒋翠婷：《中国传统思维方式对培育和践行社会主义核心价值观的启示》，《道德与文明》2016年第3期。
③ 刘伟、陈锡喜：《核心价值观培育和践行的传统经验与当代借鉴》，《中州学刊》2015年第11期。
④ 孙婷婷、骆郁廷：《图像时代的核心价值观认同教育》，《教学与研究》2016年第1期。
⑤ 田旭明：《社会主义核心价值观引领民间舆论场的实效性对策探讨》，《马克思主义研究》2016年第3期。
⑥ 江畅、陈山：《论社会主义核心价值观的政策化》，《思想理论教育》2016年第4期。

点。周琪①提出，社会主义核心价值观融入高校思政课要依托教材整体性、教学话语和多元化教学模式建设，其实现路径呈现为生活情境创设、问题探究课程建设和活动资源开发的统一。邱伟光②提出要根据大学生群体特征对大学生进行社会主义核心价值观的认同教育与发挥朋辈榜样的示范作用。王东虓③认为社会主义核心价值观教育肩负着倡导正价值与否定负价值的两重任务，提出要全面认识与把握富强与贫弱、民主与专断、友善与冷漠等 12 对范畴；坚持倡导和培育正面价值观与否定和破除负面价值观的同步性。

2. 意识形态和社会思潮研究关注度高

主要有以下几种代表性研究观点：

一是非意识形态化思潮、历史虚无主义的批判研究和理论澄清，李辽宁④针对非意识形态化思潮，对"改革开放以来中国社会进程是一个不断去政治化的过程""一切为了发展，不问姓资姓社""历史研究要完全价值中立""军队不属于党派，应该国家化"等问题进行理论澄清；李继兵等⑤展开历史虚无主义思潮对大学生的影响及应对的研究。齐彪⑥对反对历史虚无主义斗争性质进行分析，认为反对历史虚无主义是一场严肃的政治斗争、一场特殊的政治斗争、一场需要掌握好政策界限的政治斗争。张朋智⑦分析了社会思想新脉动具有思维范式稳中有变、现代意识悄然萌生、本土自觉逐渐上升、道德感知趋于强化、精神需求更加凸显的

---

① 周琪：《社会主义核心价值观融入高校思想政治理论课的三个转向及实现》，《思想教育研究》2015 年第 12 期。

② 邱伟光：《大学生社会主义核心价值观培育的群体特征探析》，《思想政治课研究》2016 年第 1 期。

③ 王东虓：《坚持倡导和培育正面价值观与否定和破除负面价值观的同步性》，《社会主义核心价值观研究》2016 年第 2 期。

④ 李辽宁：《当前我国意识形态建设亟待澄清的几个理论问题》，《马克思主义研究》2015 年第 12 期。

⑤ 李继兵、刘研：《历史虚无主义思潮对大学生的影响及应对》，《学校党建与思想教育》2016 年第 2 期。

⑥ 齐彪：《深入理解和全面把握反对历史虚无主义的重大课题》，《中共党史研究》2016 年第 4 期。

⑦ 张朋智：《思想政治工作现代化转型之二 转型期社会思想意识有哪些新变化》，《思想政治工作研究》2016 年第 2 期。

特点。

二是对意识形态安全观的研究；赵欢春①强调确立意识形态安全领域"预警安全观"，积极建构意识形态安全风险预警机制；冯宏良②认为，制度与价值的统一构成了国家意识形态安全的内在规定性。王岩等③分析了对话平台对意识形态安全的意义，通过巩固马克思主义的主导地位、坚持包容批判、谋求共赢共生等途径构建意识形态对话平台，实现意识形态领域的主流引导与和谐共生。三是意识形态话语权研究，李宏伟④提出意识形态话语权的四个基点：实事求是意识形态话语权的信任底线、为民服务是意识形态话语权的价值诉求，面向未来是意识形态话语权的战略导向，敬畏语言是意识形态的自觉自省。侯惠勤⑤讨论了意识形态话语权建设方法论，提出科学总结历史经验、深入破解现实矛盾和彰显政治远见的主导性议题，是实现话语权的关键。四是意识形态建设方略和路径研究，王永贵⑥从底线维度、话语体系维度和理论创新三个维度提出把握我国主流意识形态建设方略。钟明华等⑦从维护意识形态安全的路径提出在引领社会思潮的过程中，彰显和发挥马克思主义的理论优势，提升主流意识形态对民众的信服力和吸引力。

3. 思想政治教育学科建设研究成为研究焦点

思想政治教育学科化建设以来研究热度不减少，特别是在 2014 年前达到峰值（2014 年知网以"思想政治教育学科"为篇名的检索，核

---

① 赵欢春：《"总体国家安全"框架下的意识形态安全风险预警探究》，《马克思主义研究》2015 年第 11 期。
② 冯宏良：《制度与价值：国家意识形态安全的内在规定性研究》，《社会主义研究》2016 年第 4 期。
③ 王岩、王翼：《论我国意识形态安全对话平台的建设及其重要意义》，《马克思主义研究》2016 年第 5 期。
④ 李宏伟：《意识形态话语权的四个基点》，《理论月刊》2016 年第 1 期。
⑤ 侯惠勤：《意识形态话语权建设方法论研究》，《中共贵州省委党校学报》2016 年第 2 期。
⑥ 王永贵：《把握我国主流意识形态建设方略的三个维度》，《马克思主义理论学科研究》2015 年第 1 期。
⑦ 钟明华、洪志雄：《维护我国意识形态安全的路径思考》，《思想理论教育》2016 年第 1 期。

心期刊论文收录达 76 篇,以"思想政治教育学科"为主题的检索,核心期刊论文收录达 137 篇)。2016 年以"思想政治教育学科"为"篇名""主题"的检索,核心期刊论文收录分别为 44 篇、77 篇。从 2016 年《思想政治教育》全文转载论文来看,主要关注学科建设的以下几个方面:

一是一流马克思主义理论学科的建设问题;靳诺①提出应在师资队伍、学术研究、人才培养、资政服务和支撑思想政治理论教学上全面发力,全面建设一流马克思主义理论学科。二是思想政治教育学科建设的学科自觉问题,沈壮海②提出思想政治教育学科的新自觉表现在自觉地植根生动实践、夯实基础理论、开阔宏观视野,自觉地走入历史深处、直面数据时代以及持守思想政治教育学科等。三是思想政治教育学科专业建设问题,黄蓉生③论述了思想政治教育专业政策为思想政治教育专业发展导航定向,提供条件保障,积极引领高校思想政治教育育人文化,推动思想政治工作专门人才培养的多元价值。余双好④认为,新时期思想政治教育专业建设应实现思想政治教育专业的优质发展、专业性发展、层次性发展、规范性发展和内生式发展。

4. 思想政治教育发展史与学术史研究难点攻关

关于思想政治教育发展史、学说史、学术史的研究仍然属于研究难点问题,特别是对思想政治教育的学术源流、嬗变史等学术史研究显得尤为重要与迫切。沈壮海梳理思想政治教育史的研究认为,思想政治教育发展史的研究仍然薄弱:"出版的著作共 17 部,仅占同期思想政治教育研究著作总数的 4%。⑤ 从 2016 年《思想政治教育》文转载论文来看,关于思想政治教育史的研究主要集中在历史经验总结方面:一是讨论延

---

① 靳诺:《全面建设一流马克思主义理论学科》,《思想教育研究》2016 年第 1 期。
② 沈壮海:《思想政治教育学科的新自觉与新未来》,《马克思主义理论学科研究》2015 年第 1 期。
③ 黄蓉生:《思想政治教育专业政策价值探析——基于思想政治教育专业 30 年发展视域》,《国家教育行政学院学报》2016 年第 3 期。
④ 余双好:《新时期思想政治教育专业建设的发展方向》,《思想理论教育》2016 年第 7 期。
⑤ 沈壮海:《改革开放以来思想政治教育研究的学术版图》,《思想理论教育导刊》2008 年第 11 期。

安时期中国共产党理想信念教育的历史经验和启示。王东维等①提出把长远理想与近期理想教育相结合、党的理想和民族理想相结合，释放强大的感染力和号召力等。二是分析新中国高校政治理论课程的建设历史。耿化敏等②从1949至1957年苏联政治理论教育经验的引入与马列主义专家的派遣的历史出发，分析新中国高校政治理论课程的建设历史，提出对苏联政治理论教学经验进行调适。

5. 思想政治教育基础理论研究仍然成为主流

主要集中于思想政治教育的马克思主义理论基础和思想政治教育原理研究两个部分。第一，对马克思主义基本原理、马克思主义经典作家思想、马克思主义思想政治教育理论研究。如宇文利③分析马克思、恩格斯对"人与环境"关系论，提出要把"人与环境"的关系论应用到思想政治教育中，加强对人与环境相结合的理论研究。李雪章④重点讨论了马克思、恩格斯的思想政治教育利益观，强调要掌握马克思主义思想政治教育的阶级利益思想。钟启东⑤从历史演进视角论证了马克思主义理论教育的本质是铸魂育人，分析了马克思主义理论教育铸魂的现实逻辑。

第二，对思想政治教育基本原理的研究，一是主要集中于思想政治教育矛盾、价值、质量、发展等范畴研究，王习胜⑥分析了思想政治教育的主要矛盾与发展趋向。分析了由"社会本位"向"以人为本"拓展，更加注重人文关怀；基础理论由经验概括和学术移植向实践运用拓展，更加注重理论与实践的契合；致力于重点由"加压"向"疏导"拓展，更加注重受教育者精神家园的营造；教育方式由"灌输"向"渗透"拓

---

① 王东维、李博：《延安时期理想信念教育的历史经验及其启示》，《临沂大学学报》2016年第3期。

② 耿化敏、吴起民：《苏联专家与新中国高校政治理论课程的建立》，《中共党史研究》2016年第6期。

③ 宇文利：《马克思恩格斯"人与环境"关系论及其思想政治教育应用》，《思想教育研究》2016年第5期。

④ 李雪章：《马克思恩格斯的思想政治教育利益观论析》，《思想理论教育导刊》2016年第4期。

⑤ 钟启东：《马克思主义理论教育铸魂逻辑论析》，《社会科学战线》2016年第6期。

⑥ 王习胜：《当前思想政治教育的主要矛盾与发展趋向》，《马克思主义研究》2015年第9期。

展的发展趋向。刘云林等①分析了作为价值形态的思想政治教育,其主要功能表现为对社会主导价值的合义性论证和社会生活的引导;作为规范形态的思想政治教育,其功能主要表现为对社会成员行为路径的设定。王树荫等②提出了要以理论的彻底性、对象的针对性和教育者的先进性为着力点提升思想政治教育质量。

二是思想政治教育话语权研究焦点凸显,主要集中于思想政治教育话语权、话语转换、话语创新、话语表达等方面。李艳③分析了思想政治教育话语权的内在规定,强调在理论上坚持彻底性、在学科上坚守思想性、在研究上坚持科学性。要自觉进行话语权的理论锻造,自觉进行话语权的主体锻造,自觉进行话语权的创新锻造。刘建军④认为,思想政治教育话语的路径转换主要包括:政治话语的学理化,学理话语的通俗化,通俗话语的趣味化,以及书面话语的口语化,刚性话语的柔性化,熟悉话语的陌生化等。郭凤志⑤认为高校意识形态话语体系建设创新需要解决好协调好理论规范性和话语通俗性的关系;平衡好课程话语导向性和尊重对象话语特点的关系;解决视野和方法的问题。向绪伟等⑥认为,教育者需要结合思想政治教育话语环境的现代变迁,通过话语思维方式、话语范式、话语内容、话语效用和话语场域的现代转换以创新话语实践。朱培丽⑦分析主流意识形态话语权面临的挑战,其风险源于日常生活状态非理性的冲动、网络信息覆盖的操纵性、社会成员的政治认同问题、中西方意识形态的较量等多重因素,提出坚持马克思主义真理性和价值性

---

① 刘云林:《思想政治教育内容的形态及其功能向》,《学校党建与思想教育》2015 年第 19 期。

② 王树荫、石亚玲:《论提升思想政教育质量的着力点》,《思想理论教育》2015 年第 7 期。

③ 李艳:《思想政治教育话语权的内在规定》,《马克思主义研究》2016 年第 3 期。

④ 刘建军:《思想政治教育的话语转换及其路径》,《安徽师范大学学报》(人文社会科学版) 2016 年第 4 期。

⑤ 郭凤志:《加强高校意识形态建设的文化主体意识及话语体系创新》,《红旗文稿》2015 年第 18 期。

⑥ 向绪伟、张芳霖:《略论思想政治教育话语的现代转化》,《湖北社会科学》2015 年第 9 期。

⑦ 朱培丽:《主流意识形态话语权面临的挑战及其建构》,《中国特色社会主义研究》2015 年第 6 期。

品质、批判性重构网络信息和网络流行语、关注并积极回应中国议题、坚持与创新意识形态话语表达方式的具体建议。

三是思想政治教育"主客体"范畴研究形成争锋热点，主要聚焦于"双主体"之争、网络思想政治教育主客体关系、马克思主义人学立场中的主客体关系等。刘建军[①]从哲学视野借鉴双主体或主体际学说分析思想政治教育过程中主客体双方的具体关系；骆郁廷[②]强调要把握网络思想政治教育主客体的特殊载体、形态及其关系，探索了网络思想政治教育主客体转换的实质及具体路径。项久雨[③]从马克思主义人学的立场出发，将"以人为本"原则作为确立思想政治教育主客体关系的前提依据，从人的需要出发，把人的发展作为落脚点，从而构建动态和谐的思想政治教育主客体关系。李基礼[④]提出把思想政治教育分为两个"过程"与两个"方面"并不矛盾，"双主体说"对主体标准的界定并没有问题，主客关系不是从地位、功能与作用界定的，而是从认识与实践关系来界定的观点。顾钰民[⑤]通过思想政治教育主客体关系研究扫描，提出思想政治教育应该注重研究真问题：关于对传统思想政治教育进行科学反思和评价的理论研究；关于对当代面临的新问题研究；关于思想政治教育的比较研究；关于思想政治研究与社会环境有机融合的研究。

四是思想政治教育认同研究关注度较高，主要集中于思想政治教育的价值认同、政治认同等。吴玉军[⑥]提出情感、态度和价值观的养成是思想政治教育的重要目标。王立仁等[⑦]从思想政治教育的说教性和规范性、流变性和重复性、实效多源性和实效评价的模糊性角度分析了影响思想

---

① 刘建军：《思想政治教育主客体难题的哲学求解》，《教学与研究》2016年第2期。
② 骆郁廷：《论网络思想政治教育的主体与客体》，《马克思主义与现实》2016年第2期。
③ 项久雨：《以人为本：思想政治教育主客体关系的马克思主义人学之维》，《教学与研究》2016年第2期。
④ 李基礼：《"主客体"与"双主体"之争："对立"还是"统一"——兼与顾钰民教授商榷》，《教学与研究》2015年第3期。
⑤ 顾钰民：《思想政治教育主客体关系研究扫描与思考》，《思想政治教育研究》2015年第4期。
⑥ 吴玉军：《思想政治教育中的价值认同问题》，《马克思主义与现实》2016年第2期。
⑦ 王立仁、张小秋：《思想政治教育认同的影响因素分析》，《马克思主义理论学科研究》2016年第2期。

政治认同的因素。金家新①认为，信息化、经济全球化、消费心理个性化造成了政治认同危机，重点讨论了后物质时代政治认同的理解向度与心理生成机制。营立成等②认为，课堂习得机制下社会濡化造成的负向迁移作用、社会事实和社会态度投射引发的价值重塑、群体特点造成的价值认同危机深化分析了大学生主流价值观认同，提出挖掘主流价值的个体价值，改善认同环境，增益认同教育，构建更加合理的安全阀机制等有效路径。

五是思想政治教育学原理体系优化与创新研究，邱柏生③分析了思想政治教育学科原理体系的"问题意识"：思想政治教育的学科归属或学科特征实际上规定着其原理体系的架构；思想政治教育学基本理论和基本范畴的内涵还需要进一步明晰和优化；原先的有些理论基础或理论支撑点随着时代变化和社会发展已显得不周全。王易④认为，实现思想政治教育理论的创新，必须以问题为导向，以科学化为依据，以"以人为本"为理念。

6. 比较思想政治教育研究高度关注

主要集中于以下几个方面：一是国外以美俄或我国台湾地区德育模式的比较借鉴研究。李超民等⑤通过情景创设、情景体验与情景评价三个方面对中美两国中学德育情景教学模式进行比较分析。田伏虎⑥重点讨论了美国高校学生价值观教育的特点及其启示。许适琳⑦以《俄罗斯公民精神道德发展及德育构想》的纲领性文件，探索俄罗斯精神道德

---

① 金家新：《后物质时代政治认同的理解向度与心理生成机制》，《思想理论教育》2016年第5期。

② 营立成、汤国永：《大学生主流价值认同危机的社会心理分析》，《当代青年研究》2016年第1期。

③ 邱柏生：《思想政治教育学原理体系优化的学理抉择》，《思想理论教育》2016年第4期。

④ 王易：《论思想政治教育学科的理论创新》，《高校辅导员》2016年第4期。

⑤ 李超民、谭媚：《中美两国中学德育情景教学模式比较研究》，《学术论坛》2015年第9期。

⑥ 田伏虎：《美国高校学生价值观教育的特点及其启示》，《学校党建与思想教育》2015年第21期。

⑦ 许适琳：《寻回民族价值的支点——俄罗斯精神道德教育探寻》，《外国教育研究》2016年第3期。

教育得失。吴亮①重点讨论了美国对青年学生网络不当言论的管制经验及对我国的启示。李文珍②讨论了台湾中小学德育的演变及对现行德育教材剖析。二是比较思想政治教育研究动态及研究展望分析，郑黎明③认为，比较思想政治教育学学科孕育、萌生、成长，其学科意识也经历了"鉴别比较""比较研究""跨文化对话"的更替过程。要通过规正学科规范、正视学科地位的学科意识自觉中内在地推动比较思想政治教育学学科的后期发育和成熟。郗厚军等④认为，应深入剖析和系统阐释思想政治教育比较研究的可比性问题，对可比性的内涵、客观前提基础、主观认识问题、媒介术语转换、可比性原则构建、比较操作实施等作科学探究。

7. 思想政治教育研究方法论前沿关注凸显

主要集中于思想政治教育研究方法：一是思想政治教育研究方法论方面，闵永新⑤重点讨论了马克思主义整体性方法与思想政治教育学科范式转换；张智⑥认为，马克思主义研究人和社会的科学抽象法应是思想政治教育学的主导方法，应以科学抽象法为主导，配合实证研究等多种方法，从整体上推进思想政治教育学的科学化发展。二是思想政治教育研究方法技术方面，强调运用大数据分析方法推进思想政治教育研究。邹绍清⑦认为，把握好大数据所提供的新研究范式、新的思维方式、掌握网络制高点的技术"撒手锏"等时代机遇和创新依据；大力促进其研究方法从小抽样调研向大数据、从要素研究向整体性研究、从因果关系向关

---

① 吴亮：《美国对青年学生网络不当言论的管制》，《比较教育研究》2016年第9期。
② 李文珍：《台湾中小学德育的演变及现行德育教材剖析》，《当代港澳研究》2014年第4期。
③ 郑黎明：《比较思想政治教育学学科意识的演进与展望》，《河海大学学报》（哲学社会科学版）2016年第3期。
④ 郗厚军、康秀云：《思想政治教育比较研究的可比性探析》，《思想教育研究》2016年第8期。
⑤ 闵永新：《马克思主义整体性方法与思想政治教育学科范式转换》，《高校辅导员学刊》2016年第3期。
⑥ 张智：《科学抽象法：思想政治教育学研究的主导方法》，《教学与研究》2016年第1期。
⑦ 邹绍清：《论大数据时代青年社会主义核心价值观研究方法的创新》，《西南大学学报》（社会科学版）2016年第1期。

联性、从单向统一向多样性研究等的转变和创新。胡树祥等①借助大数据方法来分析、思考和推进网络思想政治教育研究和实践，从教育对象、教育内容、研究方法和研究队伍四个方面深化网络思想政治教育内容与实践发展。

8. 高校思想政治理论课教学研究形成高峰

主要聚焦高校思想政治理论课教学改革、思想政治教育工作方法等方面：一是高校思想政治理论课教学改革研究，顾钰民②对高校思想政治理论课改革"慕课热"进行"冷思考"，提出教学效果和强化队伍建设是衡量教学改革成功与否的基本导向的观点。陈锡喜③提出要提升马克思主义对于当代社会矛盾的解释力；课堂教学的基点是培养学生的理论思维和价值判断能力；队伍建设的重点是提高中青年教师的马克思主义理论素养；学科建设的支撑是以马克思主义理论研究的成果带动课程体系建设的观点。二是关注思政课教学方法改革。郭凤志④提出教学方法体系创新的重点要抓好教学方法理念创新、教学方法体制创新、教学媒体创新和课堂教学方法创新。宫丽⑤讨论了高校思想政治理论课混合式教学模式，要坚守课堂教学的主阵地，着力提升课堂教学的吸引力和实效性、充分利用现代多媒体技术开展凝练教学重难点的"微"教学等路径。刘湘顺等⑥强调运用心理学方法优化思想政治理论教育，将心理学教育与思想政治教育有机结合起来，重视需要心理、运用从众心理、关注心理定势、调动情感体验、充分利用心理环境等方法促进思想政治理论教育发展。

---

① 胡树祥、高宇：《网络思想政治教育研究现状的大数据分析与思考》，《思想理论教育导刊》2016 年第 7 期。

② 顾钰民：《高校思想政治理论课改革"慕课热"以后的"冷思考"》，《思想理论教育导刊》2016 年第 1 期。

③ 陈锡喜：《深化高校思想政治理论课改革和建设的新空间》，《湖北社会科学》2015 年第 12 期。

④ 郭凤志：《高校思想政治理论课教学方法创新体系构建的思考》，《思想理论教育导刊》2015 年第 11 期。

⑤ 宫丽：《高校思想政治理论课混合式教学模式探析》，《学校党建与思想教育》2016 年第 9 期。

⑥ 刘湘顺、周晶：《运用心理学方法优化思想政治理论教育》，《学校党建与思想教育》2016 年第 7 期。

三是形势与政策课研究逐渐引起关注。随着形势与政策课课程逐渐进入课表及教育部组织开展的形势与政策课骨干教师年度培训的推进，形势与政策课的教学与课程建设研究逐渐开始引起关注：骆郁廷①认为，加强和改进形势与政策教育，必须从增强形势与政策教育的权威性、战略性、创新性、引领性和规范性等方面入手。李梁②基于"学问逻辑"和"教学逻辑"，提出当前"形势与政策"课教学内容设计的基本思路与构想。四是高校辅导员职业角色研究，杨雪③对高校辅导员在中国主流媒体上呈现出的基本职业形象的分析，提出要从主流媒体正面公正的报道、辅导员有意识的自我形象塑造以及高校为辅导员发展创设有利环境三方面协作改善高校辅导员媒体职业形象。

9. 网络思想政治教育研究高度关注

随着"互联网+"的广泛影响及大数据技术的广泛运用，网络思想政治教育研究得到广泛关注。主要集中关注以下几个方面：一是网络意识形态治理研究。付安玲等④从加快推进网络意识形态治理大数据战略、完善网络意识形态的大数据舆情应急机制、构建网络意识形态安全大数据保障机制等角度提出了网络意识形态治理路径。二是网络空间教师角色与网络德育研究，常宴会⑤提出要将网络空间提升到思想政治理论课课堂的高度来认识，思政课教师应积极进入网络空间，将角色定位思想竞争者等观点。柳礼泉⑥重点讨论了德育"以文化人"的三个维度："人"是目的维度，"文"是内容维度，"化"是方法维度。李兰芬⑦重点讨论

---

① 骆郁廷：《加强形势与政策教育的多维思考》，《思想理论教育》2015 年第 11 期。
② 李梁：《深化"形势与政策"课教学改革的若干思考——从"大国方略"看"形势与政策"课教学改革》，《思想理论教育》2015 年第 11 期。
③ 杨雪：《主流媒体上的高校辅导员职业形象分析——基于中国五种纸媒（2010—2015）报道》，《高校辅导员》2016 年第 2 期。
④ 付安玲、张耀灿：《大数据助力网络意识形态治理及提升路径》，《马克思主义研究》2016 年第 5 期。
⑤ 常宴会：《论思想政治理论课教师在网络空间中的角色定位》，《贵州师范大学学报》（社会科学版）2015 年第 5 期。
⑥ 柳礼泉：《让德育在文化中诗意的栖居——论德育"以文化人"的三个维度》，《湖南社会科学》2015 年第 5 期。
⑦ 李兰芬：《走向历史深处的公民道德建设》，《苏州大学学报》（哲学社会科学版）2015 年第 6 期。

了"互联网+"时代的公民道德建设，提出建构"互联网+榜样示范"平台，在榜样示范磁场中推进和引领公民道德建设的健康有序发展。三是网络意识形态工作研究，刘娜①对自媒体意识形态真空论、中立论、失语论进行批判，提出从技术层面入手，确立技术也是"行动者"理念；从学术研究层面入手，增强自媒体研究的学术话语权；从实践层面入手，提升自媒体的利用能力和防御能力等观点。张瑜②提出了大数据背景下加强网络意识形态工作的策略：增强大数据意识，提升大数据能力，建设网络意识形态大数据平台，把握新型媒介信息与舆论传播的特点和规律等。崔海英③分析了网络话语体量"大"、传播速度"快"、价值选择"散"、来源渠道"多"的特点，提出教育者必须遵循意识形态安全性原则、层次性原则、差别性原则、平等性原则等，在时、效、度等方面引导大学生自觉进行网络话语转化。

10. 习近平新时代中国特色社会主义思想研究逐渐形成研究焦点

主要集中关注习近平新时代中国特色社会主义思想研究：一是"四个全面"与思想政治教育的研究；郑永廷④认为，"四个全面"战略布局与中心任务，既向思想政治教育提出了新目标、新要求，也为思想政治教育的创新发展提供了理论、实践基础和时代课题等观点。二是"五大发展理念"与思想政治教育研究；吴潜涛⑤论证了协调发展是我党历来坚持的经济社会建设的基本理念，分析了协调发展理念与社会主义核心价值观的关系，提出积极培育和践行社会主义核心价值观为新形势下经济社会协调发展提供价值力量支撑的观点。三是习近平总书记的意识形态工作思想、人生哲学、共同价值观思想等研

---

① 刘娜：《自媒体意识形态安全问题及对策》，《马克思主义研究》2016 年第 7 期。
② 张瑜：《大数据背景下我国网络意识形态建设论析》，《高校马克思主义理论研究》2016 年第 2 期。
③ 崔海英：《大学生网络话语权的特点及转化与引导策略》，《思想理论教育》2015 年第 11 期。
④ 郑永廷：《论社会意识形态与思想政治教育的内在联系》，《中国高校社会科学》2015 年第 6 期。
⑤ 吴潜涛：《协调发展理念与社会主义核心价值观》，《中国高等教育》2016 年第 6 期。

究。李宗建①分析了党的十八大以来习近平总书记意识形态工作新思想特点，认为习近平总书记把握意识形态工作具有战略视野、问题意识、创新精神、辩证思维、逻辑框架等鲜明特征。石云霞②重点对习近平总书记的人生哲学新理念进行了总结：做人，要聚焦一个"好"字，贵在"实实在在"，要守住"底线"，精神上不能缺"钙"，要懂得讲"规矩"，要能够"廉洁自律"，有高尚的"人格修为"，要增强"看齐意识"，要"依靠学习走向未来"，坚持"从实践起步"。郭海龙③对习近平总书记共同价值观思想进行哲学思考。

综合上述思想政治教育学前沿研究现状概观，从研究动态来看，十大热点问题反映出思想政治教育界对习近平新时代中国特色社会主义思想研究、社会主义核心价值观研究、思想政治教育基本理论问题、学科建设、思想政治教育比较研究、高校思想政治教育问题研究、意识形态研究、社会思潮、德育研究、思想政治理论课教学、网络思想政治教育等重点与前沿问题的关注。此外，还有长征精神研究、爱国主义研究、党员领导干部研究等论域也有不少关注。随着党的十九大召开、胜利闭幕及党的十九大精神的学习贯彻，思想政治教育学人将会以强烈的政治觉悟和高水平理论阐释能力，将习近平新时代中国特色社会主义思想和党的十九大精神融入立德树人全过程。在高校贯彻落实全国高校思想政治工作会议精神及"31号"文件精神的指导下，高校思想政治理论课教学改革、教师队伍建设等将继续成为研究焦点，特别是高校思想政治理论课教学实效性探讨、教学方法改革、思想政治工作协同机制、思想政治教育制度研究等将会成为研究热点。

---

① 李宗建：《党的十八大以来习近平意识形态工作新思想》，《社会主义研究》2016年第2期。
② 石云霞：《习近平人生哲学新理念探析》，《思想教育研究》2016年第6期。
③ 郭海龙：《对习近平共同价值观思想的哲学思考》，《社会主义核心价值观研究》2016年第2期。

第二章

概念澄清

概念是人类认识世界的思维工具,对概念的科学界定是理论研究的最基础性工作。在和孙其昂教授交流讨论时,他喜欢用"概念很小,空间很大"① 来表示思想政治教育概念的空间性:思想政治教育概念内部存在着一个知识空间,它是一种结构化存在,存在着层次分布。② "思想工作""思想政治工作""思想政治教育""思想政治教育学""思想政治教育学科""思想政治教育工作"等诸多概念在思想政治教育不同空间得到不同运用,容易造成思想政治教育概念的混用与混同现象。对思想政治教育相关概念复杂性的关注,将思想政治教育概念作为一种分析工具,探讨思想政治教育概念现象、学理意义和探讨空间;探讨思想政治教育概念群;探讨思想政治教育概念方法论和基本思路("回到起点");明晰"思想政治教育是什么"的前提澄清是对思想政治教育概念进行反思的又一思路。

一 "思想政治教育是什么"的前提澄清

思想政治教育是由一系列概念组成的科学理论体系,是思想政治教育学科的核心概念和中心范畴,是思想政治教育理论和实践的出发点和指南针。孙正聿先生在《哲学通论》强调前提性反思,吴晓明先生也

---

① 孙其昂:《思想政治教育学前沿研究》,人民出版社2013年版,第29页。
② 孙其昂教授认为,思想政治教育概念内部空间有四个层次:一是事实层次;二是现象层次;三是理论层次;四是学术层次。(参见孙其昂《思想政治教育学前沿研究》,人民出版社2013年版,第31页)

强调"澄清前提和划定界限"。① 对概念进行前提性反思与追问是对学科理论的前提澄清。思想政治教育是学界和理论界讨论最多、争议最大的论题之一。系统梳理、科学辨析"思想政治教育"概念是思想政治教育科学研究的基础,对于推进思想政治教育理论研究、实现思想政治教育科学化和加快思想政治教育学科发展具有重大理论价值和重要现实意义。

(一) 思想政治教育概念提出

近几年来,思想政治教育概念成为学界热议的话题。追问其原因主要在于:一方面是思想政治教育概念至今缺乏权威共识,存在争议。另一方面是人们对思想政治教育是什么的"元问题"缺乏回应。思想政治教育是什么?这是一个复杂性问题。从应然的角度而言,指的是思想政治教育要做什么(发挥什么作用)、能做什么、应做什么;从实然的角度而言,思想政治教育做了什么、做得怎么样、有没有意义、值得不值得等实际问题还没做出明晰的回答。直到目前为止,思想政治教育是什么,还没有说清楚。即使在思想政治教育理论界,也不甚清楚。以思想政治教育理论研究刊物为例,全国权威或处于学科高端的刊物,名称各异。《思想理论教育导刊》《思想教育研究》《思想理论教育》《学校党建与思想教育》《思想政治教育研究》《思想政治工作研究》等,这不排除各个期刊办刊的侧重点不同,但也呈现出即使在学术界、理论界、媒体界和行政界,思想政治教育名称还有待进一步探讨。实践中,与思想政治教育有关的用词非常多,诸如思想政治教育、思想政治工作、思想政治建设、精神文明建设、精神文明创建活动、和谐社会创建活动、党的建设、文明城市建设、先进文化建设、意识形态和宣传思想文化工作等。之所以缺乏相对统一的用词,思想政治教育概念还不能来统率相对一致的社会实践活动,社会还没有形成权威公认的思想政治教育概念。追问其深层次原因,在于"思想政治教育是什么"的前提反思,还没有说清楚,缺乏共识。

---

① 吴晓明:《文明的冲突与现代性批判——一个哲学上的考察》,《哲学研究》2005 年第 4 期。

（二）思想政治教育概念追问的意义

追问思想政治教育概念，进而回应思想政治教育是什么，是十分必要的，是社会实践对理论提出的问题：一是思想政治教育学的核心概念，也是基础概念，是一个元概念。尽管可以说，思想政治教育概念至今缺乏一个统一的定义，至今争论甚多，在许多学科那里也是一个存在的现象，故属于常见现象。然而，思想政治教育学这里还不属于这类问题，而是属于基础建设课题。二是思想政治教育理论建设和实践活动的出发点。出发点清晰是后续思想政治教育学研究和建设活动的基础。追问思想政治教育概念具有重要意义：第一，开展思想政治教育概念研究有利于推进学科范畴科学化、现代化。科学的思想政治教育概念是思想政治教育系统化、学科化、科学化和现代化的重要环节，也是思想政治教育理论与实践的现实需要。第二，深化对思想政治教育学科诸概念的认识。思想政治教育概念研究是推进思想政治教育学发展和思想政治教育学科建设与发展的重要动力，也是推进思想政治教育工作进步的重要条件。通过思想政治教育概念的研究，不仅推进思想政治教育概念本身的探索和认识，而且推进相关学术问题的探讨和认识，推动进行学术探索和历史反思，推进理论与实际的结合，推进学术研究与实践活动的结合，丰富思想政治教育学知识。

二 思想政治教育概念提出与变化

"思想政治教育"一词源于现代，1984年思想政治教育专业正式设立后，思想政治教育概念才逐渐得到广泛应用，但事实上思想政治教育实践活动早已存在，只不过在不同时期、不同民族、不同国家概念不同而已，因而探讨思想政治教育概念要运用历史的思维方式结合现实实践来观照。从马克思主义发展史的高度，全面的以历史为依据，运用历史溯源的研究路径总结马克思主义经典作家关于思想政治教育概念的提出，追溯马克思主义传统意义的思想政治概念历史源头，揭示其不同历史阶段的发展沿革和脉络，这是思想政治教育概念的生成溯源应有之义。

1. 马克思主义传统：从马克思主义文本梳理思想政治教育概念历史线索

马克思主义经典作家认为，政治是经济的集中表现，意识形态是对经济基础的反映，意识形态也具有明显政治倾向性，当人们进行生产活动的同时，也进行着精神活动，马克思所说的"时代的思想的生产和分配"蕴含着思想政治教育意蕴。19世纪40年代，马克思、恩格斯从事社会主义运动、创建共产党伊始，就做了大量政治宣传和政治思想工作，在1847年的共产主义同盟的章程就已提出"宣传工作"概念，1894年恩格斯在《法德农民问题》中又提出"社会主义的宣传"概念。1902年前后，列宁在创立布尔什维克党时，就论述了政治宣传工作的重要性："没有革命的理论就不可能有革命的运动"，"因为在各方面的教育工作中，我们都不能抱着教育不问政治的旧观点，不能让教育工作不联系政治"，①提出了"政治教育"概念。斯大林在联共（布）十七大总结报告中提出的"思想工作""政治思想工作"等概念，并阐述了政治思想工作基本内容和政治工作与组织工作及经济工作的辩证关系。从上述马克思主义经典作家提出的多种概念可知，思想政治教育伴随着马克思主义产生而产生，是马克思主义的优良传统和实践表征，虽然尚未有思想政治教育理论系统总结和凝结，但是已在实践需要的基础上自为地做了大量思想政治教育工作。

2. 中国共产党传统：从中国共产党历史发展概观思想政治教育概念逻辑演进

从中国共产党历史来看，思想政治教育概念是"中国共产党根据马克思主义的基本原理、总结中国革命和建设中思想政治教育工作的实践经验而提出的概念"，②"既是马克思主义在中国传播、发展、创新的结果，也是中国社会主义运动过程中思想政治教育实践经验科学总结的结果，并在中国革命和建设的实践中不断得到丰富、充实和发展"。③ 从历

---

① 《列宁选集》第4卷，人民出版社1995年版，第302页。
② 武东生、余一凡：《经典作家关于"思想政治教育"的思想述要》，《高校理论战线》2008年第2期。
③ 余一凡：《中国共产党"思想政治教育"概念的发展》，《理论与改革》2009年第2期。

史线索和逻辑上来说,"思想政治教育"这一概念形成历史沿革大致包括三个环节或阶段:政治工作→思想政治工作→思想政治工作与思想政治教育并用时期。在党的思想政治教育史上,最先通用的是政治工作、政治教育概念。如1922年5月中国社会主义青年团第一次全国代表大会制定的《中国社会主义青年团纲领》中,就把政治教育划分出来,与社会教育和学校教育相区别。毛泽东在1927年3月的《湖南农民运动考察报告》中提出要对农民进行政治教育和政治宣传。在《井冈山的斗争》中毛泽东说:"经过政治教育,红军士兵都有了阶级觉悟",[①] 1927年"三湾改编"时"支部建在连上"成为党建和思想政治教育重要经验。1934年2月,中国工农红军第一次全国政治工作会议召开,周恩来在会上提出"政治工作是红军的生命线"论断。可见,中国共产党创建初期就非常重视政治工作,强调政治工作的重要性,政治工作成为当时的重要提法。新中国成立后,1951年,刘少奇在第一次全国宣传工作会议上提出了"思想政治工作"概念。毛泽东在《关于正确处理人民内部矛盾的问题》中提出:"在知识分子和青年学生中间,最近一个时期,思想政治工作减弱了,出现了一些偏向。在一些人的眼中,好像什么政治,什么祖国的前途、人类的理想,都没有关心的必要。好像马克思主义行时了一阵,现在就不那么行时了。针对着这种情况,现在需要加强思想政治工作。不论是知识分子,还是青年学生,都应该努力学习。除了学习专业之外,在思想上要有所进步,政治上也要有所进步,这就需要学习马克思主义,学习时事政治。没有正确的政治观点,就等于没有灵魂。过去的思想改造是必要的,收到了积极的效果。但是在做法上有些粗糙,伤了一些人,这是不好的。这个缺点,今后必须避免。思想政治工作,各个部门都要负责任。共产党应该管,青年团应该管,政府主管部门应该管,学校的校长教师更应该管。"[②] 在《关于建国以来党的若干历史问题的决议》中正式提出"关于思想政治工作是经济工作和其他一切工作的生命线"的思想,成为毛泽东思想的内容之一。1980年,理论界提出"思想政治工作是否是一门科学",由此展开了广泛讨论。在1984年高校

[①] 《毛泽东选集》第1卷,人民出版社1991年版,第64页。
[②] 《毛泽东文集》第7卷,人民出版社1999年版,第226页。

设立思想政治教育专业后,在高校领域内关于"思想政治教育"提法逐渐多起来。随着广大干部、群众和理论工作者的长期实践,党采取了"思想政治工作"概念,高等学校采用了"思想政治教育"这一概念,在宣传系统基本采用"宣传思想工作"概念,这成为新时期一种比较流行的提法。

3. 学理传统:从多学科视角研究思想政治教育概念的运用

革命和社会主义建设初期,大都采取理论工作、思想(心理)工作或政治工作的提法,强调"生命线"作用,到改革开放前大都采用政治工作、思想政治工作概念,"思想政治教育"提法较少,但在1984年高校设立思想政治教育专业后,"思想政治教育"提法逐渐多起来,之后陆续建立专科、本科、硕士和博士点四个层次专业体系,思想政治教育学科化和科学化趋势日益发展和成熟,涌现出一大批思想政治教育专家,对思想政治教育进行了深入研究,学界对思想政治教育的研究更加学理化、系统化和科学化。此外,从党建、伦理学、教育学、政治学等多学科视角来考察思想政治教育概念变化。政治工作是革命和社会主义建设初期,强调政治任务和政治目标,政治性强,其对象是军人、干部、党员和群众,党建色彩浓厚。思想政治工作的目的是调动积极性,培养新人,采取日常思想政治工作和企业文化建设等方式。德育的对象主要是学生,1993年《中国教育改革和发展纲要》中提到德育即道德教育,德育即思想政治和品德教育,强调道德教育,属于伦理学科范畴。思想教育对象则是所有人,强调对人们进行以政治为核心的思想教育和道德教育,属于教育学和政治学范畴。管理行为科学对人的思想、精神、心理的管理日益重视,企业文化成为思想政治教育的一个重要方面和形式,管理学、心理学、行为科学、教育科学应运而生,为思想政治教育概念界定提供了思想借鉴和研究方法。

三 思想政治教育概念群的辨析

在思想政治工作实践和理论研究中经常出现关于思想政治工作的不同称谓,诸如"政治工作""思想工作""政治思想工作""思想政治工作""思想政治教育""德育"等;这些概念经常由于语义相近而出现使用混乱,严重影响人们对思想政治工作的接受和认同,急需对思想政治教育诸多概念进行比较分析,以系统梳理和科学厘清诸概念之间的区别和联系,廓清人们的困惑和迷茫。因此,对思想政治教育诸概念辨析就成为思想政治教育理论研究的重要论题。

1. 思想政治教育相关概念异同

学理上主要有以下几种观点:

第一种是,孙其昂教授在系统梳理学界对"政治工作""思想政治教育""思想工作"和"德育"四组概念研究的基础上从它们内容的政治性质、工作涉及的领域和工作对象三个方面进行了比较,进而指出政治工作、思想政治教育、思想工作在性质规定上是相同的,它们具有很强的政治性,而且有共同的对象,只是范围大小不同。德育虽以思想道德为主要领域,但也受政治制约。孙其昂教授还指出,在现实活动中思想政治教育有三种模式,即政治工作模式、思想政治工作模式和思想政治教育模式。三种模式有共同的起源和传统,又有现实的不同特点,应开展交流和合作,共同推进思想政治教育科学化。[①]

第二种是,郑永廷教授对政治工作、思想政治工作和思想政治教育作了辨析,认为政治工作是这群概念中的最高概念。组织工作、干部工作、统战工作、纪检工作等都属于政治工作。思想工作包括政治性的思想工作和非政治性的思想工作。政治性的思想工作属于政治工作的一部分。非政治性的思想工作则是思想工作的主要内容,而不是政治工作的任务。思想工作与政治工作具有相对独立的内涵和外延,二者不能重合。思想政治教育是政治工作中的思想性部分和思想工作中的政治性部分的总和。虽然思想政治教育与政治工作和思想工作相互交叉,但是思想政治教育有特定的内涵和外延。思想政治教育是受政治制约的思想教育和侧重于思想理论方面的政治教育,从外延上看它包括思想教育、政治教育和道德教育。[②]

第三种是,对道德教育、德育和思想政治教育三者之间的关系进行了区别:道德教育所涉及的范围最小,它主要是对受教育者进行道德认

[①] 孙其昂:《思想政治教育学基本原理》,河海大学出版社2004年版,第5—6页。
[②] 张耀灿等:《现代思想政治教育学》,人民出版社2006年版,第49—50页。

识、道德情感、道德意志和道德行为的培养，内容包括社会公德、家庭美德和职业道德三方面教育。学校德育研究内容与思想政治教育研究的内容都包含政治教育、思想教育、道德教育，但是学校德育所研究的对象范围较小，仅是在校的青少年学生群体。思想政治教育研究的对象范围最大，它包括学校思想政治教育（学校德育）、企业思想政治教育、农村思想政治教育、社区思想政治教育、军队思想政治教育等。①

第四种是，对政治工作与思想政治教育、政治思想工作、思想政治教育与政治思想工作做了辨析。政治工作与思想政治教育、政治思想工作的关系，是整体和局部的关系。政治工作包含思想工作和组织工作这两个基本方面，还包括干部队伍建设、共青团建设和青年工作、民主制度建设、纪律检查与行政监察工作、文艺体育工作等。而思想政治教育或政治思想工作，主要是指思想政治方面的教育，也就是思想工作。因此，政治工作是整体，而思想政治教育或政治思想工作则是政治工作的组成部分。思想政治教育和政治思想工作只是侧重点不同，并无本质差别。思想政治教育侧重于思想教育，政治思想工作侧重于政治教育。② 胡椿在谈到思想政治教育、政治思想工作与思想工作的关系时指出：人们在使用思想政治教育、政治思想工作、思想工作这三个概念时，往往没有去认真考虑其差异性，基本上都将其作为同义词使用，从而形成了常常混用、代用的状况，其实三者是有差异的。思想政治教育比思想工作更突出了思想教育工作的政治性；而政治思想工作又更进一步突出了政治性——政治方面的思想工作。③

可见，政治工作与思想工作、政治思想工作和思想政治工作、思想政治工作与思想政治教育、思想政治教育与道德教育、德育等之间的内涵与外延并不相同，因而需要对这些概念内涵与外延作区分。

第一，政治工作与思想工作之间区分。政治工作主要是按照一定的

---

① 韦冬雪：《对"道德教育"、"德育"与"思想政治教育"概念之辨析》，《探索》2007年第1期。
② 王乾都：《关于"思想政治工作"及相关概念辨析》，《军队政工理论研究》2005年第4期。
③ 胡椿：《略谈"思想政治工作"及其原则和方法》，《云南师范大学学报》2001年第2期。

政治目标，为一定的政治任务和政治目标服务的政治活动，包含思想性政治工作和非思想性政治工作两个基本方面，如党委的组织、党办、纪检、统战工作、群众工作等。思想工作主要是研究人的思想活动规律从事思想领域的工作，根本任务是要解决思想认识上的先进与落后的矛盾，主要包括政治性思想工作（政治方向）与非政治性思想工作（日常生活中的思想问题）之分。可见，思想工作和政治工作既有区别，又相互联系，"政治性的思想工作属于政治工作的一部分。非政治性的思想工作则是思想工作的主要内容，而不是政治工作的任务。思想工作与政治工作具有相对独立的内涵和外延，二者不能重合"。① 它们又互相渗透，互相影响，有机结合构成了政治思想工作或思想政治工作概念。

第二，政治思想工作和思想政治工作之间区分。政治思想工作可以理解为一定的阶级、政党、团体为实现自己的纲领和任务而进行得帮助人形成与社会发展要求同步的思想，转变偏离社会发展要求的思想所进行的活动，主要核心是政治观教育，解决政治方向、立场观点，如阶级斗争、意识形态斗争、政权建设、党的思想和组织建设等属于政治思想工作的范畴问题。由政治工作和思想工作两个概念相结合简化构成政治思想工作概念。由于政治工作是一个最早出现和流行的概念，而且由于这个概念明确地表明党的这一工作的政治性质，因而它被理所当然地放在思想工作的前面，起着一种统领的作用，而思想工作放在后面起着一种补充的作用。但政治思想工作反而缩小了政治工作的范围，仅仅表示政治工作中的思想工作，把大量一般性、与政治没有直接联系的思想工作和政治领域内工作撇开，不能表示政治工作之内的非思想工作，更不能表示政治工作之外的思想工作，不利于全面做好思想政治工作和科学把握思想政治教育外延，说明这个概念还是不完善的。郑永廷教授认为思想政治工作是政治工作中的思想性部分和思想工作中的政治性部分的总合。虽然思想政治工作与政治工作和思想工作相互交叉，但是思想政治工作有特定的内涵和外延。② 思想政治工作除了侧重政治思想工作外，还包括其他非政治思想工作内容，如道德观、审美观、认识论教育等解

---

① 张耀灿等：《现代思想政治教育学》，人民出版社2006年版，第49—50页。
② 同上。

决人们在生产业务活动中的种种思想问题。在这里，思想和政治并列在一起，各有其独立性，而是始终保持着两个意象，不至于使人发生字面上误解使得思想政治工作概念逐渐地流行起来，并形成一些类似的概念，如思想理论工作、思想宣传工作等，此外还有思想理论战线、思想政治路线等。

  第三，思想政治工作与思想政治教育之间区分。人们常约定成俗地将思想政治工作和思想政治教育两个概念作为同一概念使用，这是一种错误的习惯和行为。学理意义上的思想政治教育概念来自1984年思想政治教育作为高校的一个专业开设，而思想政治工作实践早已存在。一方面，思想政治教育落脚点在教育，主要运用在教育领域，是一项具有教育意义的实践活动，高等学校采用了"思想政治教育"这一概念；而思想政治工作是一个应用科学概念，它既包括思想政治工作的理论，同时又包括思想政治工作的实践。除了思想政治教育外，还包括许多组织工作、管理实践活动，蕴含着两层含义："一是思想政治教育的专业化活动，二是思想政治管理的专业化活动"，[1] 可以理解为思想政治教育和管理的"软硬性"工作的结合。可见，思想政治工作相对于思想政治教育来说也是属与种的关系，"思想政治教育是思想政治工作的基本内容，而不是思想政治工作的全部，它是受政治制约的思想教育和侧重于思想理论方面的政治教育，包括思想教育、政治教育和道德教育。思想政治工作外延更宽广，它除了思想政治教育外，还包括许多组织工作、实践活动，因而不能简单地等同于思想政治教育。[2] 综合而言，从内容上看，思想政治工作包括思想政治教育和思想政治教育的管理等，是一个更大的概念，而思想政治教育概念虽然范围较小，但却含义明确，呈现了思想政治工作的实质和主要内容。因此，在谈到党的工作系统时，用思想政治工作概念更为确切，而思想政治教育是一个学科发展而形成的科学化概念，当把它作为一门学科或高等教育系统内教育实践活动考察时，使用思想政治教育概念应该更恰当一些。"思想政治教育是思想政治工作的基本内容，而不是思想政治工作的全部，它是受政治制约的思想教育和

---

[1] 张蔚萍：《思想政治工作学教程》，中共中央党校出版社2008年版，第13页。
[2] 张耀灿等：《现代思想政治教育学》，人民出版社2006年版，第49—50页。

侧重于思想理论方面的政治教育。"思想政治教育的概念主要运用在教育领域，是一项具有教育意义的实践活动，而思想政治工作除了思想政治教育外，还包括许多组织工作、管理实践活动等。

第四，思想政治教育与道德教育、德育三者之间区分。德育概念内涵的核心是道德教育，其理论形态是德育学或德育原理，研究的是道德教育规律。思想政治教育概念内涵核心是政治教育、思想教育、道德教育等内容，其理论形态是思想政治教育学，研究思想政治教育的规律。可见，道德教育所涉及的范围最小，它主要是对受教育者进行道德认识、道德情感、道德意志、道德行为的培养，内容包括社会公德、家庭美德和职业道德三方面教育。学校德育研究内容与思想政治教育研究的内容都包含政治教育、思想教育、道德教育，但是学校德育所研究的对象范围较小，仅是在校的青少年学生群体。思想政治教育研究的对象范围最大，它包括学校思想政治教育（学校德育）、企业思想政治教育、农村思想政治教育、社区思想政治教育、军队思想政治教育等。①

可见，对思想政治教育、政治工作、思想政治工作和德育之间概念进行了系统梳理和辨析，有利于我们重新认识和甄别这些近亲概念的差异性和共同性，有利于区分这些易混淆概念的内涵和外延，有利于我们深化对思想政治教育概念的理解。

2. 思想政治教育实践形态解读

从思想政治教育不同实践形态来看，笔者以为，思想政治教育可以归结为以下三种形态：

第一种是主要针对党政机关、企业、农村、社团、社区等进行的思想政治教育，其理论更多地来源于对思想政治教育工作实践经验的总结。沈长生认为企业思想政治教育"就是思想政治教育者按照一定的目标，遵循人的思想活动规律、思想政治教育规律，采取恰当的方式、方法和手段，对人进行思想政治教育，使企业各类人员的思想向积极的方向转化，处理、解决、按照各种思想关系，最大限度地激发人们的政治热情，调动人们的积极性，推动企业生产经营的发展，保证社会主义

---

① 韦冬雪：《对"道德教育"、"德育"与"思想政治教育"概念之辨析》，《探索》2007年第1期。

现代化事业的胜利实现"。① 红旗出版社 1990 年出版的《党政机关思想政治教育 100 个怎么办?》对党政机关思想政治教育进行了十分翔实地探讨。

第二种是学校思想政治教育,更多地强调以学生为对象的思想政治教育,提高人的素质,促进人的全面发展。陈秉公认为:"马克思主义思想政治教育是为了保证党和中华民族奋斗目标的实现,以宣传和传播社会主义和共产主义思想体系为基本内容,以引导人们的政治态度,解决各类思想问题,提高思想、道德和心理素质,调动积极性和完善人格为根本任务,对人们进行的以政治思想教育为重点的,思想教育、道德教育和心理教育的综合教育实践。"②

第三种是军队思想政治教育,更多地关注军队思想政治教育工作,其理论来源于军队思想政治工作思想和工作实践经验。马永富等认为,"狭义的军队思想政治教育,特指中国人民解放军的思想政治教育,它是中国共产党在中国人民解放军中所进行的政治工作的重要组成部分,是按着无产阶级的意志,向官兵灌输进步的社会意识,以实现党对军队的绝对领导,增强部队凝聚力,提高部队战斗力的意识形态活动"③。

三种不同社会实践形态的思想政治教育,共同组成思想政治教育有机统一体,有利于丰富思想政治教育理论与实践,但三种形态的思想政治教育中存在多种概念在同一意义的重复,容易产生混用,其内涵和外延存在的区别与联系并不清晰,会影响思想政治教育实践多形态的发展,影响人们对思想政治教育的接受和认同,因而对思想政治教育概念的厘清显得十分迫切。

3. 学界关于思想政治教育概念的内涵阐释

思想政治教育研究者从不同角度,根据自己对思想政治教育的认识和对思想政治教育本质的把握,对思想政治教育概念、定义、范畴、活动、文化等视角进行思想政治教育表达,其代表性的观点见表 2—1

---

① 沈长生:《企业思想政治工作新探》,学林出版社 1991 年版,第 2 页。
② 陈秉公:《思想政治教育学》,吉林大学出版社 1992 年版,第 3 页。
③ 马永富、廖达炎:《军队思想政治教育学原理》,国防科技大学出版社 2002 年版,第 4—16 页。

所示：

表2—1　　　　　　　思想政治教育定义的代表性观点

作者	思想政治教育定义
邱伟光	是培养、塑造一定社会新人思想道德素质的教育实践活动，受社会经济政治文化的制约和影响，包括思想教育、政治教育、道德教育①
王礼湛	社会有组织地定向引导人们形成符合特定社会和时代以及人类自身发展要求的思想政治观点和行为品格的教育工程②
陆庆壬	一定的阶级或政治集团，为实现一定的政治目标，有目的地对人们施加意识形态的影响，以期转变人们的思想，进而指导人们行动的社会行为③
袁礼周	用无产阶级的政治思想、政治理论、政治观点，教育人民群众，解决人们的政治思想、政治观点和政治行为问题，提高人们认识世界和改造世界的能力，为当前和长远的目标而奋斗的社会实践活动④
陈秉公	一定阶级或政治集团，为了实现其政治目标和任务而进行的，以政治思想教育为核心和重点的，思想、道德和心理综合教育实践⑤
张耀灿	一定的阶级、政党、社会群体用一定的思想观念、政治观点、道德规范，对其成员施加有目的、有计划、有组织的影响，使他们形成符合一定社会、一定阶级所需要的思想品德的社会实践活动⑥
孙其昂	指一定政党或社会团体要求，有目的、有组织地采用多种手段对人们进行思想品德教育，培育新人，动员大家为当前和长远目标而奋斗的社会实践活动⑦
王勤	一定的阶级或政治集团，为实现一定的政治目的，有目的地对人们施加意识形态的影响，以期转变人们的思想，塑造人们的品德，进而指导人们行为的社会实践活动⑧
杨生平	一个阶级或集团为了建立或巩固其政治统治而进行的符合本阶级或集团根本利益的、包括一定的政治、法律、哲学、道德、艺术和宗教思想的意识形态理论的教育⑨

---

① 邱伟光：《思想政治教育学概论》，天津人民出版社1988年版，第1页。
② 王礼湛：《思想政治教育学》，浙江大学出版社1989年版，第69页。
③ 陆庆壬：《思想政治教育学原理》，高等教育出版社1991年版，第3页。
④ 袁礼周：《思想政治工作学理论基础》，团结出版社1991年版，第54页。
⑤ 陈秉公：《思想政治教育学》，吉林大学出版社1992年版，第2页。
⑥ 张耀灿、陈万柏：《思想政治教育学原理》，高等教育出版社2001年版，第4页。
⑦ 孙其昂：《思想政治工作学概论》，江苏人民出版社2001年版，第2页。
⑧ 王勤：《思想政治教育学新论》，浙江大学出版社2004年版，第6页。
⑨ 杨生平、隋淑芬：《思想政治教育理论研究》，首都师范大学出版社1999年版，第60页。

续表

作者	思想政治教育定义
陈立思	思想政治教育是政治工作的一部分，它是指一定的阶级、政党、社会集团，为实现自己的政治目的，通过教育活动，对所有社会成员施加某种思想影响，使其接受并形成一定的政治观念和行为意识，从而支配他们自觉地去行动实践活动①
秦在东	一定的社会政治集团或政治组织机构，为实现其特定的政治目标，通过一定的精神方式和相应的物质载体，对所辖区域内的民众施加有计划和有组织的意识形态影响，使之具备较高思想政治素质的社会教育活动②

从上述观点来看，按照不同的角度或标准，学人们对思想政治教育的概念论述可以分为几种观点：

第一种，从功能角度来定义，如陆庆壬、王勤从"实现目标，转变思想，指导行为"的功能角度的定义；

第二种，从认识和内容角度来论述，如陈秉公、邱伟光等主要从内容角度认为思想政治教育应包含思想教育、政治教育、道德教育和心理教育等内容，这种观点把思想政治教育内容拓展更宽一些；

第三种，从目的角度论述，如秦在东等主要从目的角度即"具备较高思想政治素质的社会教育活动"来论述，袁礼周从"解决问题，提高能力，为当前和长远目标而奋斗"的目的角度进行论述；

第四种，从主客体价值关系来论述，如张耀灿从主客体需要的满足关系的价值角度来进行论述，即为实现"符合一定社会、一定阶级所需要的思想品德的社会实践活动"；

第五种，从目的和内容结合角度，如孙其昂"以政治为核心的思想教育，培育新人，动员大家为当前和长远目标而奋斗的社会实践活动"。

笔者以为，上述定义有共性之处——强调社会需要和阶级需要，强调目的，对于正确理解思想政治教育有重大启示和思维借鉴，但同时也存在着局限性：一是过于强调阶级性，影响人们对思想政治教育的认同度；二是侧重于教育内容角度的思想政治教育，对思想政治教育属性没

---

① 刘书林、陈立思：《青年思想政治教育学原理》，中国青年出版社1999年版，第3页。
② 秦在东：《思想政治教育管理论》，湖北人民出版社2003年版，第17页。

有指出，没有指出如何理解思想政治教育过程，仅凭"转化""引导"显然无法解释思想政治教育内涵；三是定义项的外延与被定义项的外延没有全同，难以对其概念边界做出界定；四是上述定义"社会本位"倾向严重，没有突出人及人在思想政治教育方面的需要，对人的发展关注不够。五是词语表达比较笼统，不够清晰，需要做大量的诠释工作。

因此，对思想政治教育定义要深化认识，继续开展理论探讨、逻辑求证、内涵解读工作，思想政治教育概念的现代演进应在继承传统概念的合理性基础上，立足于时代主题转换和思想政治教育发展的要求不断拓展，其研究内容由阶级性走向科学性，理论由零碎走向系统性，方法由单一走向多样化，范式由无走向有的科学化路径。

四 思想政治教育概念研究反思

争论一："属"问题之争：教育实践活动还是社会实践活动？

从思想政治教育定义的"属"概念角度来看，上述思想政治教育定义中主要有两种理解：一种观点把思想政治教育理解为教育实践活动，另一种观点是把思想政治教育理解为社会实践活动。从"教育实践与社会实践"两种"属"的不同理解中，可以提出一个值得追问的问题：思想政治教育到底是教育实践活动还是社会实践活动？如果是教育实践活动，那么是否会窄化思想政治教育的内涵与外延？如果是社会实践活动，那么是否会泛化思想政治教育内涵和外延？

笔者以为，思想政治教育是一种社会实践活动的"属"意义层面的理解。一般而言，狭义的思想政治教育主要是教育领域客观存在的教育实践活动，的确是以一种学科形态或教育主客体关系而存在的实践活动，但是思想政治教育绝不仅仅是一种教育实践活动，而且更是一种在社会领域广泛存在的社会实践活动。

第一，从思想政治教育历史溯源而言，思想政治教育作为人类阶级社会中的一项实践活动，起源于阶级和国家的产生，蕴藏于形式多样的教育之中，虽然"思想政治教育"一词由中国共产党在1984年思想政治教育专业正式设立后才逐渐得到广泛应用，但事实上广义的思想政治教育实践活动早已客观存在，只不过是不同时期、不同民族、不同国家所运用的概念不同而已,"思想政治教育活动普遍存在于阶级社会发展的历史进程之中,它伴随着阶级社会的演进而发展"①。可见,思想政治教育不仅是一种蕴含着教育实践活动中的精神生产和主导意识形态建设的重要方式,而且也是一种广泛融入社会生活和历史发展史中的社会化实践活动,具有内涵丰富的历史意蕴和宽广的外延,如果仅仅将其当作一种教育实践活动,这在其历史生成和发展史上也不能自圆其说。

第二,从概念演进脉络而言,思想政治教育这一概念是在实践中逐渐深化和发展着的社会实践活动,经历了从政治工作、思想工作、政治思想工作、思想政治工作等相近术语的演变,思想政治教育内涵包括诸多思想工作、政治工作范畴内容。在思想政治教育成为一种学科专业建制而客观存在后,思想政治教育概念逐渐成为一种比较公认的标准术语,从而具有科学性和规范性意义。思想政治教育还包含许多涉及学科建设、专业建设、队伍建设、制度建设等一系列科学共同体的实践活动,而这些活动不仅仅是教育实践活动,而是更广泛意义的社会实践活动。可见,把"思想政治教育是一种教育实践活动"向是"一种社会实践活动"的转变,是思想政治教育概念的时代发展的现实需要。

第三,从社会现实角度而言,对思想政治教育的理解由于语境分殊和角度相异,而存在诸多层面的理解,上述关于思想政治教育定义的"教育实践活动与社会实践活动"之分殊理解就体现思想政治教育定义的复杂性,如邱伟光、陈秉公把思想政治教育理解为"以政治思想教育为核心和重点的思想、道德和心理综合教育实践活动"就是一种微观层次的理解,把思想政治教育当作一种专业化的教育实践活动,这是从狭义角度对思想政治教育做出的一种理解。不得不承认,狭义的思想政治教育首先是一种教育主客体关系的教育实践活动,这种限定既有利于界定思想政治教育学科边界,又明确思想政治教育的功能范围和作用发挥领域,有利于提高思想政治教育活动的针对性。然而,全球化、信息化、网络化、市场化快速发展,社会主义市场经济体制和社会现代化发展加速推进社会结构转型,传统的整体性、同质性社会结构不断地被现代碎裂性、异质性社会结构所取代:"一是政治、经济和文化等社会生活的基

---

① 张耀灿等:《现代思想政治教育学》,人民出版社2006年版,第52页。

本领域,从原来的以政治领域为绝对核心逐渐转向各领域的相对独立和自主,从而实现了从'领域合一'向'领域分离'的转向;二是个人的'私人生活'从社会的'公共生活'中分离出来,获得了独立自主的存在空间",① 思想政治教育作为社会大系统中的子系统,传统的"教育实践活动"意义层面理解的以理论学习、政治宣传、道德教化为中心的思想政治教育实践已不适应现代社会的需求,需要思想政治教育发挥更大的作用和更宽广的作用范围,融入社会复杂适应系统中去发挥在社会建设、社会治理中的应有功能。因此,把思想政治教育的"教育实践"属的理解拓展为"社会实践"属的理解,这是适应思想政治教育现代转型的理论需要和实践诉求,有利于丰富思想政治教育内涵和外延,更好地把思想政治教育融入社会视域中,促进思想政治教育与社会关系的互动。

争论二:"教育的政治"还是"政治的教育"?

思想政治教育内涵追问常常在政治与教育、理论与实践之间摇摆不定。思想政治教育是教育活动还是政治活动?思想政治教育者与思想政治教育学者有区别吗?在持"教育的政治"的观点看来,思想政治教育在目标设定、方式手段等方面应等同于教育活动;而在持"政治的教育"的观点看来,思想政治教育应该是一种实现意识形态目标的政治活动。

从政治与道德的和谐共存到政治与道德的分离。在古代政治中,政治与道德之间并无明确区分,人类对政治活动的认知主要建立在道德基础之上,而道德目标是通过政治活动实现的。早期的政治哲学家大量使用德性、公正、至善等道德概念来解读政治现象,通过道德来设定政治目标。实际上,在古代几乎不存在现代意义上的政治活动,政治总是被裹挟在道德生活。金林南教授②认为:所谓"政治的教育"表达的是政治教育的政治本质和政治维度,它表明思想政治教育本质上是一种政治现象,是政治的运作形式之一。对"政治的教育"的学术思考关注和体现的是政治的现实与理想,是一种归属于政治学的思维路径。所谓"教育的政治"表达的是政治教育的教育本质和教育维度,它表明了政治教育

---

① 贺来:《"道德共识"与现代社会的命运》,《哲学研究》2001 年第 5 期。
② 金林南:《政治的教育与教育的政治——思想政治教育学基本问题的政治哲学探讨》,《南京政治学院学报》2008 年第 1 期。

的另一种本质，即它是一种教育现象，是教育的一种形式，对它的理论思考归属于教育学范畴。思想政治教育的基本矛盾是政治与教育之间的矛盾张力，在学术研究领域是政治。政治活动更多表现为一种现实的利益驱动，表现出人类交往中的他律特征。而教育更多地表现为人的自我完善需要，它的动力来自对理想自我的向往，表现出更多的自律性特征；就学术研究而言，对政治问题的思考着重于人的行为等客观效果，而对教育现象的思考更关注人的"理想自我"等应然预设。

争论三："种差"之议：施加、转化、引导、动员或建构？

在对思想政治教育定义的"属"问题界定的基础上，需要进一步对思想政治教育定义的"种差"进行分析。思想政治教育概念转换经历了革命建设、改革开放、社会主义市场经济快速发展的现代化进程，伴随着中国共产党逐渐从革命党向执政党转变，思想政治教育受到来自社会系统变迁的外部压力和思想政治教育系统内部要素张力的双重影响，"思想政治教育价值在继承与发展中经历了逻辑展开的'生命线论'、'功能论'、'价值论'的发展主线"①，"思想政治工作面临着十八个转变"②，思想政治教育概念理所当然地实现与时俱进的现代转型。具体而言，从思想政治教育概念发展的时代背景来看，有三次现代性转换：一是革命时期和社会主义建设初期，思想政治教育活动主要围绕党的中心任务、服务于党的政治斗争需要，这时期思想政治教育概念主要是强调政治工作意蕴，具有极强的政治性和斗争性；二是改革开放后，国家政治经济形势发生重大变化，工作重心转移到以经济建设为中心的任务上来，思想政治教育活动在继承原有合理性的基础上，强调服务于党的需要同时强调服务于经济中心工作的需要，并逐渐兴起关于"思想政治工作是否是一门科学"的争论，思想政治教育概念得到新的理论总结和内涵充实；三是进入社会主义市场经济阶段以来，思想政治教育强调继承服务于政治、经济需要的合理性基础同时，进一步强调服务于社会发展需要，强调关注人的发展，强调促进人的全面发展转向，思想政治教育概念发生

---

① 侯勇、孙其昂：《论思想政治教育价值的现代转型与现代发展》，《理论与改革》2010年第2期。

② 刘建军：《论思想政治工作的十八个转变》，《思想政治教育研究》2010年第4期。

明显的转化和充实。可以说，思想政治教育概念随着社会时代主题转换和实践需要而不断获得丰富内涵，发生现代性嬗变。从学界关于思想政治教育概念的理解来看，思想政治教育概念嬗变脉络主要有以下几种模式：一是陈立思、秦在东等强调"施加某种思想影响"的"施加论"模式；二是王礼湛等强调的"定向引导"的"引导论"模式；三是陆庆壬等强调的"转变人的思想""转化论"模式；四是孙其昂强调的"动员人们为当前和长远目标奋斗"的"动员论"模式；五是张耀灿强调"思想品德自主建构"的"建构论"模式等多样化论述。可以看出，"施加论""引导论""转化论""动员论"是典型的社会本位价值趋向，把思想政治教育理解成外在的施加引导与转化动员，强调思想政治教育改造物质世界和精神世界的工具性价值的同时，容易忽视受教育者的主体性，对人的发展关注不够，这导致在思想政治教育实践活动中依然避免不了"施加、转化"等模式的束缚，会影响人们对思想政治教育的认同度，需要进一步进行优化。而"建构论"模式从马克思主义人学范式角度把思想政治教育当作一种促进"个体知、情、意、信、行均衡协调发展和思想品德自主建构的社会实践活动"，摆脱了"施加、转化、内化"的模式的束缚，对创新了思想政治教育概念新理解提供重要借鉴和启示。

综合上述理解笔者以为：思想政治教育是在思想领域以教育形式展开的政治实践活动。具体而言，思想政治教育是指思想政治教育教育者按照社会发展要求和人的思想行为活动规律引导社会成员将一定社会的思想观念、政治观点、道德规范通过内外化过程自主建构思想品德素质的社会实践活动。

此种理解强调：第一，强调主体是广义上的思想政治教育主体，一定的阶级、社会、组织、群体与其成员都是思想政治教育主体，学校、企业、党政机关、团体、社区、农村、军队、网络和个人等都应是思想政治教育者，这种理解有利于拓展思想政治教育的范围和阵地场域，形成依靠全社会共同做思想政治教育的全员育人格局的主体性力量。第二，强调按照社会发展要求和人的思想行为活动规律开展活动，这体现思想政治教育活动既要关注现实的人和现实的社会，又要着眼于人的思想行为活动和现实社会的和谐发展，进一步强调人本性，以期促进思想政治教育的人学转向，打破以往思想政治教育主客体二分弊端。第三，在内容方面，既强调政治性是思想政治教育的本质属性，这是思想政治教育区别于其他活动的本质规定和特质，决定了思想政治教育的主要任务和内容功能，又强调围绕以政治为核心的思想理论和道德教育，包括世界观、人生观、价值观教育，爱国主义、集体主义、社会主义教育、社会公德、职业道德、家庭美德、个人品德等。第四，从教育过程来看，强调思想政治教育是一个内化和外化的过程，是思想政治教育者有目的、有计划、有组织地帮助和引导教育对象形成符合社会要求的思想政治素质，从而付诸实践的过程的内化和外化统一过程。第五，在目标方面，在揭示思想政治教育的实施、内化外化、目的等范畴基础上，强调思想政治教育作为提升人的思想政治素质的实践活动，是通过社会价值理念引导人的行为活动并转化为个体自主建构思想道德品质，引导现实的人的内在生命自觉，激发起对思想政治教育所传播内容的理解、认同和接受，目标是促进个体的发展，在改造主观世界的同时进一步改造客观世界，进而实现促进社会发展，终极目标促进人的全面发展。

因此，我们要正确认识"思想政治教育"概念内涵，防止"泛化"，拒绝"窄化"，通过对思想政治教育概念的重新认识，以期消除人们经常由于因多种语义概念相近而出现使用混乱现象，进而促进思想政治教育学科范式和思想政治教育理论和实践体系不断向前发展。从思想政治教育新认识能够推演出思想政治教育对象目标、途径方法、规律范畴等思想政治教育体系的核心范式，有利于深化对思想政治教育三模式：即政治工作模式、思想政治工作模式和思想政治教育模式的区分和理解，有利于加强对思想政治教育三形态：实践形态、理论形态和客观形态的研究和运用，有利于思想政治教育学科的科学化发展。

第 三 章

学科建设

　　思想政治教育学科建设是思想政治教育事业的一项基础建设，也是思想政治教育活动中的一种活动。科学界定思想政治教育学科的定义，强化思想政治教育学科意识，找到思想政治教育学科建设的正确方向、目标和路径，这是推进思想政治教育学科发展的内在诉求。思想政治教育学科建设依循理论研究与实践发展两条并行互动式路径，共同推动思想政治教育学科建设。梳理思想政治教育学科发展历史、轨迹和学科建设存在的问题，带着这样的思想政治教育学科建设的问题意识，从学科系统化整体立场上反思和探究思想政治教育学科建设内部化与外部化建设问题，具有重要现实意义。本研究主要通过了解思想政治教育学科发展历史、学科发展轨迹和学科建设存在的问题；探讨思想政治教育学科之眼；明确"思想政治教育学科科学化"的建设理路。

一　思想政治教育学科理论阐释

（一）思想政治教育"学科之眼"的追问

　　不同学科都有其自己的"眼睛"，即所谓"学科之眼"。政治学使用的"权力"之眼，经济学使用的是"利润"之眼。权力之眼看到的是与权力的形成及运作有关的一切现象，如此形成政治学的学科视野或学科空间。利润之眼看到的则是与利润的产生及分配有关的一切现象，如此形成经济学的学科视野或学科空间。由此可见，在不同的学科之眼的审视下，不同学科所看到的是相异于其他学科范围的空间，形成本学科的学科视野。一般而言，学科相对独立的条件有二：独特的研究对象、独特的研究方法。独特的研究方法很难说是学科相对独立的基本条件，而独特的研究对象并不是凭空产生的，恰恰是用学科之眼来观照学科之所以独特的研究对象。由于研究角度相异和研究方法分殊，不同研究者在生活经历、价值观向、利益追求、知识积累等多因素综合作用下，对于"学科之眼"会存在诸多争论。

笔者以为，思想政治教育学科之眼是思想政治教育学科异于其他学科的首要标志，能够确定思想政治教育学科边界和进行学科定位的重要范畴。从这个角度而言，思想政治教育学科之眼是"思想"。思想政治教育是在思想领域以教育形式展开的政治社会化实践活动。包含着以思想与行为为核心的一系列范畴，诸如思想与心理、需求与动机、情感与意志、理性与非理性、内化与外化、个体与社会，等等。

思想政治教育学科建设的问题意识，① 是指本学科的众多学人站在学科建设的整体立场上揭示、审视、反思和探究学科建设与社会发展需求之间的供求关系、学科建设与其他学科发展之间的协同关系、学科建设中的内部关系处置、学科建设的国际经验借鉴等一系列过程中存在的矛盾和冲突之意识。第一类是制约思想政治教育学科建设的外部性问题，它们主要针对相关体制与政策的支持力度和完备状况、相应的社会文化心理气氛、其他学科学术资源的丰沛状况以及社会成员对思想政治教育学科的态度倾向性等。不难看到，外部性问题是制约思想政治教育学科建设的重要因素。第二类是思想政治教育学科建设的内部问题，它们大量表现为学科建设目前存在的内在矛盾。例如，这些年学科建设一方面取得了令人瞩目的成绩，另一方面又存在着不容忽视的困难。上述矛盾可表述为"几有几缺"：有专业，缺学科；有规模，缺质量；有队伍，缺领军；有成果，缺精品；有教学，缺训练；有科研，缺创见；有思想，缺学术；有诠释，缺批判（缺实验）；有道理，缺影响（市场）；等等。第三类是掣肘思想政治教育学科建设的内外交集的问题，主要表现为思想政治教育学科建设和教育实践活动中存在的一些内在矛盾，其中也包括思想政治教育活动属性中所表现出来的一些矛盾关系，如学科

---

① 邱柏生、高学敏：《思想政治教育学科建设中的问题意识及其对象》，《复旦教育论坛》2014年第2期。

性与意识形态性的关系、科学性与艺术性的关系、教育性与规约性的关系等。

(二) 研究思想政治教育学科建设的意义

王树荫教授指出，思想政治教育学科发展的重要意义有：思想政治教育学科建设与发展为改革发展稳定、市场经济与和谐社会的"生命线"工程提供理论、学理和人才支持；思想政治教育学科建设与发展促进大学生思想政治教育的科学性和有效性；设置思想政治教育、马克思主义理论学科使中国特色社会主义高等教育学科体系更加完善。① 可见，加强思想政治教育学科建设研究，对于推进思想政治教育学术共同体组织化、科学化、实效性建设具有重要意义：一是形成学术共同体的组织化力量。学科是现代科学技术的学术共同体，也是现代社会科学研究的组织方式。思想政治教育学科的设立为思想政治教育专门人员提供了一个学科平台，把思想政治教育专业人员聚集在一起，可以更好地在这个专业化学术化平台开展专门研究。二是推进学术共同体的科学化建设。思想政治教育学科不仅把专门化研究力量组织起来，还能催生思想政治教育思想和知识生产，通过平台进行思想政治教育经验交流，指导思想政治教育实践，加快思想政治教育科学化发展。思想政治教育学科发展不仅有效地推进思想政治教育科学化，而且推进思想政治教育实践的科学化。三是提升学术共同体的实效性水平。思想政治教育学科发展的过程中，思想政治教育学科获得发展，思想政治教育从业人员及其活动获得思想政治教育科学的科学支持，这种服务和支持说到底满足了人民对思想政治教育知识的需要，使人民在多样复杂的社会实践中获得思想政治教育的指导。

(三) 思想政治教育学科内涵研究

学界对思想政治教育学科内涵研究主要有两种代表性观点：一是认为思想政治教育学科是知识科目分支，是专门的科学知识体系；二是认

---

① 王树荫：《思想政治教育学科发展的主要原因和重要意义》，《思想教育研究》2008 年第 11 期。

为思想政治教育学科是进行思想政治教育学术研究的社会组织。两种理解体现思想政治教育学科的知识性特征和组织性特征，但仍然有窄化思想政治教育学科内涵的嫌疑。

笔者以为，要对其内涵作系统化理解，思想政治教育学科是由思想政治教育工作者、知识、组织和空间等要素组成的系统化整体。思想政治教育学科系统化是指思想政治教育者依据人的思想行为活动变化规律，以知识体系为内部圈层，以知识生产为中间圈层，以知识应用为外部圈层的政治社会化共同体。包括自内向外的三个层次：一是作为知识体系存在的理论形态，主要包括思想政治教育科学理论基础、基本原理知识体系及其分支科学知识体系等；二是作为知识生产存在的组织形态，包括思想政治教育学科方向、学术组织、学科意识、学科队伍、学术活动等联系而成的学科共同体建设；三是作为知识应用而存在的实践工作形态，包括思想政治教育学科的专业化活动和社会化活动等工作体系，外显思想政治教育学科系统的价值与功能。可见，思想政治教育学科的系统化包括思想政治教育学科知识体系、知识生产和知识应用的系统化建设，不仅涉及思想政治教育学科理论知识体系建设，而且涉及思想政治教育学科组织、制度、资源配置、人才培养、运行机制、条件支撑等相关要素的系统化建设。

（四）思想政治教育学科研究的论争

1. 学科属性之争

在属性论争的问题上表现为一些争论：一是思想政治教育学科是归属于教育学还是政治学？二是思想政治教育学科是侧重于意识形态性还是教育性？有学者对思想政治教育本质进行讨论，如关于思想政治教育的本质属性的争论，主要有一元、两重、多元代表性观点：一是一元属性说，如"政治性"说、"意识形态性"说、"阶级利益性"说、"转化论"说、"灌输论"说和"人学论"说，目前存在两种主要的观点：政治性和意识形态性。孙其昂教授是"政治性说"的倡导者，他在《关于思想政治教育本质的探讨》《政治性：思想政治教育的内容本质》

等文章①中系统地提出了关于思想政治教育的本质是政治性的论述。"意识形态性说"的代表人物之一石书臣教授根据唯物辩证法关于事物本质的理论,预设了事物本质的一般条件并据以这三个条件勘察思想政治教育的意识形态性;② 二是两重本质说,如"社会政治属性与经济管理属性"说、"政治属性与非政治属性"说、"政治性与科学性"说等;三是多重属性说,思想政治教育学体现了党性和群众性的统一,理论性和实践性的统一,真实性和科学性的统一,战斗性和策略性的统一;有学者则认为,思想政治教育学体现了科学性和价值性的统一,理论性和应用性的统一,综合性和创新性的统一,客观现实性和前瞻性的统一;时代性与科学性的统一,民族性与开放性的统一,理论性与实践性的统一,综合性与交叉性的统一;思想政治教育学科的人文性和科学性、意识形态性与科学性、理论性与实践性、综合性与创新性、党性与群众性等。③

2. 学科定位的论争

苏振芳教授从历史、现实、分析的途径提出思想政治教育学科定位要遵循三个原则:一是以思想政治教育学科自身的特点为依据的正确的指导思想;二是对思想政治教育科学自身规律把握的程度;三是思想政治教育学科研究的理论化状况。强调坚持四个方面统一:一是要坚持政治调节和人生激励相统一的功能定位;二是要坚持政治社会化和心理健康优化相统一的目标定位;三是坚持崇高性和现实性相统一的内容定位;四是坚持系统理论灌输和科学思维方式相统一的方法定位。思想政治教育学科性质表现在:思想政治教育是我们党和国家的优良传统和政治优势;思想政治教育必须围绕党的路线、方针、政策展开;思想政治教育帮助人们树立科学的世界观、人生观和价值观;思想政治教育是为贯彻

---

① 参见孙其昂教授关于思想政治教育本质的研究成果《党的思想政治教育的实质是政治教育》,《南京林业大学学报》(人文社会科学版)2001年第2期;《政治教育的内涵及其在思想政治教育中的应有地位》,《南京师大学报》(社会科学版)2001年第4期;《关于思想政治教育本质的探讨》,《南京师大学报》(社会科学版)2002年第5期;《政治性:思想政治教育的内容本质》,《南京社会科学》2006年第3期。

② 石书臣:《思想政治教育的本质规定及其把握》,《马克思主义与现实》2009年第1期。

③ 张耀灿等:《现代思想政治教育学》,人民出版社2006年版,第45—47页。

落实党和国家的各项政治任务服务的,必须始终坚持党的领导;思想政治教育学的学科性质,决定其自身具有党性和人民性相统一的学科特点。① 代玉启等从思想政治教育学科的社会定位、属性定位和功能定位三位一体的视角与维度,对思想政治教育的理论与实践、内在与外显、内涵与外延、本质与功能进行全面分析,将思想政治教育分别作为一项政治实践、作为一项教育活动、作为一个学科探讨其社会定位问题。从学科属性定位来看,理论性与应用性的统一,科学性与政治性的兼容,综合性与创新性的融合。从学理层面、人才培养层面、社会管理与社会服务三个层面明确学科功能定位。②

关于思想政治教育学科定位代表性观点主要有:

第一,"替换论",既可增强与马克思主义理论下其他二级学科的联系性和整体性,又可与我国古代德育或西方德育接轨并突显与它们的本质区别;为此,应该将政治学和马克思主义理论从法学门类中独立出来、单独成为一个门类,其中马克思主义德育学应包括以下分支,即德育学原理、德育方法论、中国德育史、外国德育史、比较德育学、德育心理学、应用德育学(包括网络德育、传媒文化、社区文化、企业文化、校园文化等)。③

第二,"对应论",伴随着国家对思想政治理论课的改革,政府部门和学界习惯性地将马克思主义理论一级学科简单地同高校思想政治理论课进行比附,认为高校思想政治理论课与马克思主义理论一级学科所属二级学科是对应的。此类认识充斥于各部门文件与部分学者的论述中,似乎已经形成了共识,但事实却并非如此。因为我们始终有一个疑问:建立马克思主义理论学科是为了高校思想政治理论课发展,还是为了巩固马克思主义意识形态的指导地位?④

---

① 苏振芳:《对思想政治教育学科定位的若干思考》,《思想教育研究》2013年第11期。
② 代玉启、陈文旭:《思想政治教育学科定位新探析》,《思想政治教育研究》2009年第3期。
③ 曾长秋:《关于"马克思主义德育学"置换"思想政治教育"的思考》,《衡阳师范学院学报》2009年第4期。
④ 李合亮:《对思想政治教育学科定位的重新审视》,《学校党建与思想教育》2014年第2期。

第三,"一级学科建设论",孙其昂认为,经过 30 多年的发展,思想政治教育学科发展面临新突破,思想政治教育学科面临大量的课题,思想政治教育学科空间发生变化,思想政治教育学科直接服务对象的需要,思想政治教育学科服务社会的需要,需要对学科有新认识和进行再定位,建议将思想政治教育学科定位一级学科来建设,提出从运用思想政治教育学科系统思维、制订思想政治教育学科建设规划、加强思想政治教育学科组织建设、强化思想政治教育学科意识、紧抓思想政治教育学科队伍建设、彰显思想政治教育学科学术成果、着力培养思想政治教育学科人才、大力建设思想政治教育学科平台、建设完善思想政治教育学科规范、加强思想政治教育学科管理十个方面系统推进思路。①

第四,"学科隶属论",对于思想政治教育学科门类与学科隶属关系的调整,大致可以区分为两个序列,分别体现在本科专业目录和研究生专业目录的变化中。学科门类划分经历了从"马克思主义理论、思想政治教育"学科门类到教育学门类、再到法学门类的变化;学科归属经历了从隶属于政治学一级学科到隶属于马克思主义理论一级学科的变化,这些变化反映了人们对思想政治教育学科属性的一个认识过程。② 从上述争论可以看出,关于思想政治教育学科定位与学科归属的争论成为学界争论的焦点和前沿问题,从争论中达成共识,形成思想政治教育学科定位的精准共识和权威结论,对于推动思想政治教育学科研究对象、研究内容、研究方法等科学化建设具有积极意义。

3. 发展阶段的论争

第一,"两个阶段"论者认为,思想政治教育学的形成发展大体经历了两个阶段:第一阶段(1978—1984 年)是全面探索阶段;第二阶段(1984 年—)是系统建设阶段,1984—1989 年为学科初创时期,1990 年至 1994 年为学科全面建设时期,1995 年至今为寻求社会主义市场经济条件下学科建设新突破的时期。第二,"三阶段说"认为,思想政治教育学科主要经历学科创建阶段(1984—1995 年),从 1984 年创

---

① 孙其昂:《思想政治教育学科再定位与建设对策》,《思想教育研究》2013 年第 12 期。

② 白显良:《改革开放以来思想政治教育学科定位的回顾与思考》,《思想理论教育》2009 年第 5 期。

立思想政治教育本科专业开始，到逐步建立思想政治教育硕士点和酝酿建立思想政治教育博士点，在思想政治教育科学研究不断深化的基础上形成了比较完整的思想政治教育学科专业人才培养体系。学科发展阶段（1996—2005年）。这一阶段从1996年建立马克思主义理论与思想政治教育学科博士点开始，到建立马克思主义理论与思想政治教育的国家重点学科和酝酿建立独立的思想政治教育博士点和国家重点学科，思想政治教育学科进入了作为人文社会科学的重点学科加以建设和通过融合稳步发展的阶段。学科繁荣阶段（2006年至今）。这一阶段从建立马克思主义理论一级学科开始，一直到现在，是思想政治教育学科大繁荣、大发展的阶段。思想政治教育的学科建设，经过30年的发展，由半独立走向独立，由非重点学科走向重点学科，由低层次走向高层次，取得了重要的进展和成就。第三，"四阶段说"认为，思想政治教育学科发展阶段分为1978—1984年、1984—1996年、1997—2005年、2006年至今四个时期，基于其不同发展时期所凸显的主要阶段性特征，而将这四个时期分别概括为以科学化为主题的研究时期、以学科化为主题的研究时期、以体系化为主题的研究时期和以精细化为主题的研究时期。第四，"五阶段说"认为，第一阶段（1984—1988年）是学科理论体系初步确立和专业建设的初始阶段。第二阶段（1989—1993年）是巩固提高已有成果、全面开展专业建设、形成学科群阶段。第三阶段（1994—1996年）是蕴含新发展机会阶段。第四阶段（1997—2003年）是高速发展与不平衡状态相间杂的阶段。第五阶段（2003年至今）是新机遇与新挑战并存的理性发展阶段。

二　思想政治教育学科发展实践

（一）充实与发展：思想政治教育学科理论的系统化

第一，学科理论基础不断充实。马克思主义理论学科至少具有双重使命，一是马克思主义理论建设，实现马克思主义理论发展。这是中国特色社会主义的理论基础。这一理论基础或基础理论具有普遍性意义，不仅是马克思主义理论学科生存和发展的生命力所依，而且是中国特色社会主义事业的理论依据所依。二是马克思主义理论教育规律探索以及教育实践的指导。思想政治教育是马克思主义理论学科中的二级学科，然而，思想政治教育学科建设的使命不仅仅是思想政治教育学科发展自身，而是整个马克思主义理论教育。马克思主义理论要真正成为中国特色社会主义的理论基础，成为中国社会主义事业的指导思想，成为中国意识形态的主流，需要持续有效地开展马克思主义理论的宣传、教育和普及。马克思主义理论是思想政治教育学科建设的指导思想，是思想政治教育学科理论体系的重要来源。思想政治教育学科秉承坚持以马克思列宁主义、毛泽东思想和中国特色社会主义理论体系指导，为思想政治教育学科发展奠定理论基础，为正确认识思想政治教育学科的学科属性、研究对象、研究内容、研究方法、研究目的、研究价值等指明了方向，为思想政治教育学科理论发展提供方法论指导。

第二，思想政治教育学科理论知识体系不断发展。思想政治教育学科是在改革开放过程中创立和发展起来的新兴学科，其发展标志是《思想政治教育学原理》教科书的编写和不断重新修订，重点探讨了思想政治教育价值论、本质论、结构论、主体论、环境论、过程论、发展论、方法论和管理论等。随着思想政治教育学科化的不断推进，在著作研究上，涌现出一大批关于"思想政治教育学基本原理""思想政治教育史""比较思想政治教育""思想政治教育学前沿"等学科理论著作；在学科知识体系上，形成以了思想政治教育学"史""论""比较""方法论"等为主要内容的主干学科体系，形成了以思想政治教育管理学、思想政治教育心理学、思想政治教育社会学等分支学科体系；在研究范式上，形成了代表性的经典教育学范式（以陆庆壬、张耀灿等的论著或教材为代表）、思想政治工作学范式（以张蔚萍等为代表）、军队政治工作学范式，交叉学科范式（具有代表的有以陈秉公为代表的人格学中心范式）、余仰涛的思想关系学范式等。正如宇文利教授所概括："思想政治教育学的创立，更使得思想政治教育开始了从政工到政教、从宣传到教育、从人治传统到法治理念、从经验管理到科学组织、从听凭感知到探索律则、从无章无法到有理有据的转变，为思想政治教育的现代化奠定了基础。"①

---

① 宇文利：《论我国当代思想政治教育制度化建设》，《思想理论教育导刊》2011年第1期。

(二) 继承与创新：思想政治教育学科制度的系统化

第一，思想政治教育学科管理制度的改革。思想政治教育学科管理体制经历混合制—双轨制—整合制的轨迹嬗变，实现由混合虚拟教育管理机构向专业教学科研实体机构转变。大部分高校思想政治教育学科管理体制演变大体经历"马列主义教研室—人文或社会科学系—人文或教育学院—公共管理学院或法政学院—马克思主义学院或社会科学（教育）学院等"这一过程演进。2011年，教育部为规范思想政治教育学科的组织管理、课程管理、队伍管理和专业建设，颁发并不断完善《高等学校思想政治理论课建设标准》，建立健全思想政治教育学科教学与科研整合的一体化实体管理体制与机制，推动了思想政治教育学科教学科研系统化建设。

第二，思想政治教育学科知识应用体制机制的健全完善。随着思想政治教育学科化建设的不断推进，思想政治教育学术共同体的学科建制、学术队伍、学科机构等不断丰富和完善。但需要指出的是，这仅仅只是思想政治教育学科系统化建设的局部表现，还需要从理论形态向实践形态、从知识生产向知识应用的转换，彰显思想政治教育学科的社会影响和学科价值。而影响思想政治教育学科功能外显的重要环节就是思想政治教育学科理论向实践转化的领导体制与工作机制是否建构并发挥作用。从党的思想政治教育实践来看，思想政治教育学科系统的"大政工"格局初步形成。在高校领域中已初步建立起党委统一领导、党政齐抓共管、专兼职队伍相结合、学生自我教育的领导体制和工作机制。在社区、国有企业等领域中，也逐步建立形成党委统一领导、党政共同负责、党政工团齐抓共管，以专职政工人员为骨干、职工群众广泛参与的思想政治工作体制，通过政治动员、宣传发动、理论武装等实践运作机制，有力地提升了思想政治教育实践活动的社会影响。

(三) 分化与整合：思想政治教育学科体系的系统化

从思想政治教育学科发展轨迹来看，呈现出学科体系的分化与整合特征：一是前科学化阶段，从建党初期到20世纪80年代，计划经济占主导地位，政治动员力量强大，思想政治教育尚未建立理论知识体系、知识生产体系，但在长期革命和建设实践中存在着以政治工作、宣传工作、思想工作等为主要内容的实践工作形态，用"生命线""中心环节"等政治话语概括处于前科学时期的思想政治教育价值。改革开放以来，思想政治教育学科系统建设伴随中国特色社会主义建设中心工作任务实现转换，从服从服务于政治斗争向服务于经济建设为中心的需要转换。1980年，随着"思想政治工作是一门科学"论断的提出与讨论，思想政治教育科学化进入科学化发展时期。二是科学化创建阶段。1984年，从思想政治教育本科专业的正式设立，到1996年马克思主义理论与思想政治教育研究生专业的设立，思想政治教育学科的专科、本科、硕士、博士点四个层次专业体系建设正式建立，思想政治教育学科进入科学化发展时期。三是学科化建设阶段。1997年以来，思想政治教育学科建设的体系化和精细化越来越得到重视，思想政治教育学科基本理论、课程设置、教材建设、组织管理体系建设和思想政治教育学术组织、制度、活动、队伍、成果等学术共同体建设在分化与整合中不断得到完善。

三 思想政治教育学科建设问题

思想政治教育学科建设一方面取得了令人瞩目的成绩，"形势大好"。一是学科体系从创立到比较完善，二是研究方法多样化，三是学科分支日益明显，四是呈现多学科综合研究态势。另一方面又存在着不容忽视的困难。具体而言，思想政治教育学科存在"尴尬""危机"和"困境"。

（一）"学科理论内卷化"：思想政治教育知识形态的"尴尬"

第一，思想政治教育学科理论体系不丰富。思想政治教育学科研究中，学科术语的随意使用和有意无意得混用倾向影响思想政治教育学科理论体系建设。一些成果机械照搬其他学科的现成术语、概念和原理，比较明显地存在着理论的简单移植、套用、嫁接等现象，没有内化形成完善的学科知识体系和被其他学科所认同的思想政治教育学科话语系统，思想政治教育学科应有的学术影响和社会影响尚未形成。"思想政治教育是什么"尚未得到学界认同的权威性回应,思想政治教育经验工作形态与理论形态分离,思想政治教育学理论知识体系从教育学范式借鉴移植现象明显等问题影响思想政治教育学科理论体系丰富发展,思想政治教育学科理论体系、知识框架历经30多年的发展,并没有太大的创新与发展,这严重妨碍思想政治教育学科理论基础的学科化建设和社会化认同,思想政治教育学科的"内卷化"现象逐渐呈现。

第二,思想政治教育学科边界不明晰。当下思想政治教育学科边界意识的缺乏,造成了思想政治教育学科理论研究与实践工作的泛化,直接导致思想政治教育学科杂而不专、杂而不精、定位不明的缺憾:一是学科向外拓展研究领域过于迅猛,研究疆域过宽,导致主干学科发展受到制约。一些人认为思想政治教育学科应该与国际接轨,应该去意识形态化,核心立场的失守使得思想政治教育学科成为一个可以无所不装的筐。一部分人有意为之的"借船出海"。无论是其他研究领域借思想政治教育学科的船,还是思想政治教育学科研究借别的学科的船,都是思想政治教育学科建设不够规范严谨、缺乏学科特性的表现,都有损于思想政治教育学科的声誉,甚至会造成"各自为政"的现象。张澍军教授提出并分析了思想政治教育"专业学术槽"现象:"第一,专业槽太浅露而又宽泛,谁都可以伸进头来吃上一嘴。一方面,参与者的广泛,成果数量之庞大,研究场面之热烈,令人叹为观止;另一方面,成果水平之低、选题之重复也令人感叹。第二,实证研究方法缺失,流于肤浅的现象描述,许多研究成果不仅仅文章结构窠臼化(原因、特点、对策),论述枯燥化(家庭、学校、社会),而且结论大都是'正确的废话'(加强、提高、重视)。"[①] 同时,思想政治教育现有学科点布局过于分散,学科共同体的学科自觉不足,经验论和分散化现象明显。思想政治教育学科成为"口袋学科",什么内容都可以往这个"口袋"里装,思想政治教育学科的泛化问题进一步导致其学科属性的丧失和学科认同的危机。

第三,思想政治教育学术理论产品同质化现象严重。思想政治教育学术产品以思想政治教育专著、论文为主要表现形式,学理性、高端性、

---

① 张澍军:《试论思想政治教育学科前沿的若干重大问题》,《马克思主义研究》2011年第1期。

前沿性成果较缺乏,尽管每年出版和发表的思想政治教育著作和论文数量有了较大增长,但其同质化、低水平重复现象突出。30 多年来,思想政治教育学科理论的概念、范畴、价值、本质、属性、本体论、方法论等元理论研究并未有质的突破,30 多年的知识框架体系沿用至今。思想政治教育专业学术期刊档次较低且少,思想政治教育学术平台入选省部级学术平台的较少,思想政治教育科研立项高水平成果不多,这与我国从业人员最多的人文社会科学建设不相匹配。可见,学科平台建设的滞后、学科理论的同质化严重影响思想政治教育学科理论的创新发展。

第四,思想政治教育学科研究外在化现象明显。外在化现象主要是指当前一部分思想政治教育研究课题、研究成果处在思想政治教育外部。主要表现为:一是"跟风"研究或"思想政治教育从众"研究,存在着跟着社会思潮走的现象;二是缺乏问题意识,没有抓住思想政治教育理论与实践中的问题;三是社会或其他学科的问题没有转化为思想政治教育问题;四是以其他学科理论作为思想政治教育研究的依据但又不恰当;五是"大话""空话",远离思想政治教育实际太远,远离思想政治教育研究实际;六是思想政治教育研究的命运主要由思想政治教育研究的外部力量说了算,从社会科学基金立项、经费、评价等方面主动权并不掌握在思想政治教育学科手中。正如有学者指出:"重复性、紊乱性、交叉累积性的知识增长方式,使得这个学科呈现庞杂散乱的学科理论和学术研究景观,找不到本学科学术发展清晰脉络和专业化的问题意识。这些理论研究泛化所造成的后果就是,由于理论研究不能够提供真正知识意义上的增量,对现实社会问题的解读或阐释的科学性得不到保障,因而思想政治教育学科的研究与思想政治教育实践二者相互疏离。"①

第五,思想政治教育学科研究的"学院化"倾向。主要表现在"学院化"研究取向和思辨性传统。一是"学院化"标志。思想政治教育理论研究"学院化"②的重要标志,是近年来思想政治教育理论研究中

---

① 金林南:《思想政治教育学科范式的哲学沉思》,江苏人民出版社 2013 年版,第 60 页。
② 沈壮海:《论思想政治教育理论研究的新范式与新形态》,《思想理论教育导刊》2007 年第 2 期。

"学科体系意识"的日渐增强和"问题意识"的日趋淡漠,越来越多的研究不是以经济社会发展给思想政治教育提出的重大理论和实践问题为起点和主攻方向,而是以基本的概念、范畴为起点,以构建相对完整的理论体系、学科体系为主攻方向。二是思辨性传统主要是采取演绎、概括、抽象的方式认识思想政治教育研究对象的质,缺乏实证研究,缺乏了解思想政治教育研究对象的量。正如沈壮海教授提出:"与精细发展相一致,思想政治教育理论研究正呈现出越来越强烈的学院化的发展取向,越来越多的思想政治教育理论学者致力于、满足于或局限于在'象牙塔'内构建自己的'精致科学'。"[①]

第六,思想政治教育学科制度权威弱化。当前思想政治教育学科仍然没有建构起按照严格的学术规范和有效的学术交流平台,尚未形成本学科的学术共同体,没有形成学科情感和意识上的归属感,也无法获得思想政治教育内部成员的自我认同以及社会认同。同时,思想政治教育学术共同体制度权威弱化。在思想政治教育学科内部化建设中,涉及思想政治教育学科的理论知识体系、专业体系、课程体系、教学体系、管理体系、实践体系等制度化建设和体系化运作乏力。现有的思想政治教育学科系统内部,由于学科制度化所需要的"硬条件"和"软力量"之间存在矛盾和博弈,在一定的程度上导致了政策执行操作的简单化,执行主体的单一化:一方面是纵向的自上而下的思想政治教育制度,中央和地方发了不少思想政治教育相关文件、政策,但是真正执行并贯彻的制度约束在弱化;另一方面是横向的思想政治教育制度,缺乏适用的制度与政策规定,即使有了也难以落实到位。这导致思想政治教育学科制度化建设存在短板,学科制度化建设形式与内容存在脱节,在某种程度上成了一种摆设,消减甚至解构思想政治教育学科制度权威和学科活动效能。

(二)学科科学化危机:学科思想政治教育组织形态的"危情"

第一,合法性危机。社会存在着几种思想政治教育合法性质疑的观

[①] 沈壮海:《论思想政治教育理论研究的新范式与新形态》,《思想理论教育导刊》2007年第2期。

点：一是"替代论"，认为思想政治教育学科根本不存在也没必要存在，在西方国家没有思想政治教育，学科目录中也没有思想政治教育学科。思想政治教育学科理论宣传、政治教化、科学研究、人才培养等功能可以通过其他相关学科专业来替代，如意识形态问题可以从政治学中政治权力、政治关系、政治文化研究来替代，社会认同、社会和谐问题研究，社会学比思想政治教育研究更专业，伦理与道德教育在教育学和德育学科中早已存在，心理健康教育在心理学研究中也更加实证专业化。从实践角度而言，思想政治教育在本质上是党务工作或宣传思想工作，是德育工作的社会化呈现。二是"无用论"，认为思想政治教育学科是意识形态需要的产物，并不直接创造物质价值而对思想政治教育反感和忧虑，贬低和异化思想政治教育学科功能和价值。如在教学工作生活中，与一些工科、商科等能带来短期工作效益的学科老师交流，他们会说，搞思想政治教育的人主要是会耍嘴皮子，成为党政的"喉舌"，为现行制度辩护和注解，学生学这些有用吗？能改变社会吗？能产生多少经济效益？等等。三是"特有论"，认为思想政治教育学科仅是中国特色，缺乏普适性，其他西方国家并不存在思想政治教育，思想政治教育学科建设和学术研究也就无法与国际"接轨"，思想政治教育研究也主要是咨询性、经验性、工作性的，这种应用性学科没必要进行基础理论的研究，因而不能称之为学科或没有必要进行学科化建设。因而需要进一步反思思想政治教育学科的学科意识、学科属性、学科价值、学科定位等学术共同体建设。

第二，认同性危机。认同危机表现为思想政治教育理论认同、学科认同和实践认同，具体涉及人们对于思想政治教育学科、学术、理论、职业、制度、价值以及实践活动等缺少知识、价值以及情感上的认可、支持与接受。无论是思想政治教育理论话语、学科话语还是工作话语，都存在着认同困境。如有些人对学科的独立性、科学性并不认同，认为思想政治教育是各门知识的"大杂烩"，算不上独立的学科与专业；或是对思想政治教育的理论性也不认同，认为思想政治教育的理论性差；或是对思想政治教育的实践作用效果的贬低，认为思想政治工作是"形式主义""假大空""没有用"；如对思想政治理论课课程及其内容"选而不学、学而不信、信而不笃"的状况等。宇文利教授认为，思想政治教育面临的重大难题是教育的信度危机。在思想政治教育活动中，不仅教育双方在知识或技能的维度上会出现信度危机，在价值或人格的维度上也会出现信度危机。诱发思想政治教育信度危机的原因主要有理论与实践的脱节、学科理念的纷争、教育内容的不稳定以及教育手段和方法的陈旧。① 思想政治教育学科理论研究在借用其他学科的理论、概念和范畴时存在简单移植替代的倾向，如经典教育学范式下的教育学概念中的主客体、内化与外化等概念和范畴等，没有内化形成自己的基本理论和研究对象，形成独立的话语系统。这种简单替代的倾向也造成了学科自我认同上的危机，从更深层次上说，是学科的合法性怀疑，其根源性原因在于缺乏应有的学科意识。

第三，边缘化危机。思想政治教育本身也受到边缘化。由于思想政治教育学科建设和发展历史短，理论积淀和理论准备不充分，学科队伍构成复杂且缺乏稳定性，学科基本概念、研究对象、研究范畴、体系构成等学科建设的基本问题方面还存在诸多问题等，新生的思想政治教育学科具有天然的脆弱性。思想政治教育学科的研究工作存在着混乱和随意现象，例如一些思想政治教育专业的教师、学生从事的研究与思想政治教育关联不大，甚至毫不相干，但最终仍然可以获得该专业的职称和学位。思想政治教育学科研究工作的混乱与随意使得该学科滑向庸俗化的边缘。

第四，公共性危机。我们实际上意识形态舞台非常活跃，但在意识形态舞台的活跃当中我们几乎很难见到思想政治教育工作者，甚至包括马克思主义理论研究者在这个公共舞台就某些公共问题展开的发言。我们今天在公共空间发声的知识分子大都是搞社会学的，法学的，经济学的，对社会国家的一些大量的问题会发出自己的声音，但是马克思主义理论学科的学者在公共空间发出的声音，尤其是在公共媒体当中发出的声音是非常有限的。针对当前思想政治教育研究存在不足的概括，金林南教授的"公共性认同焦虑"概括不失为一种对思想政治教育理论研究"原罪"的"精当"理解："思想政治教育理论研究和学科建设欠缺自身

---

① 宇文利：《思想政治教育的信度危机及其化解》，《学校党建与思想教育》2012年第19期。

应有的独立性、自洽性，理论研究依附于政府和政党活动，往往以政府和政党指令作为思想政治教育研究的出发点和终极性的理论依据，因而无法生成作为独立学科应有的学术公共关怀。由于学科独立性、自洽性不足：思想政治教育领域理论研究和实践操作混同的现象仍为普遍；理论研究往往成为实际操作的咨询活动和简单应用；学科边界和学科历史模糊，理论研究中经常出现名为学科间相互借鉴，实为丧失学科立场的现象；学科理论研究中经验型研究占据压倒性比例，聚焦思想政治教育实施的有效性和技巧性，而对思想政治教育的本质、学科理念等本体性问题关注不足。"[1] 笔者以为，在当前学界关于思想政治教育研究的问题揭示至少存在三种状态：第一种状态是"不会说"，由于学科知识、学术思想、学术反思等方面的不足或不够，导致对思想政治教育问题发现不足，这时的"思想政治教育性"还处于蒙昧的萌发状态或者看到了问题所在，却对其造成原因、影响因素把握不精当，而是"不会说"的"熟知非真知"状态；第二种状态是"不想说"，这里主要是指部分专家教授能够看到思想政治教育存在问题或是发现其致命性"原罪"等，如在公共场合大谈特谈这个学科如何不好、理论基础如何差、学科发展存在致命的缺陷等问题，但真正去总结去分析这些问题时，却没有了声音，失去了话语。他们不愿意去追问和深究，甚至不愿意去揭示它而表现出来的一种不想言说状态，对这个学科的发展丧失信心或者短暂地停留在这个行当里，等机会来临会转移到其他的学科或行当里去，这可以说是一种"熟视无睹"，放任自流的"徘徊"状态；第三种状态是"不敢说"，学界中有部分有学术思想和学术观点的学者，他们深思熟虑，已然发现了思想政治教育存在的诸多不足，但由于或迫于人微言轻或迫于权威多方面因素影响，导致他们对发现思想政治教育存在问题不敢言说，不敢揭露的状态。

第五，断裂化危机。断裂是指事物整体的连接性的中断，是现代性风险的突出隐忧。思想政治教育历史发展过程中可能会出现淡化思想政治教育、削弱思想政治教育、丢弃思想政治教育优良传统，甚至出现否定思想政治教育的现象，这些都是断裂的表现。思想政治教育存在着加

---

[1] 金林南：《思想政治教育学科范式的哲学沉思》，江苏人民出版社2013年版，第298页。

强化与薄弱化双重趋向：一方面不断加强改进，推进思想政治教育科学化；另一方面，也存在着思想政治教育教条化、薄弱化、空心化。改革开放以来，许多地方存在着"去思想政治工作化"现象，更谈不上思想政治教育学科意识。有些领导者缺乏思想政治教育意识，他们认为开设思想政治理论课是因为教育部要求，只好执行；高校辅导员配置是因为上级规定，勉强实行，缺乏主动研究和切实建设。这本身就是缺乏继承的意识，也是断裂的表现。① 一是学科建设与专业发展的断裂。随着思想政治教育学科化进程的推进，思想政治教育领域硕士点、博士点逐渐增多，学科点建设逐渐得到重视；而思想政治教育本科专业却逐渐被忽视，学科建设与专业发展存在割裂。"学科"是特定领域客观规律性理论形态的集中体现，是一种知识体系、理论体系；"专业"则是为培养人才设置的教学实体，是一种教学体制、教学机构。当前高校设置思想政治教育本科专业的学校大多是一些师范类学校，其中相当部分是二本类高校，缺乏思想政治教育学科建设实力，对思想政治教育专业建设与学科发展之间的关系认识也不够充分。二是理论研究与实践工作的断裂。思想政治教育理论研究者指责思想政治教育实际工作者时政化、经验化，而思想政治教育实际工作者认为思想政治教育理论研究抽象化、学院化，双方按照各自的逻辑和思维开展工作，进而造成思想政治教育理论研究与实践工作的"脱节"甚至"断裂"。思想政治教育理论研究对现实关注的缺乏，造成对思想政治教育实践知识转化与凝练的不足，同时，思想政治教育实际工作做法、问题、困境等很难进入理论研究者的视野，造成实践对理论研究的推动作用大大降低。现有思想政治工作仍未转变传统的灌输方式方法，过高过空的道德价值要求因难以彰显其实际运用价值而成为宏大叙事往往失信于民，理论宣传的形式主义的空洞说教与现实社会不良风气的蔓延形成强烈比照，加之理论研究工作的社会现实关照、解题能力不足与工具理性的偏执和资本至上的逻辑形成具大反差，致使思想政治教育存在的合法性与合理性遭遇质疑。

第六，科学化危机。在教学工作中，经常能听到"思想政治教育就

---

① 孙其昂：《思想政治教育新格局与学科建设》，《马克思主义理论学科研究》2016年第1期，第159—166页。

是一个筐，什么都能往里装""思想政治教育就是一个口袋，什么都能往里塞"等"戏言"。的确，当下思想政治教育存在"什么都能装"的"口袋学科"现象：一是研究范围和研究对象的泛化。思想政治教育学科研究范围很广，道德教育、心理健康、法制度教育、环境教育、生命健康教育、理论教育、宣传思想工作、群众工作、社会工作、行政管理、大学生创业教育等内容，都可以纳入思想政治教育研究主题。通过对一些思想政治教育学科点的研究生培养方案、课程设置、毕业论文选题等情况的分析，可以发现学科研究方向的设置随意、学科边界不清、学科重叠现象严重。韩华在研究分析近十年本学科博士论文时指出："由于思想政治教育学科存在学科内涵不明、学科边界不清的缺憾，如博士招生研究方向设置的庞杂无序、学术研究方向的散乱和宽泛、学术研究成果中存在的对相关学科领域知识的简单移植和照搬等，思想政治教育学科博士学位论文的包容量越来越大、论题越来越繁、体系越来越庞杂。"①使这个学术共同体变成了一个什么都可以装的"筐"，过于宽泛的研究选题和研究内容，导致有些方向与思想政治教育学科关系并不紧密，缺乏应有的思想政治教育学科属性和学科意识。二是学科队伍准入机制缺乏，没有学科"藩篱"。思想政治教育具有庞大的学科人群，从事思想政治教育研究工作的人员来自不同的学科背景和专业，缺乏准入"门槛"，谁都可以"插上一脚、吃上一口"。尽管近些年，科班出身的专业化人才队伍逐渐增加，但与具有学科专业背景的专业人员分化比例与其他较成熟学科相比仍然存在较大距离。三是学科研究方法论缺乏。现有的思想政治教育研究方法要么抽象地将马克思主义理论基本原理作为学科的基本方法，要么简单移植其他学科方法。"在2000—2009年通过答辩的306篇博士学位论文中，有31%（96篇）的论文明显地可以归诸马克思主义哲学、科学社会主义、党史、伦理学、政治学等学科范围，以至于如果不注明专业名称和研究方向，根本搞不清楚究竟是哪个学科的博士学位论文。""有些博士学位论文，列出了多种研究方法，但在论文的主体部分没有体现方法的具体运用，给人一种'拉郎配'的感觉，有些博士学位

---

① 韩华：《近十年来思想政治教育学科博士学位论文：回顾与反思》，《教学与研究》2010年第12期。

论文，没有将思想政治教育研究方法和思想政治教育方法区别开来；有些博士学位论文，提出的研究方法是否科学有待商榷。"① 要避免以上问题，思想政治教育研究必须有自己独特的学科规范、概念范畴、分析方法和研究对象，力戒以思想政治教育学科之名，行其他学科之实，影响思想政治教育学科的科学化发展。

（三）"学科实践效应式微化"：思想政治教育工作形态的"窘境"

一是过度时政化。思想政治教育研究具有一定程度的时政性。问题在于思想政治教育研究时政性过强，直到今天为止，思想政治教育研究政治色彩特别浓厚，缺乏学术的立场和特征，甚至以上级精神研究任务替代了思想政治教育研究任务。思想政治教育研究中从选题到语言，都存在着浓厚的时政的标志。思想政治教育理论研究者指责思想政治教育实际工作者时政化、经验化，而思想政治教育实际工作者认为思想政治教育理论研究抽象化、学院化，双方按照各自的逻辑和思维开展工作，进而造成思想政治教育理论研究与实践工作的"脱节"甚至"断裂"。思想政治教育理论研究对现实关注的缺乏，造成对思想政治教育实践知识转化与凝练的不足，同时，思想政治教育实际工作做法、问题、困境等很难进入理论研究者的视野，造成实践对理论研究的推动作用大大降低。

二是工具性偏执。长期以来，人们只重视思想政治教育在维护阶级政治统治方面的价值，忽视或轻视其在社会治理、促进社会发展方面的功效；只注重利用思想政治教育实现和保证所培养社会人才的政治方向，忽视或轻视思想政治教育对个人人性发展和精神建构中的导向价值。② 以工作中的问题等同于思想政治教育科学研究的课题，以工作的调查研究等同于科学研究，以工作总结等同于科学研究成果，思想政治教育研究总体上经验性色彩较浓，这种现象至今仍然比较明显，影响科学研究的深化。

三是不自信心理。2011 年以来，按照党中央部署，思想政治理论课

---

① 韩华：《推进思想政治教育学科科学化发展的思考》，《思想理论教育》2011 年第 7 期。
② 李合亮：《思想政治教育探本》，人民出版社 2007 年版，第 24 页。

教学科研实体机构逐步建立并完善，教材建设、组织建设、师资投入、学科支持等不断加大支持。经过2006年和2011年国务院学位委员会两次审核增列博士学位授权点之后，思想政治教育学科发展进入快车道，形成了完整的专业设置和学科体系，其中博士点已经增至70个，马克思主义理论一级学科博士点和思想政治教育二级学科博士点各35个。与此形成巨大反差的是，尽管有这么多学科专业点和从业人员，思想政治教育学术共同体仍然缺乏充足的学科意识和学科自信，部分成员对思想政治教育学科缺乏足够的认同与尊重，以批判、嘲讽、戏谑甚至逃离的方式对待这个学科，思想政治教育学科的理论自信、学科自信缺乏。

四是科层化困境。刘振强[1]认为，高校思想政治教育管理主体系统至少包括领导——决策系统、行政——执行系统、反馈——评估系统、学术——参谋系统。从要素来看，应强化以高校党委为代表的政治权力主体、优化以校长为代表的行政权力主体、辅之以专家为代表的学术权力主体、引入以社会力量为代表的评估主体。张耀灿，邵献平指出思想政治教育组织的科层困境主要表现在信息失真、权力间隔、路径依赖、人性束缚等。[2] 信息失真是指信息失去了其原本的面目和特征，是信息传输过程中最令人头疼的问题。造成信息失真的原因主要包括信息发送失真、传递漏失、接受麻痹、过滤障碍四个方面；权力间隔主要表现决策过程间隔、规则形成间隔、等级类别间隔、人际关系间隔等几方面；路径依赖主要表现在思维定势、认知模式化、办事常规化、传播陈旧化。

四　思想政治教育学科建设构思

思想政治教育学科系统建设要把握学科系统各组成要素之间的复杂关系，树立整体意识和系统观念，构筑系统化学科发展平台，加快推进包括思想政治教育学理论体系、专业建设和思想政治教育科学研究、学

---

[1] 刘振强：《高校思想政治教育管理主体系统建构探析》，《理论与改革》2013年第4期。
[2] 张耀灿、邵献平：《思想政治教育组织的科层困境及其消解》，《武汉理工大学学报》（社科版）2007年第3期。

术活动、专家队伍、学术团体、学术成果、学科影响等方面系统化建设。① 要在推动学科外部性条件、资源建设，解决制约思想政治教育学科建设的外部性问题的同时，推进思想政治教育学科内部化建设。从系统性、整体性角度而言，主要包括思想政治教育学科知识体系、知识生产、知识应用体系科学化建设。

（一）推进思想政治教育学科系统知识体系的科学化

第一，"中西马"融合是思想政治教育学科系统化的理论生态。思想政治教育学科理论体系建设要运用系统的、辩证的思维方法科学地继承和扬弃，在"中西马"三维文化样态中，不断吸收马克思主义、中国传统思想政治教育理论精华和西方优秀文化教育资源，创新中国特色的思想政治教育学科理论体系。第二，中国立场是思想政治教育学科系统化的理论表征。从传统文化发展脉络来看，我国历来就有重德治、讲礼法，重伦理、讲修身，重整体、讲和谐，重内在、讲人格的传统；而西方思想政治教育重视隐性教育，重视神性，重视个性发展，重视功利，重法外控，重视政府指导调控和地方分权管理的传统。我国传统思想政治教育的文化资源的与西方公民教育和宗教教育重法制、讲规范，重外在、讲行为的文化资源是有区别，正是我国传统文化中的合理成分和精华为中国特色的思想政治教育学科建设发展奠定了浓厚中国气派和中国风格。第三，思想政治教育学科理论体系的中国气派阐扬。首先，要求思想政治教育系统具备世界眼光和中国视野的关照，不仅要解决中国的实际问题，解决人们的思想困惑，还应该向世界展示理论的包容性、超越性，并努力以理论突破和思想引领为解决人类面临的问题做出贡献。这就要求思想政治教育理论研究者和实际工作者要以高度的思维自觉对继承与借鉴的内容进行深入的研究、分析和鉴别；在内容上以中国化马克思主义立场、观点和方法统帅知识体系的包容性；在效能上使理论结论、实践方案具有较强解题能力和社会影响力；在行动上以强烈的批判意识引领学科理论和实践创新，注入中华民族的人文精神，积极建构符合中国实际、满足中国需要、具有中国风格的思想政治教育学科知识体系。第

---

① 参见侯勇《论思想政治教育学科的系统化》，《思想教育研究》2015 年第 3 期。

四，丰富思想政治教育学科理论体系。一是深化认识思想政治教育理论基础。坚持以发展着的马克思主义为指导，运用辩证的观点、实践的观点、群众的观点来分析问题和解决问题，坚持以一切从实际出发、实事求是地分析和解决问题的基本方法为指导，构建思想政治教育学的理论体系。同时，借鉴相关学科理论知识作为支撑，拓展思想政治教育学理论知识体系。二是深化思想政治教育基本理论研究。加强思想政治教育概念与范畴、功能与价值、目的与任务、内容与方法、环境与生态、实施方法与研究方法论等学科理论问题的研究。三是充实丰富思想政治教育理论知识。优化丰富思想政治教育史研究，加强中国古代思想政治教育史、中国近代思想政治教育史、中国共产党思想政治教育史、世界思想政治教育史；开拓交叉学科研究，创新发展思想政治教育社会学、思想政治教育心理学、思想政治教育管理学等分支学科知识体系，不断完善思想政治教育学科理论体系。

(二) 推进思想政治教育学科系统知识生产的科学化

1. 加强思想政治教育学术共同体建设

第一，现阶段应着重点推进学科组织机构、队伍、科研、人才培养、课程、教材等建设，推动学科队伍素质的提高、学科研究方向的凝练、学科学术方法的集聚、学科制度规范的形成。加快推进包括思想政治教育专业建设和思想政治教育科学研究、学术活动、专家队伍、学术成果、学科影响等学科发展平台建设。第二，加强学术建设，发挥学术引领作用，增强思想政治教育学科的学术影响力和政治影响力。围绕思想政治教育科学化主题，开展思想政治教育基础理论研究、强化重大现实研究、发挥学术引领作用。

2. 明晰思想政治教育学科边界

第一，明确学科研究对象，提升思想政治教育学科定位。找准本学科研究对象所具有的特殊的矛盾性，坚持思想政治教育学科的独立性与鲜明特色，科学界定思想政治教育学科边界。找准思想政治教育学科研究对象与矛盾特殊性，坚持思想政治教育学科的独立性与政治性，围绕思想政治理论课和思想政治工作界定思想政治教育学科边界，提升思想政治教育科学化和专业化程度。

第二，确立学科意识，提升思想政治教育自觉。所谓学科意识，是关于学科的意识，是对所属学科的认同。具有学科意识，能够意识到并认同这个学科，具有学科发展的使命感，具有强烈的责任意识。思想政治教育学科意识是对思想政治教育学科的认同意识，是开展和推进思想政治教育学科建设所不可缺少的要素。思想政治教育学科意识是对思想政治教育学科的关注意识、认同意识、归属意识、维护意识、发展意识（责任意识）。通过对思想政治教育学科知识形态、知识生产和社会应用体系的考察和反省，清醒认识思想政治教育学科理论"内部化建设"不足，树立思想政治教育教学科研实践工作的整体意识、学科归属意识，既克服目前思想政治教育存在的论域扩大、理论依附、简单移植导致的学科研究边界模糊不良倾向，又谨防其他学科向思想政治教育学科无边界渗透形成思想政治教育研究空巢式虚假繁荣现象。

第三，重视学科队伍建设，提升思想政治教育学科影响力。思想政治教育学科队伍的专业化、职业化、专家化建设关系学科的知识生产和知识应用。思想政治教育学科队伍是开展思想政治教育科学研究的主体力量，是进行思想政治教育知识生产活动的重要主体，包括科学研究活动、科学研究载体、科学研究项目或课题、科学研究信息、科学研究服务、科学咨询活动等，关系思想政治教育学科的社会影响力与吸引力。因此，要加大对思想政治教育学术刊物建设、科研经费投入、重大问题研究的支持力度，为思想政治教育事业和社会文化发展做出重大贡献。

（三）推进思想政治教育学科系统知识应用的科学化

1. 推进思想政治教育学科实践系统的生活化

思想政治教育学科社会实践系统要广泛进入社会建设领域和社会生活领域，融入日常社会生活和社会系统之中，使思想政治教育成为一种日常生活方式，真正地将思想政治教育回归社会生活，关照社会现实需要，进而切实提升思想政治教育的实践效果。思想政治教育与日常生活相结合，渗透社会生活各个领域中去，改变与经济工作、业务工作相脱离的"两张皮"现象，改变只依靠思想政治教育部门和思想政治教育工作者做工作的窘况，改变思想政治教育工作只停留在体制内的现状，改变思想政治教育理想化、知识化、工具化倾向。

2. 推进思想政治教育学科实践系统的公共化转型

社会领域存在的"自私化"倾向和对公共利益的日益关注，使得思想政治教育学科实践系统的公共化转型成为迫切要求。在思想政治教育领域，部分人的心理生活的"原子化"、精神生活的"空虚化"、社会生活的"娱乐化"等问题凸显，思想政治教育活动的工具化倾向明显，其理论研究往往仅仅只是成为某些部门工作的咨询活动和应对上级检查的工作需要，这容易使作为公共领域公共利益代言和发声的思想政治教育系统丧失应有的学术公共关怀，公共性缺失成为思想政治教育学科边缘化的重要原因。为此，思想政治教育工作实践系统要向公共化转型，特别是以社会生活现实为背景积极自觉筹划的实践操作策略，思想政治教育要在公共场所、公共组织、公共利益等公共领域中有所作为，体现思想政治教育话语和功能，在社会治理与社会建设中发挥作用，思想政治教育实践活动也做出相应转变，促进思想政治教育学科实践的公共化，"主要以公共环境与设施的潜在影响、公共文化空间的参与建设与公共传播、公共交流空间的日常参与、公共事务参与或模拟参与、公共服务（尤其是公益性组织及其活动）等作为教育的主要影响路径，以指导这些活动的能力提升和活动顺利开展为主要活动内容、方法"①。

3. 思想政治教育学科实践系统的社会化

第一，满足社会需要，增强思想政治教育学科社会实践的实效性。要避免形而上学的片面，坚持以人民群众的利益为出发点和归宿，注意协调人与人之间利益关系，坚持用系统思维和辩证思维实现利益关系的整体优化；第二，进入社会空间，增强思想政治教育学科社会实践的针对性。思想政治教育系统的实践运行要在注意融入社会生活基础上，立足于社会现实问题，切实关注当下的现实生活，通过大众文化渗透主流价值观，嵌入社会生活和人的精神世界，增强人们思想内化与行为外化的自觉性，促进社会治理与思想政治教育的契合

---

① 戴锐：《思想政治教育的公共化转型》，《马克思主义与现实》2013 年第 1 期。

互动；创新意识形态教育方式方法，依据民众生活实践、思想觉悟以及道德水平提出不同的目标要求，区分层次性，实现思想政治教育表达形式和话语体系的时代化，增强思想政治教育学科社会实践的针对性。

第四章

本质论争

本质是事物的根本性质,是决定这一事物是"此"事物而非"彼"事物的根本。思想政治教育本质问题是思想政治教育学科的基本理论问题,它决定着思想政治教育的内涵、范畴、功能、目标、内容及其发展方向等,也决定着思想政治教育的学科属性。因此,认识和把握思想政治教育本质,对于深入开展思想政治教育理论研究和实践探索具有重要的理论意义和实践意义。要探讨思想政治教育本质就应透过思想政治教育复杂现象,回答"为什么要探究思想政治教育本质""思想政治教育本质理解是怎么样""思想政治教育本质是什么"三个问题。

一 思想政治教育本质研究的重要意义

对思想政治教育本质进行科学界定是思想政治教育学的立论之本,是思想政治教育学理论体系建设的重要环节,是准确把握思想政治教育的规律、保证思想政治教育健康运行的前提和基础,有重要的理论意义和实践意义。要探究思想政治教育本质问题,不得不反思为什么要探讨这个问题?研究这个问题的意义是什么?对"思想政治教育本质是什么"这个元理论问题展开讨论,具有重要的理论意义和实践意义。

第一,有利于推进思想政治教育理论发展。思想政治教育本质追问是从元理论角度对思想政治教育进行元意义探讨,是思想政治教育理论与实践关系逻辑演进的本原,有利于拨开种种迷雾与认识误区,返本开新,为思想政治教育学科发展和科学发展奠定理论基础。本质与属性是一与多的辩证关系,思想政治教育本质研究有利于深化对思想政治教育本质与属性的认识，增进对思想政治教育学科的本真把握。思想政治教育本质科学认识有利于界定学科边界，能够在理论上决定着思想政治教育的根本属性，准确地进行逻辑思考，把握思想政治教育的基本规律，深化对思想政治教育功能的理解，确证思想政治教育学科地位和作用。

第二，有利于坚持思想政治教育的正确方向。事物的本质规定事物的根本性质和发展方向。本质清楚了，事物的根本性质和发展方向也就清楚了，就能明确应该坚持什么，不应该坚持什么。思想政治教育本质清楚了，就能在思想认识上明确应该坚持什么，在实际行动中知道应该做什么。习近平总书记在全国高校思想政治工作会议上强调："我国高等教育肩负着培养德智体美全面发展的社会主义事业建设者和接班人的重大任务，必须坚持正确政治方向。"[1]思想政治教育实践中出现的片面强调"新格局"，削弱党组织对思想政治教育的领导和政治核心作用；片面强调"一体化"，弱化思想政治教育的根本目的和任务；片面强调企业文化的作用，降低思想政治教育的生命线地位等做法，其结果削弱了思想政治教育的主导作用，模糊了思想政治教育的原则，淡化了思想政治教育的政治内容，降低了思想政治教育的要求，削弱了思想政治教育的战斗力。究其原因，与对思想政治教育本质的不明确，在实践中不能理直气壮地坚持思想政治教育的政治方向有很大关系。

第三，有利于推进思想政治教育实践发展。认清思想政治教育本质对于澄清对思想政治教育的各种错误认识具有重要作用。在思想政治教育过程中，由于人们对思想政治教育本质缺乏真正把握，导致存在着对思想政治教育认识的种种偏差：如认为思想政治教育的功能是不言自明的万能作用而过分强调思想政治教育；如认为思想政治教育不直接创造物质价值而贬低和异化思想政治教育，边缘化或弱化思想政治教育；如过分强调经济的重要性而把思想政治教育作为迎合经济发展的一种工具化迎合倾向等，其结果必然导致模糊思想政治教育的根本性质和政治方向，产生各种对思想政治教育的误解和漠视。因而，确证思想政治教育

---

[1] 习近平：《习近平在全国高校思想政治工作会议上强调：把思想政治工作贯穿教育教学全过程 开创我国高等教育事业发展新局面》，《人民日报》2016年12月9日第1版。

本质研究，能够在实践上确保坚持思想政治教育的正确方向，对防止泛化和窄化思想政治教育具有重要意义，有利于纠正思想政治教育的偏差，促进思想政治教育实践的有效展开。

二 思想政治教育本质研究现状述评

学界对思想政治教育本质研究展开了较多的研究并提出了不少代表性观点，大体可以分为两类观点：

本质一元论。[①] 刘书林等（1999）认为思想政治教育的本质是灌输，孙其昂（2002）认为可从认识思想政治教育本质的意义、思路、内容理解政治性本质。石书臣（2009）在区分思想政治教育的意识形态性和非意识形态性基础上提出思想政治教育的本质规定主要在于思想政治教育的意识形态性。段建斌（2009）从思想政治教育的起源、需求、内在矛盾角度得出阶级性是思想政治教育的本质属性。可以看出，学界部分学者认同思想政治教育本质"一元"性，但同时也存在着不同的本质理解，仍然不利于人们真正理解把握思想政治教育的思想与本质。

本质多元论。[②] 郑永廷（2001）认为思想政治教育的本质是思想政治教育的目的性、实践性和超越性，万美容（2006）阐释为目的性、实践性、阶级性。王健（2007）认为，思想政治教育的本质属性可以概括为政治目的性、内容历史性、手段多样性。李合亮（2007）对思想政治教育进行探本，指出政治性是社会化进程中教育

[①] 参见刘书林、陈立思《青年思想政治教育学原理》，中国青年出版社1999年版，第20页；孙其昂《关于思想政治教育本质的探讨》，《南京师大学报》（社会科学版）2002年第5期；孙其昂《思想政治教育本质的唯物史观解读》，《学校党建与思想教育》2010年第14期；石书臣《思想政治教育的本质规定及其把握》，《马克思主义与现实》2009年第1期；段建斌《关于思想政治教育本质的思考》，《武警学院学报》2009年第11期。

[②] 参见郑永廷《论思想政治教育的本质及其发展》，《教学与研究》2001年第3期；王健《论思想政治教育的本质》，《思想教育研究》2007年第7期；李合亮《解析与建构：当代中国思想政治教育的哲学反思》，《人民出版社》，2010年版，第136页；李辽宁《解读思想政治教育本质的四个维度》，《学校党建与思想教育》2007年第11期；褚凤英《思想政治教育本质再认识》，《探索》2010年第3期。

的自然转向,并强调应看到工具性本质和目的性本质。李辽宁从伦理学、政治学、社会学角度分析思想政治教育本质的道德性、政治性、工具性等。

从上述论点可以看出,部分学人持思想政治教育本质"多元"观点,而且存在的争议也较大,关于思想政治教育本质论点呈多元化、多样化表征。综合上述观点可知,关于思想政治教育本质争论主要存在一种"大"争议,即一元本质与从多元本质之争;两种"小"争议,即一元本质内部、本质多元内部之争。从一元本质与从多元本质之争议来看,部分学者认为思想政治教育的本质是多质的、多层次、多维度的,而部分学者则认为思想政治教育本质是一元的。由于研究方法分殊和研究角度相异,在歧见纷呈和莫衷一是的问题缠绕中遮蔽了对"思想政治教育本质是什么"的把握。那么,思想政治教育本质究竟是什么?到底是一元还是多元的呢?

根据哲学意义的本质界定,笔者比较认同一元论。关于思想政治教育的本质界定,目前的学术界存在两种主要的观点:政治性和意识形态性。[①] 孙其昂教授是"政治性说"的倡导者,他在《关于思想政治教育本质的探讨》《政治性:思想政治教育的内容本质》等文章[②]中系统地提出了关于思想政治教育的本质是政治性的论述。他从思想政治教育与其他事物间的关系、思想政治教育内部诸矛盾、思想政治教育学体系的中心概念、思想政治教育的实践运行等角度充分地论证思想政治教育的本质在于政治性。"意识形态性说"的代表人物之一石书臣教授[③]根据唯物辩证法关于事物本质的理论认为,"把握事物的本质规定,必须同时满足三个基本条件:第一,它是类的本质,是同类事物共同具有的最一般、最普遍、最稳定的属性;第二,它是该事物不同于其他事物的特

---

① 大致可分为两类观点:一是一元本质说,如"政治性"说、"阶级利益性"说、"转化论"说、"灌输论"说、"人学论"说等;二是两重本质说,如"社会政治属性与经济管理属性"说、"政治属性与非政治属性"说、"政治性与科学性"说等。

② 孙其昂教授关于思想政治教育本质的研究成果,集中体现在:《政治教育的内涵及其在思想政治教育中的应有地位》,《南京师大学报》(社会科学版)2001年第4期;《关于思想政治教育本质的探讨》,《南京师大学报》(社会科学版)2002年第5期;《政治性:思想政治教育的内容本质》,《南京社会科学》2006年第3期等。

③ 石书臣:《思想政治教育的本质规定及其把握》,《马克思主义与现实》2009年第1期。

有属性;第三,它是由事物的根本矛盾所决定的根本属性。把握事物的本质规定之所以要同时满足这三个条件,是因为三个条件都必不可少,缺少任何一个方面都不能准确地把握本质"。首先,意识形态性是思想政治教育现象中共同具有的最一般、最普通、最稳定的属性。其次,意识形态性是思想政治教育不同于其他教育活动的特有属性。最后,意识形态性是思想政治教育根本矛盾所决定的根本属性。正因为"意识形态性"满足了上述三个条件,所以它才成为思想政治教育的本质规定。思想政治教育的本质属性或根本性质则是思想政治教育属性中规定着思想政治教育性质和发展方向的根本属性。这个根本属性就是阶级性或意识形态性,它规定着思想政治教育的根本性质和方向,是思想政治教育的主导属性。

思想政治教育本质到底是政治性抑或是意识形态性?从意识形态概念发展来看,"意识形态在整个社会科学中是最难以把握的概念",[1] 是由法国哲学家德斯杜·迪·特拉西提出的关于观念的学说,除了一些特例外,意识形态总是伴随着种种贬义出现。在马克思那里,意识形态是一种否定性概念,是虚假意识。西方马克思主义者卢卡奇、柯尔施、葛兰西等也强调意识形态斗争的必要性和重要性。20 世纪 50 年代末 60 年代初,以福山为代表提出了"意识形态终结"论,后来又出现了各种新的意识形态理论,代表人物有马尔库塞、弗洛姆、阿尔都塞和哈贝马斯等,其影响延续至今,"意识形态似乎已成为'冷战思维'、'自欺欺人'、'空洞说教'的代名词,淡化以至摈弃意识形态已呈现出蔓延的趋势"[2]。可见,意识形态概念存在着科学与非科学、新与旧、伪与真之争,其内容的庞杂性、意义的含混性、争议的激烈性之剧,不宜用来说明思想政治教育的本质。从学科属性来看,正是因为思想政治教育这种鲜明的政治性,才能把思想政治教育与其他教育活动区别开来,也正是这一本质属性能够把它很好地与教育学、伦理学等所谓的近亲学科区别开来。如

---

[1] [英]大卫·麦克里兰:《意识形态》,孔兆政、蒋龙翔译,吉林人民出版社 2005 年版,第 1 页。

[2] 侯惠勤:《马克思关于意识形态虚假性之判断与当代意识形态之争论》,《河南大学学报》2002 年第 2 期。

果确证思想政治教育的本质是意识形态性，那么其他学科就不能拥有意识形态性这个质的规定性。而事实上，马克思主义学科也同样具有意识形态性，马克思所说的社会意识形态诸形式所包括的政治思想和法律思想、道德、艺术、科学、哲学、宗教等内容也都同样具有意识形态性，因而"意识形态性"这一宏大叙事，既不具有思想政治教育质的规定性，也不能与其他近亲学科和相邻领域区别开来，有泛化思想政治教育本质的嫌疑，不利于界定思想政治教育的学科边界。因此，笔者比较赞同思想政治教育政治性本质的本质属性存在。

三 思想政治教育的"政治性"本质属性考查

（一）逻辑考查：思想政治教育内涵的逻辑抽象

学界对思想政治教育本质追问时易陷入惯性思维，即将"思想政治教育本质是什么"等同于"思想政治教育是什么"，这就容易导致谬误：不知"思想政治教育是什么"而研究"思想政治教育本质是什么"。根据对"思想的前提批判"（孙正聿语）思维逻辑层次跃迁思路，首先要对"思想政治教育是什么"这个元问题把握清晰，这是分析思想政治教育本质的逻辑前提。因此，思想政治教育本质研究不能离开其概念抽象，应回到理论原点即"思想政治教育是什么"这个逻辑前提中去揭示思想政治教育本质。

从学界关于思想政治教育概念的十余种代表性观点来看，具有共性：都强调政治教育这个根本，在内容、目的等方面都强调满足社会政治需要，具有鲜明的政治规定性，确证了思想政治教育政治性本质；从其外延来看，思想政治教育不仅包含政治教育，而且还包括道德教育、法纪教育、思想教育和心理教育等内容，而政治教育是处于第一位，居于支配地位。

从"思想政治教育"丰富内涵来看，至少包括思想教育、政治教育、道德教育三个方面内容，"思想教育是根本，政治教育是主导，道德教育是基础",① 涵盖思想、政治、教育三个范畴,"'思想'是思想政治教育的直接对象,'政治'可以理解为思想政治教育的价值规定,'教育'是思想政治教育的手段和方法"。② 第一,从"思想"范畴而言,"思想"是思想政治教育的直接对象,是思想政治教育学科研究的基本范畴,它不仅可以理解为人们的思想认识、活动过程和成果,即感性和理性认识,而且可以归结为人们的世界观、人生观和价值观等。从认识论角度上,思想是人脑对客观世界的反映,而客观世界包括自然界、人类社会和人类思维领域,因而思想也形成三个层次即对自然界科学与技术认识的观点、对社会生活认识的思想观点和对精神生活的思维。从社会实践领域而言,思想政治教育着重研究和关注思想领域中对社会和精神领域,包含社会意识形态领域的政治思想,其"思想"最大特点是政治性和社会性,政治思想是核心和灵魂,统帅其他思想观念。第二,从"政治"范畴而言,"政治"可以理解为思想政治教育的价值规定,"思想政治教育的政治本质规定了思想政治教育系统及其理论、地位、作用、原则、目标、任务、内容、方法、队伍等要素的社会性质",③ 其"政治"的规定性具体表现在:思想政治教育是政治关系的反映,其内容体系是以政治思想为主导的理论和价值观,其组织结构和社会功能由政治制度规定,其活动的顺利开展和有效运作也需要政治权力支撑,以政治主体、政治权力以及政治的其他要素参与思想政治教育活动来调节政治思想关系促进政治关系的协调和社会发展;思想政治教育作为思想的上层建筑,在发展过程中逐渐被制度化成为一种社会建制而存在,又反作用于社会经济基础和政治制度;思想政治教育是获得文化领导权的重要途径,其力量的发挥内含教育与政治权力的两种互动力量,既要获得政治权力的支撑,又反作用于政治的发展。政治是思想政治教育呈现自身的一个场域和空间,试图将政治性从思想政治教育中剥离开来的诉求,意味着将政治与道德、政治与经济、政治与教育等关系抽象地人为分割,回避历史

---

① 王玄武、骆郁廷:《思想教育政治教育道德教育比较研究》,武汉大学出版社2002年版,第10页。
② 侯勇、孙其昂、韩兴雨:《思想政治教育概念学科辨析与新认识》,《学术论坛》2010年第5期。
③ 孙其昂:《关于思想政治教育本质的探讨》,《南京师大学报》2002年第5期。

存在的本真呼唤,这是不可取的。第三,从"教育"范畴而言,思想政治教育包含政治教育、思想教育、道德教育、法纪教育和心理教育等内容,"教育"可以理解为思想政治教育的手段和方法,是通过传授知识与技能、培养思想品德与情操、发展智力和体力的实践活动。教育是对公民进行政治教育培训的过程,是促进个体政治社会化的重要渠道,不管是历时空的传递、现时性的教化,还是阶级意识的培育,"其实质都在于教育引导社会成员接受社会政治规范,支持并维护现行社会制度与政治法律制度,并在政治生活中发挥政治参与作用,维护社会的政治秩序"①,因而也不能抹杀教育的政治性。综观思想政治教育概念逻辑层次来看,政治性蕴含于"思想""政治""教育"等范畴亦确证思想政治教育的政治性本质特性。

(二) 历史考查：思想政治教育政治性本质历史本源

1984年思想政治教育专业才正式设立,思想政治教育概念得到推广应用,但思想政治教育实践活动早已存在,只不过在不同时期、不同民族、不同国家概念不同而已,因而探讨思想政治教育本质要从历史视野中来着手,运用历史的思维方式进行分析探讨。

从横向来看,东方和西方教育史中出现了许多著名的教育思想家,他们大都结合政治、伦理、教育等观点来论述道德和思想政治教育本源问题。在东方,孔子主张德政,孟子认为人性本善,提出"四端"说,但"四端"必须依靠学习和教育。董仲舒提倡德治,进行三纲五常的教化。宋代朱熹重涵养心性,知行结合。康有为、梁启超强调教育的救国图存、培养人才的重要作用。蔡元培提出"五育并举"的教育方针等。在西方,苏格拉底提出了著名的"苏格拉底法",柏拉图提出了理想国的建构图景,亚里士多德强调重视公民教育,西塞罗认为全部教育的最高目的是培养政治家,昆体良认为教育的基本目的是培养善良而精于雄辩术的雄辩家。中世纪时期以基督教宗教教育为主,文艺复兴和宗教改革揭开了近代社会序幕,产生了马丁·路德、夸美纽斯、洛克、卢梭、裴

---

① 李合亮:《思想政治教育探本——关于其起源及本质的研究》,人民出版社2007年版,第53页。

斯泰洛齐、康德、约翰·菲力德利赫·赫尔巴特、杜威等重要思想家和教育家。综观东西方教育思想史，大都以人性为基础来论证道德本源，已涉及思想政治教育的诸多理论，对认识思想政治教育本质有重要借鉴和启示作用，但不可能科学地揭示思想政治教育本质。马克思主义为思想政治教育本质探讨奠定理论基础和提供方法论意义指导，从"社会与人的实践本质、人的社会性本质、人的主观能动性"论述思想政治教育本源，为科学揭示思想政治教育本质提供了理论指导。

从纵向来看，思想政治教育不仅存在社会主义社会，而且同样存在奴隶社会、封建社会、资本主义社会中，虽然其内容方法称谓存在差异性，但是其实质却存在共通性，都是一种为政治服务的意识形态教育。思想政治教育最直接受社会经济制度、政治制度和社会生产力发展水平制约。与以私有制为基础的经济制度相适应，阶级社会的思想政治教育形式与生产力方式、风俗习惯相适应，具有鲜明的阶级性的思想政治教育形式。西方用君权神授的神学性的解释来论证政治统治的合法性，中国以"受命于天"围绕道德教育而展开，其主旨和本质在于维护专制制度。理所当然，思想政治教育本质得不到科学论证。我们不仅应看到阶级社会思想教育的政治实质，同时也应批判继承其积极合理的方面。社会主义时期思想政治教育与生产资料公有制相适应，不是像阶级社会那样掩盖思想教育的政治性，而是以承认思想政治教育的政治性为前提；不是满足少数人的物质利益和发展需求，而是为人类的根本利益而展开，以促进社会发展和人的素质全面自由发展为己任。

（三）哲学考查：思想政治教育政治性本质逻辑关系把握

从本质获得依据来看，思想政治教育本质依据来源于唯物主义基本原理。第一，思想政治教育内部矛盾。辩证唯物主义认为，事物的本质是由事物的根本矛盾所决定的根本性质，而且事物这种根本矛盾是贯穿事物运动过程的始终的，并在事物的发展过程中起决定和支配作用，它的存在和发展规定和影响着其他矛盾的存在和发展。思想政治教育本质是由思想政治教育区别于其他的根本矛盾所决定，即思想政治教育者与受教育者之间的矛盾、思想政治教育对象需要与社会要求之间的矛盾。这个矛盾决定了思想政治教育的政治性，思想政治教育实践活动就是以社会个体为实践对象，通过主体客体化与客体主体化的双向运动去解构这个根本矛盾，才能不断地促进个体素质全面自由发展。第二，经济基础和上层建筑的决定是思想政治教育本质规定。在经济基础和上层建筑的关系结构中，思想政治教育是属于思想的上层建筑的一部分，它的产生和变化发展都由政治的上层建筑和经济基础决定，思想政治教育反作用于政治的上层建筑和经济基础。从这个意义上说，思想政治教育本质属性是政治性。

从本质与现象的关系来看，本质是事物存在的内在依据，现象由本质所规定，现象是本质的外在表现。思想政治教育的本质规定制约着思想政治教育的功能，思想政治教育的功能是其本质的外在体现和集中表露，因而不能脱离思想政治教育的各种现象来抽象地谈论其本质。从思想政治教育社会功能现象来看，与政治、经济、文化、社会生活等领域密切相关，具有重要的政治价值、经济价值、文化价值和社会价值等，在满足社会需要、促进社会发展的具有积极的意义；从思想政治教育个体功能现象来看，思想政治教育在满足个体政治社会化、丰富人的精神世界、促进人的全面发展等具有重要的个体价值，而这些社会功能和个体功能都只是思想政治教育政治性本质的外显，因而也确证思想政治教育政治性本质。

从本质与属性关系来看，本质是事物的根本属性，在事物中居于决定性的地位。思想政治教育本质与思想政治教育属性是一与多的关系，即共性与个性的辩证关系。思想政治教育本质问题的研究中，必须坚持个性与共性辩证统一的观点。世界上一切事物都作为个体性而存在，因而其存在和发展呈现出多样化形态，同时，世界所有事物中又贯穿着共性，使事物形成统一的有机整体。思想政治教育本质是思想政治教育最一般、最普遍、最稳定的属性，因而不能把思想政治教育本质与思想政治教育属性等同起来。思想政治教育本质从共性上来说只能是政治性，这是思想政治教育与其他工作和其他学科区别的显著标志。如果仅是思想政治教育的一般属性而不是区别于其他教育活动的特有或根本属性，则不能构成思想政治教育的本质，如思想政治教育的教育性、文化性、知识性和社会性等多种属性都不能称为思想政治教育本质。

从本质与人的关系来看，思想政治教育者和受教育者都是人，不得不谈及人的本质。人的本质决定了思想政治教育的本质，因而思想政治教育的本质还应立足于人自身。马克思认为，人的本质在其现实性上是一切社会关系的总和，人的本质不是自然性，而是社会性。人是社会交往中的主体，人的政治社会化离不开思想政治教育。正是由于每个人都存在精神需要和自我发展的要求，而思想政治教育就是要满足这种需求，通过对全社会的成员进行思想、道德、政治的教育，促进人的全面、自由、和谐的发展。因而，人的社会性本质也决定思想政治教育政治性本质生成根源。

四 思想政治教育政治性本质生成

（一）思想政治教育政治性本质外显

思想政治教育中的"政治"与社会系统中的"政治"是两个不同的概念，具有不同的含义。社会系统中的"政治"是社会系统的组成部分，是政治理念、政治制度、政治活动的统一体，核心是政治权力。社会系统中的"政治"决定思想政治教育中的"政治"，即政治决定思想政治教育，对思想政治教育产生普遍的根本性影响。

第一，政治传递政治文化。思想政治教育所传递的文化中，其中心内容是政治文化。政治文化包含政治知识、政治规范和政治观念（政治思想），通过传递（即思想政治教育）而将政治文化内化为人的政治素质，传播于社会各个领域。对思想政治教育来说，"政治思想是统帅，是灵魂"。"没有正确的政治观点，就没有灵魂。"（毛泽东）思想政治教育为政治服务，就是为政治的目的、利益、活动、秩序等服务。这是思想政治教育的本质、思想政治教育与政治的关系所决定的。

第二，政治分配思想政治教育资源。社会有丰富的思想政治教育资源，思想政治教育依赖社会资源。但是，政治的分配功能决定思想政治教育所得到的资源之多少。最终意义上，思想政治教育资源最终决定于生产力发展的状况，然而在现实性上，政治决定生产力布局和生产力成果的分配。由于政治掌握着资源的分配权，政治在分配资源时，决定思想政治教育占有资源的多少，使思想政治教育可以处于优势地位，也可以处于劣势地位，或者处于中间地位。政治决定思想政治教育得到什么样的政治条件、经济条件、文化条件等，从而造成思想政治教育的活动条件。因此，在一定意义上，政治既决定思想政治教育的条件也决定思想政治教育的效果。

第三，政治影响思想政治教育声望。人们的社会地位和声望取决于他们在政治、经济、文化、社会等方面所能获得的社会资源，这又取决于他们所扮演的社会角色，这源于所属的社会系统中的子系统。由于从事思想政治教育，就是搞政治，其地位、声望与政治地位相关联。从总体上说，政治治理的质量决定思想政治教育的声望和实效。思想政治教育属于观念性政治而不是实体性政治，思想政治教育声望取决于政治声望的影响，这也是思想政治教育的内容本质的体现。

（二）思想政治教育政治性本质实现

认清思想政治教育的内容本质是政治性，首先要认清思想政治教育中"政治"的来源及其含义。思想政治教育中的"政治"，源于社会系统中的政治对思想政治教育的规定，实质是政治在思想政治教育体系中的渗透，而在形态上是多样的。

第一，政治观念主导。它规定思想政治教育中的观念体系是以政治思想为主导的理论和价值观。统治阶级的思想在社会中占统治地位，也在思想政治教育中占统治地位。政治观念的核心是政治价值观，它决定人的思想，进而决定人的行为。人的行为是人的力量体现，是最重要的生产力，是认识和改造世界的基础力量。所谓思想支配行为，实质是政治价值观决定和支配行为。它决定行为的方向和价值，从而对人的价值尤其是人的社会价值做出根本的规定。

第二，政治价值内嵌。思想政治教育的价值取向和阶级立场由政治理念决定。思想政治教育从本质上说是统治阶级为维护其统治地位和维持社会稳定而得以存在的。思想政治教育是手段和形式，政治理念传播灌输和价值观生产是目的。思想政治教育通过传播政治理念，将其内化为人民的政治素质，提高人民的积极性和能动性，最终服务于政治生活的需要。

第三，政治关系呈现。思想政治教育是政治关系的反映。从一定意义上说，思想政治教育是一种社会关系，它是统治阶级思想与被统治阶级思想、统治阶级内部思想之间的关系,其核心是政治关系。思想政治教育从属于上层建筑,它是政治关系导出的政治思想关系中提出的任务,通过思想政治教育来调节政治思想关系,对政治关系的协调和发展有所贡献。当然,思想政治教育只是调节政治思想关系的一种手段,其他还有如法律、政策、经济、管理等手段等也具有这种调节功能,客观上在发挥这种作用。因而,思想政治教育直接是为政治关系服务的。思想政治教育属于社会实践活动,是在社会关系中的活动;思想政治教育直接倚重于政治关系,但又不能离开其他社会关系,包括社会关系中的经济关系、思想关系、人际关系,等等。

第四,政治制度保障。思想政治教育开始是一种社会现象,在发展过程中被制度化,既是社会制度的一部分,又是为社会制度服务的一种工具。思想政治教育倚重于政治制度。政治制度决定了思想政治教育所具有的性质和功能。社会主义制度中已包含了思想政治教育制度要素,不仅总体上对思想政治教育做出了制度规定,而且设立了思想政治教育部门、岗位,提供了必要的阵地、经费,制定了专门的制度、条例、规定、办法等。例如,学校中的政治课(我国中小学的思想品德课和高校的思想政治理论课)就是一种制度设置。现有思想政治教育系统中的制度要素,是社会制度的延伸和具体体现。

第五,政治权力推进。思想政治教育倚重于自上而下的政治权力运行,使自己有力量。思想政治教育是一种制度化的思想传递、说服、支配活动,权力支持使它更有力量。这种权力关系具有自上而下的单向运行特征。思想政治教育的力量具有真理教育与政治权力的双重力量,它在表面上是一种教育的力量,实际上获得政治权力的支撑,政治力量发挥了重要的作用。政治权力中的理论、路线、纲领、方针、政策是思想政治教育政治任务和工作内容的直接来源,通过政治社会化传递政治知识、政治观念等,使行动主体内化为政治素质,促进个体全面自由发展和社会进步。

第 五 章

价值追问

习近平总书记强调:"思想政治工作从根本上是做人的工作,关系高校培养什么样的人,如何培养人以及为谁培养人这个根本问题。"① 这是对思想政治教育价值问题和作用功能的新论述新阐释。思想政治教育价值研究既是思想政治教育理论发展的需要,也是思想政治教育学科发展的要求;既是增强思想政治教育实效性和认同感的需要,也是思想政治教育满足人的自由全面发展和社会进步的诉求。关于思想政治教育价值的认识存在两种对立观点:一是"万能论",认为思想政治教育价值是不言而喻、不言自明的公理,缺乏深层次的哲学追问和理论批判;二是"无用论",认为思想政治教育不直接创造物质价值而对思想政治教育反感和忧虑,贬低和异化思想政治教育的价值,"把思想政治教育这一活生生的有机体异化为政治斗争的装饰品,从而阉割了思想政治教育对其价值主体生命意义的追求与实现,为其价值本身蒙上一层昏暗的阴霾"②,曲解和漠视了思想政治教育满足人的全面发展和社会进步的价值。"万能论"和"无用论"都走了偏锋和极端,都不能正确认识和理解思想政治教育价值,对思想政治教育价值评价过高,会滑向思想政治教育万能论深渊;评价过低会导致思想政治教育无用论,无法发挥思想政治教育价值。因此,非常有必要对思想政治教育价值进行深入研究、系统探讨和深刻阐述,

---

① 习近平:《习近平在全国高校思想政治工作会议上强调:把思想政治工作贯穿教育教学全过程开创我国高等教育事业发展新局面》,《人民日报》2016年12月9日第1版。

② 张耀灿等:《思想政治教育学前沿》,人民出版社2006年版,第70页。

推动思想政治教育学科建设和学科价值实现。

一 思想政治教育价值研究理论阐释

(一) 概念厘清：对范式及思想政治教育价值范式的理解

"范式"概念是由美国学者托马斯·S.库恩在《科学革命的结构》中提出。范式"就是一个公认的模型或模式"，"是一种在新的或更严格的条件下有待进一步澄清和明确的对象"，① 是科学共同体成员所共有的"研究传统""理论框架""理论上和方法上的信念"、科学的"模型"和具体运用的"范例"。范式研究对于学科的重要意义在于标志着一门学科是否成熟。任何一门学科在没有形成范式以前，只处在前范式时期或前科学时期；一个学科一旦出现了统一的范式，就进入渐进性发展的常规科学时期。思想政治教育学科发展经历这样一个从前科学到科学的发展进程，产生了思想政治教育价值范式革命，新的范式被科学共同体接受，使思想政治教育学科真正成为一门科学。"思想政治教育研究范式的形成标志或划分标准主要包括学科体系的建构路径和方式、研究方法的来源和独立性、学科的主要研究对象和核心内容、学科发展的动力模式以及学科成果在表现与传达上的视角与话语方式等方面。"② 思想政治教育价值范式决定思想政治教育范式的科学化，是思想政治教育学的核心命题。思想政治教育价值研究逐渐形成一种价值研究范式并逐渐从思想政治教育实践共同体的母体中产生发展，随着社会变迁和时代转换产生一系列范式转变。

(二) 理论准备：关于教育价值研究范式借鉴

1. 西方教育价值研究范式评述

古代西方的伦理学、政治学、诗学中都包含了关于善恶、正邪、美丑等基本价值范式的探讨。著名的"苏格拉底法""智德统一"理论；柏

---

① [美] 托马斯·S.库恩：《科学革命的结构》，金吾伦、胡新和译，北京大学出版社2003年版，第21—22页。

② 戴锐：《思想政治教育研究范式的回顾与前瞻》，《思想政治教育研究》2009年第3期。

拉图善的理想国具备了这四种德——智慧、勇气、节制、正义,还有诸多重要思想家、教育家,如马丁·路德、夸美纽斯、洛克、卢梭、裴斯泰洛齐等的教育思想对思想政治教育价值认识提供丰富材料。近代,"价值"范式在教育领域形成了四类教育价值观范式:一是个人中心价值论。以实用主义者杜威的《价值学说》、马斯洛的需要层次理论、罗杰斯的人格自我理论为代表,主张教育不是为了功利目的,而是把人培养成自由、完善、和谐发展的个人。二是社会中心价值论。以柏拉图、亚里士多德、凯兴斯泰纳为代表,主张把教育纳入国家需求的轨道,教育应当服从国家需要,以国家为中心。三是唯技术教育价值论。以桑代克、斯金纳为代表,认为教育结果是可以用标准化的、量化的测量认知能力、知识单元和智力技巧。四是马克思主义结合论教育价值,把教育满足社会进步需要和个人发展需要相结合。从上述关于四种价值范式来看,前三种价值观范式以满足个人发展或社会进步需要为主,强调技术量化测量和标准化,对思想政治教育价值范式研究具有重要借鉴和启示作用,但存在片面性,而第四种马克思主义结合论价值观,把社会进步与个人发展需要结合起来,把价值观范式发展推上新的阶段,引发对思想政治教育价值范式的深层次反思和追问。

2. 国内教育价值研究范式概观

中国传统文化关于义利之辨、利害并存、祸福相依、美丑并生等对立统一观点;关于《论语》的"修己安人"、《庄子》的"内圣外王"、《大学》的"格物致知诚意正心修身齐家治国平天下";儒家、道家、法家和墨家、阴阳家和禅宗等优秀思想文化都给思想政治教育价值提供了重要理论基础和丰富材料。特别是20世纪80年代以来存在着关于教育价值的争鸣,即"社会本位论、个人本位论、学术本位论、功利至上论、社会发展需求与个人发展需求统一论"[①] 五种大学教育价值争鸣,从某种程度上也反映人们自觉或不自觉地试图对教育价值进行研究和追问的愿景,给思想政治教育价值研究提供重要思维借鉴和学术价值。目前我国对价值范式的考察也形成四种代表性观点:一是用意义界

---

① 周光迅等:《哲学视野中的高等教育》,中国海洋大学出版社2006年版,第213—214页。

定价值，认为价值就是客体对主体发展的意义，界定了价值的意义指向性，即真、善、美的指向性。二是从经济学的需要角度考察价值，把价值界定为客体对主体需要和利益的满足。三是以效用性界定价值，突出客体对主体的效用关系。四是以目的性界定价值，认为价值表征人类合目的性要求。四种价值范式考察对价值本质、含义进行了学理探讨，从不同角度展现了价值范式的多种理解，有利于思想政治教育价值范式批判与借鉴，但上述价值范式的理解大都从需要或效用角度理解，而需要有合理与不合理之分，效用有用与无用之别，无法摆脱"价值即效用"的片面，而过分强调人的目的性，会导致主观价值论的产生。因此，社会生活的实践性本质告诉我们要结合时代发展，像"密涅瓦的猫头鹰在薄暮中起飞"，在深入批判思考中扬弃，为研究思想政治教育价值范式转型做好理论准备。

二 思想政治教育价值研究评估

（一）思想政治教育价值研究现状

广大思想政治教育工作者、研究者在宣传、研究思想政治教育过程中，围绕党和国家重大理论和实践问题，对思想政治教育价值展开了研究，形成了关于思想政治教育价值本质、价值形态、价值实现等价值范式，开拓了思想政治教育价值范式研究新境界，取得了诸多成果，主要散见于诸多思想政治教育学科论著中，如专著有项久雨的《思想政治教育价值论》，还有张耀灿等著的《现代思想政治教育学》《思想政治教育学前沿》等著作中也对思想政治教育价值范式进行了详细研究。

第一，"生命线"论。生命线范式论断是对思想政治教育价值范式最重要、最有影响的概括。从周恩来提出"政治工作是红军的生命线"起，到毛泽东提出"政治工作是一切经济工作的生命线"论断拓展，到邓小平时期提出"思想政治工作是经济工作和其他一切工作的生命线"论断的发展，再到江泽民对生命线论断的丰富"是团结全党和全国各族人民实现党和国家各项任务的中心环节，是我们党在社会主义国家的重要政治优势"，直到新时期不断强调加强和改进思想政治教育的需要，都围绕着"生命线"范式论断而阐释。

第二,"功能论"论。关于思想政治教育"功能论"范式研究散见于几本著作中,主要有四种代表性观点:一是思想政治教育具有保证、导向、凝聚、激励、调节、转化等六大功能;① 二是思想政治教育发挥巨大的社会作用主要表现为导向作用、保证作用、育人作用、协调作用和激励作用等;② 三是思想政治教育的社会职能可以分为根本性社会职能和具体性社会职能,根本社会职能是通过思想政治教育,为政治斗争服务,为生产斗争服务,为塑造人格服务,根本性社会职能是通过具体性社会职能实现,只有分解为具体的社会职能——灌输、转变、调节、激励,才有可能完成。③ 四是"思想政治教育呈现出的政治价值、经济价值、文化价值和管理价值,是思想政治教育社会价值的具体表征。思想政治教育在满足人的思想政治品德社会化需要、丰富人的精神世界、促进人的全面发展等方面发挥着不可或缺的作用,具有重要的个体价值。"④

第三,"主客体关系"论。学界从哲学话语对思想政治教育价值进行了界定,主要从价值哲学角度阐释,其代表性观点有:一是"人和社会在思想政治教育的实践——认识活动中建立起来的,以主体的思想政治品德形成和发展规律为尺度的一种客观的主客体关系,是思想政治教育的存在及其性质是否与人的本性、目的和发展需要等相一致、相适合、相接近的关系,这种关系是思想政治教育在其教育活动和社会关系中合乎主体全面发展(尤其是思想品德的形成和发展)和人类社会进步(尤其是精神文明的进步)的目的而呈现出来的一种肯定的意义关系"⑤。二是"思想政治教育价值是指思想政治教育以自身属性和功能来满足人与社会的需要以及人与社会的需要被思想政治教育满足的效益关系。它反映了作为客体的思想政治教育活动及其属性、功能,能否满足及能在多大程度上满足主体需要的特定关系"⑥。

第四,价值本质论。项久雨对思想政治教育价值本质进行了界定:

---

① 张耀灿、陈万柏:《思想政治教育学原理》,高等教育出版社2001年版,第64—79页。
② 邱伟光、张耀灿:《思想政治教育学原理》,高等教育出版社1999年版,第126页。
③ 陈秉公:《思想政治教育学原理》,辽宁人民出版社2000年版,第69—93页。
④ 孙其昂:《思想政治教育学原理》,河海大学出版社2004年版,第34—36页。
⑤ 项久雨:《思想政治教育价值论》,中国社会科学出版社2003年版,第83页。
⑥ 罗洪铁:《思想政治教育专题研究》,四川人民出版社2002年版,第358页。

"思想政治教育价值的本质是价值主体的需要——人的政治社会化的需要与思想政治教育属性——满足人的政治社会化属性之间的对应关系的总和,是两者的质的规定性联系而成的思想政治教育价值的质的规定性的综合统一。"① 孙其昂等对思想政治教育价值质的规定性作出阐释:"思想政治教育在其教育活动和社会关系中合乎人的全面发展和人类社会进步的目的而呈现出来的一种肯定关系。"② 思想政治教育价值由社会和人对思想政治教育的需要程度和思想政治教育在多大程度上能满足社会进步和人的发展的需要决定的,这是思想政治教育在现实生活和人的实践活动中获得地位的源泉。

第五,价值形态论。总结学界对思想政治教育价值形态,主要有以下几种:③ 按可能性和现实性来分可以分为理想价值和现实价值;按性质来分可分为正面价值和负面价值;按效果来分可分为直接价值和间接价值;按评价来分可分为绝对价值和相对价值;按价值主体来分可分为个体价值和社会价值。

第六,价值评价论。董平,丛晓波认为,思想政治教育的评价活动存在主体单一,内容抽象难以量化,操作实施困难等困境。同时,思想政治教育要更加关注"现实人"的需要,重视个体功能与社会功能的有机统一。因此,实现思想政治教育的有效性需要坚持发展性评价理念,以思想政治教育的价值生成过程为依托,建构价值生成评价模式,实现多主体参与、动态过程性、立体式结构的综合评价模式。④ 闫艳提出,"思想政治教育价值确切的表述应是思想政治教育效用价值,是否有利于价值开发和提升是评价思想政治教育效用价值的根本标准。"⑤

第七,价值实现论。思想政治教育价值是否实现需要在价值实现过程中去寻找答案,其焦点主要集中在思想政治教育价值实现内涵、实质、规律、路径等几个方面,主要有三种观点:一是郑永廷的《现代思想道

---

① 项久雨:《思想政治教育价值论》,中国社会科学出版社2003年版,第48页。
② 孙其昂:《思想政治教育学原理》,河海大学出版社2004年版,第26页。
③ 张耀灿等:《现代思想政治教育学》,人民出版社2006年版,第169—173页。
④ 董平、丛晓波:《思想政治教育价值生成评价模式的建构理路》,《思想教育研究》2016年第7期。
⑤ 闫艳:《对价值和思想政治教育价值的续思》,《湖北社会科学》2016年第6期。

德教育理论与方法》对现代思想政治教育价值的实现等方面对思想政治教育价值进行了开拓性的研究。二是"思想政治教育价值实现,其内涵是由潜在价值向显性价值转化,即使思想政治教育的功能、作用得以发挥并取得成绩和效果。思想政治教育价值实现,其实质是客体主体化,即思想政治教育所提出的思想政治教育品德要求为主体所内化,变为主体的信念,并外化为改造世界的行动"①。三是"只有立足于'现实的生活'的思想政治教育机制,服务于经济建设和社会主义现代化建设,有效解决了人的观念转变、精神激励、思想的升华和道德的提升等问题,并作用于实践产生明显效果时,思想政治教育价值才显现出来"②。此外,对价值实现规律也进行了初步探讨,"除了同步递增律外,还有神形统一律、虚实转化律和真善美统一律"③。

(二) 思想政治教育价值研究反思

1. 如何明确思想政治教育地位和作用,如何把思想政治教育与社会、人的价值三者有机结合?思想政治教育是社会活动的实践共同体,而现有的思想政治教育价值研究是脱离社会大系统的理论研究活动,存在着理论与实践脱节现象,尚未把思想政治教育价值、人的价值与社会价值结合起来,思想政治教育价值局限于抽象的主体,把思想政治教育工具价值与目的价值割裂开来,没有处理好思想政治教育价值目的与手段的关系,拒斥和消除思想政治教育价值论研究的人学基础。在人的主体性回归的思想政治教育场域中改变以抽象的哲学范畴意义的"主体"为现实的"人",嵌入思想政治教育价值的人学基础,把现实的"人"作为思想政治教育价值的轴心,把满足人的需要和利益作为思想政治教育价值发展值得深入研究的命题。

2. 研究方法论缺乏。快速转型的中国社会具有鲜明的两重性和复杂性,即"社会优化与社会弊病并生、社会进步与社会代价共存、社会协

---

① 张耀灿、徐志远:《现代思想政治教育学科论》,湖北人民出版社2003年版,第355—356页。
② 孙其昂:《思想政治教育学原理》,河海大学出版社2004年版,第23—24页。
③ 张耀灿等:《现代思想政治教育学》,人民出版社2006年版,第193—199页。

调与社会失衡同在、充满希望与包含痛苦相伴"(郑杭生语),经济体制深刻变革,社会结构深刻变动,利益格局深刻调整,思想观念深刻变化,对思想政治教育的负面影响日益显现。杜维明先生把现代性意识形态有一个主流价值导向概括为三点:"一是经济主义,二是消费主义,三是物质主义",① 人们被抛入一个传统价值崩塌和普遍物化的"病态社会",现代化带来日益滋长的经济主义、消费主义、拜金主义、物质主义、极端个人主义、官能主义等,加上国外价值观念的渗入,价值观念的差别、摩擦、冲突也成为诱发冲突、激化矛盾的重要因素,即使人们重新发现了思想政治教育的当代价值,又对思想政治教育价值范式研究提出了更高的要求。结合思想政治教育价值范式成果分析,从理论视角来看,思想政治教育价值范式研究的理论体系性、系统性需要进一步完善,而理论研究不能满足实践需要,理论研究滞后于实践发展;经验总结多于理性批判,缺乏哲学思考的思想政治教育价值范式模式不能真正认识到思想政治教育价值,把理论的抽象和应当如何实践割裂开来,从而也把实然与应然、现实与理想对立起来,陷入形而上学的窠臼,不能为思想政治教育价值范式研究提供一个合理方法论基础。

3. 实证研究的缺乏。现实社会中对传统主客体二分的批判中包含着试图建构新的"世界理论图景"的身影,思想政治教育价值的价值哲学基础受到质疑,思想政治教育价值局限于抽象的主体,主客二分的主体性思想政治教育也在向主体间性转向,因而要积极汲取相关学科资源,加强思想政治教育与时代实践的对话交流,夯实思想政治教育价值研究的理论基础,重视思想政治教育价值研究的实证基础。

4. 传统与现代、中西比较研究不足。在全球化、信息化时代的社会变迁中,不断创新发展思想政治教育新的肯定性意义和正向性价值,处理好思想政治教育工具性与目的性价值的关系,处理好思想政治教育价值的现实性与超越性、民族性与全球化、本土化与国际化的关系。在内容的选择上,我们不能以传统为主,更不能把当代马克思主义搁置一边而只讲传统。即使讲传统内容也应同新的实际相结合,为解决思想政治教育面临的新情况、新问题服务。

---

① 杜维明、卢风:《现代性与物欲的释放》,中国人民大学出版社2009年版,第7页。

三 思想政治教育价值范式嬗变

思想政治教育价值范式在继承与发展中不仅耦合了经济社会发展理论先导的需要,调动广大人民群众积极性、创造性,取得了中国特色社会主义伟大成功实践,而且也契合了社会实践发展而不断转型,经历从新中国建立到80年代的传统思想政治教育政治话语"生命线"范式,到80年代中期后的学科化时期学理话语式"功能论"范式,到新世纪价值哲学"主客体关系"范式,思想政治教育价值范式转型成为现代思想政治教育科学发展的重要表征。

(一)传统思想政治教育政治话语"生命线"范式

从新中国成立初期到20世纪80年代,在长期革命和社会主义建设初期实践中,计划经济占主导地位,无产阶级专政,文化单一,主要是对思想政治教育价值进行政治话语式的关注沿用"生命线""中心环节"等事实和直观经验范式来对思想政治教育价值所作出最形象、最本质的概括,分为两个阶段:1949—1978年主要服务于阶级斗争需要;到1978年后,我国开始了改革开放和社会主义现代化建设新时期,主要服务于经济建设需要,以经济建设为中心任务。如《关于军队政治工作问题的报告》中明确指出"政治工作是红军的生命线",1955年毛泽东提出"政治工作是一切经济工作的生命线"。1981年党的十一届六中全会通过的《关于建国以来党的若干历史问题的决议》指出:"思想政治教育工作是经济工作和其他一切工作的生命线。""生命线论"指出了思想政治教育传统价值:关系党和国家前途和命运,是我们党的政治优势、优良传统,为其他工作提供理论指导和思想引导作用,为经济工作和其他一切工作提供思想保证、精神动力和智力支持。要合理地确证思想政治教育价值,既不冒进,又不右倾,正确认识思想政治教育的"生命线"价值,达到对思想政治教育的认同。

(二)学科化时期学理话语式"功能论"范式

1984年,高校设立思想政治教育专业之后陆续建立本科、硕士、博士点三个层次专业体系,思想政治教育价值范式研究发生重大变化,逐渐进入学理话语式关注阶段,学者们强调"生命线"范式基础上谈思想政治教育地位功能多,在张耀灿、陈秉公、陆庆壬等学者的著作中散见相关论述:"思想政治教育的地位,并非谁说它重要就重要,谁说它不重要就不重要,它是不以人的意志为转移的,而是由它本身固有的规律决定的。"① 思想政治教育具有"社会结构性地位与社会功能性地位、根本性社会职能与具体性社会职能"。② "思想政治教育作用突出表现为经济建设的坚强保证,是政治建设的必要条件,是文化建设的主导因素,是改革开放的精神支柱,是全面开发人才智力的强大动力。"③ 这个时期学者们对思想政治教育价值问题研究主要是从思想政治教育地位和功能来阐述的,不可否认,这是人们正确认识思想政治教育的价值发挥了重要作用,但由于缺乏深层次的反思和哲学追问,思想政治教育价值研究处于避谈价值而阐释地位和作用的阶段,没有把思想政治教育价值与功能区分开来。

(三) 新世纪价值哲学"主客体关系"范式

针对前期思想政治教育价值范式研究存在着把思想政治教育价值与思想政治教育地位功能混同的现象,学人们开始从哲学视角反思,抽象和升华思想政治教育地位与功能,把价值与功能之间的界限区分开来,把思想政治教育价值范式研究置于主客体关系中进行价值哲学话语系统论述。这样做,一方面对思想政治教育价值的认识更加准确,把考察视野瞄准对象本身;另一方面,对思想政治教育价值的认识更加科学,认识成果实现科学提升。功能与价值,一个是作用概念,另一个是本质概念,功能是描述某一事物因包含某些元素或某种结构而具有的一定功用或能力,这是关于事物效能的描述;价值表达的是一种需要与满足的关系,这是对事物的质的规定。从马克思论述中价值的概念是从需要与满足的肯定关系进行阐释,"是主体在实践活动中建立起来的,以主体的尺

---

① 张耀灿:《思想政治教育学原理》,华中师范大学出版 1988 年版,第 83 页。
② 陈秉公:《思想政治教育学》,吉林大学出版社 1992 年版,第 47—56 页。
③ 陆庆壬:《思想政治教育学原理》,高等教育出版社 1991 年版,第 79 页。

度为尺度的一种客观的主客体关系，是客体的存在及其性质是否与主体的本性、目的和需要等相一致、相适应、相接近的关系"①。可以看出，对思想政治教育价值范式的研究肯定了作为思想政治教育客体与主体之间的一种肯定关系，从主客体、需要与满足两对范畴去理解和把握，价值研究范式实现了工具性价值与人本性价值的辩证统一，代表着理论界对这一问题的主流认识。

四 思想政治教育价值研究未来展望

随着对思想政治教育价值范式研究不断深入，思想政治教育价值范式成果越来越丰富，思想政治教育价值研究新旧范式的不断更新运动转型，这既是思想政治教育系统知识体系的更换，又是科学共同体成员价值观念、思维方式、语言符号、实践标准的"跃迁"，必将推动思想政治教育科学化与现代化。"过去的成功是我们的财富，过去的错误也是我们的财富。"② 随着时代变换和中国特色社会主义事业不断推进，在思想政治教育价值范式研究中总结过去、现在，展望未来，思想政治教育价值研究应与时俱进地展示其价值魅力，拓展和丰富其价值范式研究。除了从理论基础、方法论意义上着力"解决其哲学基础、理论体系、研究视野、研究方法问题，应突出重视马克思主义理论基础问题，价值始点问题、价值概念界定问题、价值形态概括问题、价值研究边界拓展问题"③之外，还应在思想政治教育现代转型中不断实现和发展思想政治教育价值。

1. 从社会转型背景下研究思想政治教育价值实现

思想政治教育是研究社会中人的思想行为活动的科学实践，当社会从农业社会向工业社会再向信息化社会的转型中，思想政治教育社会环境在不断变化，外部格局也不断改变，思想政治教育系统的内容、目标、理论、方法、载体、主题等内部要素与结构不断实现从经验性向科学性、

---

① 项久雨:《思想政治教育价值论》，中国社会科学出版 2003 年版，第 38 页。
② 《邓小平文选》第 3 卷，人民出版社 1993 年版，第 288 页。
③ 张耀灿等:《思想政治教育学前沿》，人民出版社 2006 年版，第 70 页。

传统性向现代性的现代转型，思想政治教育价值要素也应与时俱进地不断实现转型，要正确处理好目的价值与工具价值的动态平衡、个体价值与社会价值的合理张力、显性价值与隐性价值的科学互补三个向度的关系。现代思想政治教育要在把握时代变化的主旋律和当代中国价值观走向基础上，帮助人们正确认识思想政治教育的价值问题，使思想政治教育真正成为一种自觉的价值追求、价值创造和价值实现，把思想政治教育价值、人的价值和社会的价值在更高层次上实现有机结合和统一。人的全面发展和社会的全面进步是思想政治教育的终极价值，人的全面发展既是人的价值的最充分体现，又是思想政治教育价值实现的理想境界。改革开放以来，社会价值观发生巨大变化：一是计划经济向市场经济转变，价值主体多元化，价值主体地位和主体意识觉醒。二是过去单一的政治化价值取向朝向"一主和多元整合"发展。面对价值取向多元化和主体性觉醒，思想政治教育价值应以国家和社会可持持续发展和个体的全面自由发展为导向，辩证认识思想政治教育地位和作用，正确处理思想政治教育与中心任务的关系，既拒斥思想政治教育"万能论"，又反对思想政治教育"无用论"，防止形而上地片面对待思想政治教育价值，当前主要是防止片面强调中心任务而忽视思想政治教育。科学发展观提出后，思想政治教育价值也向"人本位"转变，在弘扬"劳动本位"价值时，让"人本"观念渗透于思想政治教育实践中，从"物的世界"的思维方式转向"人的世界"的思维方式来研究人、认识人、理解人、呼唤人的主体性回归，使思想政治教育活动成为一种"直面人的生命、通过人的生命、为了人的生命质量的提高而进行的社会活动"，成为"以人为本的社会中最体现生命关怀的一种事业"。[①]

2. 应对现代性挑战丰富思想政治教育价值系统

在全球化的强势推进和信息社会的快速发展进程中，重视和丰富思想政治教育价值系统是思想政治教育学科发展的内在要求。思想政治教育价值范式研究系统如何应对民族化、科学化与国际化发展趋势：一是在西方文化霸权主义大肆渲染意识形态霸权背景下如何体现其文化批判、选择、整合、扬弃的价值，是一个值得深入研究的问题。二是面临全球

---

① 叶澜等：《教育理论与学校实践》，高等教育出版社2000年版，第136页。

变暖、生态恶化等危及人类生存的重大问题，思想政治教育价值研究如何打破原有价值局限，重视生态价值的研究，帮助人们树立生态意识和道德观念，树立可持续发展观的迫切性重要性也日益凸显。三是在深入调查研究不同阶层、不同地区、不同民族的价值观念变革的情况下，如何将价值研究植根于时代实践，在吸取传统价值观念和外来价值观念的基础上整合、建立、创新思想政治教育价值研究值得深入探讨。四是如何坚持真理与价值的统一、合目的与合规律性统一、继承与创新的统一、普遍与特殊的统一、拒斥与接纳的统一的方法论原则，去构建新的、更加完善的思想政治教育价值范式系统，如思想政治教育价值观念系统、结构系统、目标系统、标准系统、实现系统、评价系统等。五是推进思想政治教育人本价值实现研究。褚凤英提出："思想政治教育价值研究应当在人学范式的基础上，立足于人这个社会主体，进一步审视思想政治教育与人的价值关联，发掘思想政治教育作为一种客观的也是必然的社会现象，它本身蕴涵了人的生存和发展的哪些内在要求和一般逻辑，即探讨思想政治教育的人本价值。"①

3. 在中国特色哲学社会科学建设推进思想政治教育价值研究

伟大的中国特色社会主义事业需要伟大的力量成就，伟大的力量需要伟大的精神来凝聚，伟大的精神需要伟大的理论指导。理论是实践的先导，而社会现实生活中理论往往滞后于实践发展的现象。在马克思主义中国化进程中，思想政治教育价值研究应避免这种情况出现，要确立"马学为体，西学为用，国学为根，世情为鉴，国情为据，综合创新"②的学术原则，科学总结思想政治教育价值发展规律，正确处理"马学""西学"和"国学"关系，积极吸收借鉴西方有益成果和中国传统文化精华，准确把握中国特色社会主义重大理论和实践问题，思想政治教育理论研究与实践发展结合。钱美玲，丁三青③提出思想政治教育价值研究从

---

① 褚凤英：《思想政治教育价值研究的理论演进与人本价值研究之展望》，《学校党建与思想教育》2017年第9期。

② 程恩富、何干强：《论推动中国经济学现代化的学术原则》，《马克思主义研究》2009年第4期。

③ 钱美玲、丁三青：《出场学视域中思想政治教育价值研究的当代发展》，《江苏高教》2017年第1期。

传统走向当代面向未来的融通之途：需要一种能够整合并推进研究范式再转换的"宏大视野"。出场学视域以"与时俱进"的理论品格，以"交往实践观"为理论线索，从"历史与理论逻辑相统一的出场语境、实践反思与文本重读相统一的出场路径、生活回归与理论建构相统一的出场形态"三维层面，对思想政治教育价值研究的当代出场方式进行总体性诠释。思想政治教育学不是书斋之学，而是一门不断运用到实践的科学，作为认识世界和改造世界的工具，只有在具体的社会实践中才能体现和折射其价值，思想政治教育价值研究不是闭门造车，只有在社会生活中呼吸生活世界的空气，才能开出思想政治教育价值之花。

总之，思想政治教育价值范式研究要确立"马学为体，西学为用，国学为根，世情为鉴，国情为据，综合创新"的学术原则，积极吸收借鉴西方有益成果和中国传统文化精华，准确把握中国特色社会主义重大理论和实践问题，把思想政治教育价值理论研究与价值实践实现结合；要着眼于生活世界，在应对社会冲突和社会风险场域中，把解决现实问题与思想问题结合，承担解疑释惑、咨政育人的作用；为统筹推进"五位一体"总体布局、协调推进"四个全面"战略布局提供精神动力、智力支持和思想保证，证明思想政治教育价值的现实性力量、正向性价值取向和肯定性意义。

第六章

话语建构

　　国外关于话语研究的理论研究成果较为丰富，主要以瑞士语言学家费迪南德·德·索绪尔语言理论、法国米歇尔·福柯关于"话语与知识构建、话语—知识—权利、话语与意识形态"的批判性话语理论、巴赫的"对话理论"、哈贝马斯的语言行为理论、葛兰西从意识形态领域思考文化领导权等。西方学者对"话语""话语权"的研究不仅为思想政治教育话语权的研究提供了丰富的理论借鉴，同时也扩大了思想政治教育话语权的研究视角。传统思想政治教育以"战争与革命"为主导的话语体系，逐渐向"改革与发展"为主导的话语体系转换，思想政治教育话语逐渐摆脱泛政治化的革命性话语，开始向知识性、科学性、学术性并重的学科话语转型。思想政治教育话语权建构动力来自思想政治教育外部权力话语和思想政治教育内部话语权力的共同作用，依托于国家政治制度体系的政治权威和意识形态文化领导建构。教育综合改革新形势下建构思想政治教育话语权成为做好意识形态工作的内在诉求，加强思想政治教育权力话语向思想政治教育话语权力的话语变革逻辑研究具有重要意义。

一　思想政治教育话语相关概念分析

（一）话语与思想政治教育话语

　　近年来思想政治教育话语研究是思想政治教育基础理论研究的一个新的增长点，集中于思想政治教育话语语境、思想政治教育话语、意识形态话语、网络思想政治教育话语权等研究论域，思想政治教育话语概念界定、思想政治教育话语范畴、思想政治教育话语范式、思想政治教育话语困境、思想政治教育话语转换、思想政治教育话语创新探索等逐渐成为学界研究的热点问题。

一是"言语论",从语言学的范畴将思想政治教育话语泛化为一般性质的语言学话语,把"话语"等同于"语言"。思想政治教育话语是指在一定社会主导意识形态支配下,遵循一定的话语规范、规则和规律,并在特定的话语语境里,思想政治教育活动过程中的教育者和受教育者用来交往、宣传、灌输、说服,以及描述、解释、评价、建构思想政治教育内容和主体间思想观念、价值取向和行为表征的言语符号系统。①

二是"形式论",从社会文化语境形成的语言使用形式角度的理解,指"思想政治教育活动主体在思想政治教育实践中通过一定方式表达出来的指向一定思想政治教育目的的话语,包括语言使用、思想传递和社会情景的交际三方面的内容。建立在日常生活实践背景之上的日常生活话语方式可归结为三种,即控制方式、劝导方式与对话方式。

三是"互动说",从知识传递和互动过程角度的阐释,是思想政治教育主客体之间运用语言交流思想、观念和经验,疏通感情、建立良好关系的媒介。不仅是思想政治教育中的载体,它还有实践功能,是一种社会行为,是引导正确思想观念和行为方式的途径。

四是"范式论",从话语范式的角度阐释,由思想政治教育共同体对思想政治教育话语本质、规律、体系等方面共同约定或者全部承诺构成的整体,包括思想政治教育话语共同的基本理论、观点、方法、共同的目标和规范、共有的信念。思想政治教育话语范式是指一定时期内,思想政治教育共同体对于思想政治教育话语带有支配地位的看法,包括对"为什么说""说什么""如何说"等根本问题的比较一致的看法。②

五是"范畴说",强调从"语言学话语"到"思想政治教育学话语"的拓展,从而扩大研究视域,更好地构建"思想政治教育话语"范畴,

---

① 邱仁富:《思想政治教育话语创新论》,《电子科技大学学报》(社会科学版) 2010 年第 5 期。

② 洪波:《思想政治教育话语范式转换研究》,浙江大学出版社 2012 年版,第 194 页。

提升研究的理论水平，从而进一步构建思想政治教育话语体系。①

六是"体系说"，意指广大思想政治教育工作者在中国共产党领导下，以马克思主义理论为指导，在长期的思想政治教育理论与实践过程中提炼和建构起来的术语符号、价值意义与言说方式的总和。是由话语主体、话语语境、话语客体、话语内容、话语媒介、话语言说方式以及话语效果等基本要素构成的有机系统。②

七是"关系说"，思想政治教育话语作为思想政治教育理念的表征和思想政治教育实践活动的重要载体，是指思想政治教育主体在思想政治教育实践中表达出来的，并指向一定思想政治教育目的的交往行为，它反映了思想政治教育语言在具体运用过程中与语境之间构成的一种建制性关系。③

综观上述理解可以看出，话语是用于描述、沟通和建构关系的符号系统。思想政治教育话语是思想政治教育活动主体在思想政治教育实践中通过一定方式表达出来的指向一定思想政治教育目的的话语。笔者以为，思想政治教育话语是指在一定社会主导意识形态支配下，遵循一定的语言规范、规则和规律，并在特定的话语语境中，教育者和受教育者用来交往、宣传、灌输、说服，以及描述、解释、评价、建构思想政治教育内容和主体间思想观念、价值取向和行为表征的言语符号系统。思想政治教育话语是一种政治意识形态的实践和传播形式。思想政治教育学科作为知识体系、学术组织、社会建制意义而存在的共同体，是"以思想政治教育学理论知识体系为基础，以思想政治教育学术共同体的知识生产为中介，通过思想政治教育实践体系的知识应用为终点的政治社会化共同体"④。思想政治教育话语是系统化的结构化存在，是由理论话语、学科话语和工作话语耦合而成的系统。从思想政治教育话语内在结

---

① 侯旭：《论构建"思想政治教育话语"范畴的意义及途径》，《思想教育研究》2011年第4期。

② 李辽宁：《论中国社会主义思想政治教育话语体系的传承与创新》，《学校党建与思想教育》2013年第10期。

③ 吴琼、纪淑云：《马克思主义大众化语境中的思想政治教育话语变革》，《求实》2010年第10期。

④ 侯勇：《论思想政治教育学科的系统化》，《思想政治教育》2015年第3期。

构上看，包括"理论—学科—实践"三维话语结构：一是作为知识体系而存在的"理论—阐释"话语，体现在思想政治教育理论基础、基本原理、知识体系及其分支科学知识体系等，是思想政治教育话语宏观领域的存在方式和实践方式，指涉思想政治教育政治形态话语的意识形态的主导作用；二是作为知识生产而存在的"学科—学术"话语，是思想政治教育中观领域的存在方式和实践方式，指涉思想政治教育学术组织、学术队伍、学术活动等学科共同体等学科形态话语；三是作为知识应用而存在的"实践—方法"话语，是思想政治教育话语微观领域的存在的专业活动和社会活动，指涉思想政治教育公众形态话语的实践交往载体，表现为实践教育者所运用的工作话语。"实践—方法"层面的工作话语是在"理论—阐释"层面理论话语和"学科—学术"层面的学术话语指导下，实现意识形态政治教化的价值目标。然而，当前思想政治教育理论形态话语、学术形态话语和实践形态话语存在的问题迫切需要我们反思其存在话语的困境及原因，建构思想政治教育话语权。

（二）思想政治教育权力话语与思想政治教育话语权力

思想政治教育权力话语是在意识形态政治实践中产生并依附于政治权力运作中展现释放出的意识形态权力，是在思想政治教育过程中掌握和支配思想政治教育话语的一种外在权力，政治权力、政治话语、政治动员、政治权威、官方话语等是思想政治教育权力话语的主题。在权力至上的政治主义时代，意识形态借助单向性的政治话语沿用传统话语内容和方式，政治意识形态的权力话语侵入私人领域，人们的日常生活被"泛政治化"，思想政治教育意识形态话语呈现权力话语的泛意识形态化特点。思想政治教育话语权力主要是思想政治教育话语系统赋予的权力以及在思想政治教育话语交往过程中形成的内部权力。思想政治教育话语权既是一个话语知识体系，也是一个话语价值体系，作为一种意识形态政治实践系统和认识体系，既有科学性，也有政治性、意识形态属性。思想政治教育话语权包括思想政治教育理论话语主导权、思想政治教育学科话语引领权、思想政治教育实践话语管控权。第一，思想政治教育理论话语主导权体现在理论知识体系的组织、创造、阐释和传播过程中的思想先进性和理论彻底性而获得的吸引力，主要包括思想政治教育科学理论基础、基本原理知识体系及其分支科学知识体系等理论形态，强调以马克思主义思想为指导，将社会主流的政治观点、价值观念和道德规范融入思想政治教育话语体系。第二，思想政治教育学科话语引领权体现为作为知识生产存在的思想政治教育组织形态的话语引领，包括思想政治教育学术组织、学科意识、学科队伍等联系而成的学科共同体吸引力，不依赖于政治的、经济的、法律的强制力，而是来源于社会成员的认可和同意。第三，思想政治教育实践话语管控权体现作为知识应用而存在的实践工作形态的社会治理与意识形态功能，包括思想政治教育学科的专业化活动和社会化活动等工作体系扩散在政治、经济、文化和社会系统中，通过政治社会化和政治现代化过程，引导社会成员对政权存在的合法性产生认可和同意。

可见，思想政治教育权力话语与思想教育话语权力二者具有复杂的一体同构的互动关系，二者相互强化相得益彰。思想政治教育话语权建构与否，首先表现为对权力话语的掌握与否。思想政治教育话语权受到外部系统的政治权力制约。由权力话语产生的意识形态政治出现异质性权力，引起原有权力话语的解构消解与调整更新。而权力对思想政治教育话语权力的控制，也正是对意识形态政治异质权力功能的控制。思想政治教育话语权一方面来源于政治权力、政治权威、政治动员产生的外部力量作用，另一方面来源于意识形态政治社会化进程中获得社会成员认可与同意的内部话语权力。思想政治教育话语权建构是在意识形态政治过程中产生、传播及再生产的动态过程，思想政治教育话语权建构不仅仅依靠政治社会的法律、警察、监狱等国家暴力机构施加的外部权力话语，而且也是通过政治社会化和政治现代化实践，以公民政治参与、政治权力动员、政治文化熏陶、和政治教育化育等方式方法，引导社会成员对政治合法性产生认可和同意。

二 思想政治教育话语研究的现状述评

第一，话语要素论。邱仁富（2009）认为，思想政治教育话语的要素主要有五个：即话语间性、话语内容、话语语境、话语预设和话语交往。① 张瑜（2006）认为，话语差异现象的产生体现了思想政治教育环境的重构，预示着思想政治教育模式的变革。话语差异日益成为思想政治教育话语的要素之一。② 在思想政治教育话语特征的研究方面，唐欣（1995）认为思想政治教育话语具有科学性、专业性、批判性等特征。③ 董世军等人（2007）认为思想政治教育话语具备三大特征。第一，其思想具备承载性，话语具有多种表现形式，我们称之为话语方式，任何一种话语方式都承载和传递着一定的思想内容。第二，话语主体具有主导性，话语具有主体特征，思想政治教育话语总是存在一个显性主体或隐性主体，在思想政治教育活动过程中，通常将思想政治教育者作为教育的主体。思想政治教育话语的主导性，就是思想政治教育话语在思想政治教育实施活动中发挥其主导作用方面表现出来的积极属性。第三，话语内容具有契合性，即思想政治教育话语所指向的思想政治教育目的、所表达的思想政治教育内容都要与教育对象具体的接受能力和接受特征相适应。④

第二，话语功能论。李宪伦则从哲学思维角度出发，认为思想政治教育话语的功能主要包括其话语指向、话语转向功能和话语创新功能，为思想政治教育话语研究提供新思路。鲁杰通过对话语功能的研究发现了思想政治教育话语的现实困境，他认为，"由于思想政治教育话语功能失调，出现了思想政治教育话语窄化、话语整合乏力和话语转型无序等问题"⑤。在对思想政治教育话语的基本结构研究方面，邱仁富指出，思想政治教育话语的基本结构包括宏观结构、微观结构和层次结构；思想政治教育话语的基本功能包括以言灌输范导功能、以言感召激励功能、

---

① 邱仁富：《思想政治教育话语理论探要》，博士学位论文，上海大学，2009 年，第 29 页。

② 张瑜、李朗：《消除话语差异：网络时代思想政治教育工作的紧迫任务》，《思想政治教育导刊》2006 年第 2 期。

③ 唐欣：《论重建知识分子话语体系》，《甘肃社会科学》1995 年第 2 期。

④ 董世军、孙玉华、周立田等：《现代思想政治教育话语及其困境分析》，《长春大学学报》2007 年第 1 期。

⑤ 鲁杰：《思想政治教育话语的功能定位与实现路径研究》，《理论与改革》2011 年第 2 期。

以言批判辩护功能和以言转译建构功能等。①

第三,话语研究时期论。邱仁富认为:② 第一个阶段(1949—1977)是思想政治教育话语艰难开展的时期,为了安稳当时的政治时局,思想政治教育话语必须烘托当时的政治气氛,但建国初期的思想政治教育话语并未彻底政治化,而是经过话语的民主化进程来完成其稳定政局的使命。第二个阶段(1978—1989)是思想政治教育话语拨乱反正和彷徨时期,"文化大革命"的奋斗道路在十一届三中全会后完全终结了,思想政治教育话语也完全摒弃了癫狂的变异,也在渐渐地进行拨乱反正。这个时期的主要特征是对"文化大革命"时期的话语系统的扬弃,对传统优异思想政治教育话语的重新重视,尤其是革命战争时期传统优异的思想政治教育话语。第三个阶段(1990—)是思想政治教育话语归入学科化的迅速发展时期,党中央越加注重思想政治教育,指出必须拓宽思想政治教育的载体建造,推进思想政治教育话语的建构,从而使思想政治教育话语内在、方式等方面不断得到拓宽。

第四,话语缺失论。邱仁富认为:传统思想政治教育话语的滞后性导致了思想政治教育活动过程中出现了失语、话语失效等现象,表现在三个方面:"一是话语本身无法描述、表达、输送、转译思想政治教育信息或内容;二是主体间无法通过一定的话语预设、话语语境进行交流互动;三是思想政治教育话语滞后于思想政治教育的发展和要求,表现为话语失语、话语断裂、话语迷雾等。"③ 在以社会转型为基本的考察背景和分析框架下来审视,思想政治教育话语的困境主要表现为:话语内容真实性缺失,话语交往真诚性离场,话语方式正当性不足,话语语境相关性式微,话语预设切适性背离。④ 当前的思想政治教育话语存在着"说

---

① 邱仁富:《思想政治教育话语的基本结构和功能》,《思想政治教育研究》2011年第5期。

② 邱仁富:《论新中国60年思想政治教育话语发展的曲折历程》,《求实》2010年第1期。

③ 邱仁富:《当代中国思想政治教育话语发展面临的机遇与挑战》,《长春理工大学学报》(社会科学版)2009年第6期。

④ 洪波:《思想政治教育话语范式转换研究》,浙江大学出版社2012年版,第154—162页。

不上去、说不下去、说不进去和被顶回去"① 四种话语困境，以及说不出去的"失语"状态，这些问题是当前研究思想政治教育话语发展的重点和难点。思想政治教育话语失效，就是指思想政治教育话语在思想政治教育活动过程中其能效价值不能有效发挥，甚至丧失，从而导致思想政治教育话语传播达不到预期的效果。② 当前"唯上"与"唯书"的思想政治话语状态，破坏了文本话语的理性交流范式，使得思想政治教育主体间的对话缺乏平等性，如此也导致了思想政治教育的灌输变成了省略了"反省"的机械方法。孙丽芳分析了思想政治教育话语存在的"视听疲劳""边缘化""断层化"现象之间的关系。她认为，只有真正实现思想政治教育话语的"视听愉悦"，才能解构思想政治教育"边缘化"模式，才能在沟通与交往的基础上达到相互提高尊重与理解，从而弥合思想教育话语"断层"。③

第五，话语创新论。郭毅然从交往理性的思维角度出发，认为思想政治教育话语的更新必须从以下三个方面进行：话语方式上要从控制式和劝导式转向对话式；话语内容上要更加贴近生活世界；话语内蕴上要融注更加积极的情感。④ 彭自成从话语创新的模式出发，提出了三种话语创新模式：一是话语创新的矩阵模式，二是"博弈"的话语创新模式（对话语言的建构），三是心理分析的话语创新模式（个性化语言的建构）。⑤ 邵献平认为，思想政治教育语言是思想政治教育的主要中介。要解决思想政治教育过程中存在的"话语缺失""承载缺失"和"实效缺失"等问题，思想政治教育语言需要进行五个方面的转向：生活关怀、理论魅力、平等沟通、情感共鸣和实效指向等，从而增强思想政治教育的实效性。⑥ 王晓宏则主张借鉴网络话语，积极拓展高校网络思想政治教

---

① 覃雪梅、李宪伦、朱其东：《论中国特色社会主义"为什么话语"新体系和辞学理论体系的构建——思想政治教育话语研究创新发展的启示》，《广西社会科学》2011年第5期。
② 邱仁富：《思想政治教育话语理论探要》，博士论文，上海大学，2009年，第155页。
③ 孙丽芳：《思想政治教育话语的"困境"透析及"解困"之思》，《理论与改革》2013年第5期。
④ 郭毅然：《交往理性与思想政治教育话语的更新》，《理论与改革》2007年第1期。
⑤ 彭自成：《论学校思想政治工作的话语创新》，《中国职业技术教育》2006年第8期。
⑥ 邵献平：《语言：思想政治教育的主要中介》，《延边党校学报》2010年第5期。

育话语资源。① 朱晓琳从实践角度出发，强调要规范思想政治教育的学科边界，增强话语实践的合法性。② 吴琼提出，话语创新并不是要完全放弃传统的思想政治教育工作中的话语，而是要在对传统思想政治教育工作话语进行深入研究分析的基础上，通过转换话语语境、丰富话语内容、拓展话语方式等途径，在思想政治教育话语中融入更多的人文关怀，从而实现对传统思想政治教育话语的改造。③ 鲁杰从三个方面探索了思想政治教育话语功能的实现路径。首先是深化思想政治教育传播学的研究，只有深化思想政治教育传播学的研究，把握思想政治教育话语的传播规律，思想政治教育话语的功能才能有效得以实现。其次是要区分思想政治教育的话语差异，思想政治教育学科内同时存在着思想政治教育学科的研究话语与思想政治工作的实践话语，此外思想政治教育宏观与微观话语差异必须根据具体的思想政治教育对象进行有意识性、有针对性的区分。最后就是以符号学分析思想政治教育话语，如果要解决思想政治教育传播失真的问题，必须通过符号学的介入研究，使思想政治教育的传播表现的表达面（所指）上的差异，在传播符号的内容面（能指）上实现传播者与受众不失真的编码与译码。④ 思想政治教育学科意识形态话语权的建立维度，要涵盖意识形态"显在话语"和"无声话语"，既要依赖马克思主义理论的科学性，又要加强科学意识形态的宣传和教育；既要关注意识形态的话语创新，又要保持意识形态话语的科学内核。⑤ 思想政治教育话语权的现状进行对比，指出"传统思想政治教育的话语主导权难以在新媒体中得到有效实现""传统思想政治教育话语的信息优势和权

---

① 王晓宏、魏荣：《网络背景下高校思想政治教育话语创新策略探析》，《合肥工业大学学报》（社会科学版）2010年第2期。

② 朱晓琳：《试论思想政治教育话语实践的现代转型》，《蚌埠学院学报》2014年第3期。

③ 吴琼：《思想政治教育话语创新应当体现人文关怀》，《求实》2008年第7期。

④ 鲁杰：《思想政治教育话语的功能定位与实现路径研究》，《理论与改革》2011年第2期。

⑤ 张国启：《论思想政治教育学科的意识形态话语权建设》，《学校党建与思想教育》2012年第25期。

威性大幅降低""传统思想政治教育话语的控制力和吸引力不断被削弱",① 因此必须实现新媒体背景下大学生思想政治教育话语权的科学构建,主要从"话语建构从主体性走向主体间性,尊重学生的话语权""充分利用新媒体,拓展大学生思想政治教育话语资源""积极转变话语方式,提高话语传播的有效性"等方面着手。

第六,话语霸权论。话语主导权是思想政治教育话语权的核心问题,它关系到思想政治教育话语的整体走向。但学术界就思想政治教育话语权的内涵解读并没有形成统一、规范的概念。不同的学者从不同的角度出发对思想政治教育话语权给出了自己的理解。邱仁富在其博士论文《思想政治教育话语理论探要》中对思想政治教育话语权的地位、分类、来源及话语权的主体进行了全面的论述。② 叶德明在其文章《思想政治教育话语权浅论》中提出思想政治教育场域内的话语权主要表现为制度性话语权、感召性话语权和个体性话语权,是思想政治教育的教育者的话语权对受教者所产生的积极的影响。③ 陈飞对话语霸权的内涵、现象、产生的根源做出了详尽的解读。他认为,思想政治教育的教育者凭借其所掌握的知识和信息的优势,在教育过程中把握主导权,支配着思想政治教育话语的运用,受教者话语表达的缺失,引发了话语霸权现象的产生。④ 侯旭认为,思想教育过程中的话语霸权是思想政治教育的教育者话语权威的异化,是教育者在传授思想政治教育信息时,以自己为主导,单向、被动地向受教育者灌输思想政治教育的内容,忽视了受教者的话语表达权,教育者与受教者直接的民主、平等的对话权。⑤ 总的来说,推动思想政治教育话语建设要重视话语权问题,随着全球化、价值观念多元化等,思想政治教育话语权的主导性及其主导地位亟待深入研究。

---

① 肖庆生、任佳伟、刘畅:《新媒体背景下大学生思想政治教育话语权的科学构建》,《思想理论教育》2014年第4期。
② 邱仁富:《论思想政治教育话语的基本命题》,《济南大学学报》(社会科学版)2010年第2期。
③ 叶德明:《思想政治教育话语权浅论》,《教育评论》2009年第3期。
④ 陈飞:《论思想政治教育话语霸权》,《黑龙江高教研究》2010年第2期。
⑤ 侯旭:《思想政治教育中的交往话语权》,《学海》2013年第2期。

第七，话语建构论。思想政治教育话语建构的思路。思想政治教育话语建构是思想政治教育话语研究的重点和难点，学术界对此进行了广泛的探讨。陈锡喜等①指出：要摒除纯粹为阶级斗争服务而已经不适合解释或指导现实生活的旧范畴和话语，要及时反映社会生活发生的新变化，对一些沿用多年的封闭条件下习以为常的一系列宣传范畴和语言，重新加以解读，赋予其新的时代内涵。具体而言，主要体现在以下四个方面：一是要"在对传统的意识形态话语的处理上，除了对纯粹为革命战争服务、已不适合社会转型特别是和谐社会构建与和谐文化建设的旧范畴加以摒弃外，对诸多过去经常使用并且人们已习以为常的范畴或概念重新加以解读，处理好这些范畴与开放社会使用频率更高的范畴的关系，赋予这些范畴以新的时代内涵。"二是要"在同其他哲学社会科学的关系上，吸纳哲学社会科学其他学科新的直接反映社会发展变化实际的概念，使它们与马克思主义原有的话语体系在相互冲撞中实现某种程度的对接。"三是要"在同社会日常生活语言的关系上，筛选日常生活中既已为人们普遍接受、又在一定程度上反映现实和群众心理的语言，提升这些语言的学术内涵，赋予它们马克思主义的内涵"。四是要"在同国外社会思潮的关系上，以世界眼光和科学态度，充分借鉴国外马克思主义研究和哲学社会科学研究的有益成果，将反映人类社会进步的'普适'范畴和话语中国化和具体化"。② 有学者认为，"思想政治教育是一门应用话语体现理论说服力的学问，也是一门话语说事实践应用性很强的学科，具有使用语言进行交往，运用话语说事达到教育目的、提升效果的特性"。为此要从思想政治教育话语的依据、概念、定义、思路、方法等方面加以探索；③ 有学者认为，思想政治教育话语建构可以从新的语汇、概念、理论等方面来探讨思想政治教育研究的"新"的话语体系；④ 从冯永刚教

---

① 陈锡喜等：《社会主义和谐社会的构建与社会主义意识形态的重构》，《理论探讨》2007年第1期。

② 陈锡喜：《建设和谐文化需要重构马克思主义的话语体系》，《探索与争鸣》2007年第5期。

③ 林宁、李宪伦：《思想政治教育话语学构想与探析》，《学校党建与思想教育》2007年第8期。

④ 周家荣：《思想政治教育研究中的话语体系构建》，《重庆邮电学院学报》（社会科学版）2006年第6期。

授的"政治翻译"中汲取营养,回归"生活世界"构建"政治翻译"的话语范式;① 从对话与共享角度消解德育教师的话语霸权,还学生教学活动中的话语权;② 从消除网络话语差异角度指出要积极进入与大学生共享的网络生活和掌握与大学生有效沟通的话语网络话语等;③ 从公共生活、公民意识的角度探讨现代思想政治教育公民话语的建构,加强理论话语本身的研究等。④ 也有学者指出,要从方式、内容等方面加强话语建设,即思想政治教育话语方式要从控制和劝导话语向对话话语的转变、思想政治教育内容要更加贴近生活世界、要融注更加积极的情感等⑤。这些成果为进一步深入研究思想政治教育话语具有重要的参考价值。

第八,网络空间思想政治教育话语论。以微博、微信为代表的社会化媒体的发展,传统媒体所垄断的话语权被打破,引领了"话语狂欢"时代的到来。"微博问政""微博反腐""微博舆论监督"成为公众关注社会动态、参与社会事件、引导舆论、社会监督的新风尚。⑥ 在互联网技术快速革新的进程中,以微博、微信为代表的网络交互平台吸引了大量的网民,从而形成了强大的"微时代"话语场域,其话语载体的开放性、大众化,话语发布的便捷性、碎片化,话语传播的交互性、隐匿化等对高校传统的思想政治教育话语权建构形成了极大的冲击和挑战,而"微理念"滞后、"微平台"欠缺、"微内容"僵化是建构微时代情境下高校思想政治教育话语权所需要克服的阻抗因素,⑦ 休闲社会特定的时空条件使得思想政治教育话语权有所流失。主要表现为自由化话语性质挑战主流话语权威、开放式话语平台分散主流话语力量、戏谑化话语方式改变

---

① 胡绪明:《论高校思想政治理论课话语范式的转换》,《黑龙江高教研究》2007年第9期。
② 冯永刚:《刍议德育教师话语霸权》,《江苏高教》2007年第5期。
③ 张瑜、李朗:《消除话语差异:网络时代思想政治教育工作的紧迫任务》,《思想政治教育导刊》2006年第2期。
④ 王颖:《现代思想政治教育公民话语的生成与建构》,《首都师范大学学报》2007年第2期。
⑤ 郭毅然:《交往理性与思想政治教育话语的更新》,《理论与改革》2007年第1期。
⑥ 张金鑫、张国启:《微时代思想政治教育话语权提升的逻辑思考》,《继续教育研究》2015年第2期。
⑦ 周炯:《论微时代情境下高校思想政治教育话语权建构》,《湖南师范大学教育科学学报》2015年第3期。

话语权力格局等。① 杨建义指出：信息时代的到来改变了思想政治工作中的话语地位、传播形式和教育者与受教育之间的关系，传统的思想政治教育话语权已发生改变，话语传递由传统的单向、被动向双向、多向转变；话语表达由单一、平面走向多元、立体；话语环境从封闭走向开放。思想政治教育只有重视信息时代思想政治教育话语权所面对的新挑战，才能增加说服力和有效性。② 肖庆生等分析了在新媒体背景下，相较于新媒体的主体的平等性、自由性和互动性，内容的海量性和快捷性，形式的开放性、多元性和生动性等特点，传统的思想政治教育话语权的式微，包括传统思想政治教育的主导权难以在新媒体中有效实现、信息的优势和权威性大幅下降以及控制力和影响力不断被削弱。③

从上述研究成果可以看出，思想政治教育话语问题日益受到关注。思想政治教育话语研究已经进入了研究者的视野并且已经成为思想政治教育学科建设中的一个理论增长点。但需要指出的是，对思想政治教育话语的内涵、功能、失语以及创新路径等这几个方面虽有一定的研究，但对于思想政治教育话语体系建构方面的研究亟待加强，还没有系统地研究思想政治教育话语体系的建构原则、建构方法、理论依据、话语体系的合理结构、话语空间等问题。

三 思想政治教育话语困境及原因分析

（一）思想政治教育话语困境

1. 思想政治教育理论话语"主导权弱化"

思想政治教育理论话语的"内卷化"。所谓"内卷化"意指一种社会组织或文化形式发展到某个阶段后，即固步自封，无渐进式、突破式增长，长期停留在一种自我重复、无进步的循环状态。在思想政治教育话语体系中，也普遍存在着"内卷化"现象。思想政治教育话语"内卷化"

---

① 黎海燕：《论休闲时代思想政治教育话语权的流失、风险与重构》，《西南大学学报》（社会科学版）2015年第2期。
② 杨建义：《论信息时代思想政治工作的话语权》，《思想教育研究》2006年第8期。
③ 肖庆生、任佳伟、刘畅：《新媒体背景下大学生思想政治教育话语权的科学构建》，《思想理论教育》2014年第4期。

表现在思想政治教育学科研究话语和工作话语的内卷化，表现出传统与现代的冲突、解构与建构的困惑与矛盾，思想政治教育话语无法表现出意识形态应具备的前瞻性和突破性特质，充满了困惑与矛盾。思想政治教育学科研究中，学科术语的随意使用和有意无意地混用倾向影响思想政治教育学科理论体系建设，表现一种"自我封闭的现象"："随着思想政治教育学科建设的逐渐推进，思想政治教育研究工作的不断深入和研究成果的日趋丰富，思想政治教育学科却日益体现出鲜明的自闭性。这种自闭性表现在相对缺少自觉、积极地在对相关学科有益成果吸纳的基础上思考、推进本学科的建设与发展，而是在一种有意无意相对封闭的思路中，思考、推进本科学的建设与发展。"① 一些成果机械照搬其他学科的现成术语、概念和原理，比较明显地存在着理论的简单移植、套用、嫁接等现象，没有内化形成完善的学科的知识体系和被其他学科所认同的思想政治教育学科话语系统，"思想政治教育是什么"尚未得到学界认同的权威性回应，思想政治教育经验工作形态与理论形态的分离，思想政治教育学理论知识体系从教育学范式借鉴移植现象明显等问题影响思想政治教育学科理论体系丰富发展，思想政治教育学科理论体系、知识框架历经三十年的发展，并没有太大的创新与发展，这严重妨碍思想政治教育学科理论基础的学科化建设和社会化认同，思想政治教育学科的"内卷化"现象逐渐呈现。②

2. 思想政治教育学术话语"引导权式微"

思想政治教育学术话语的"边缘化"。当前的思想政治教育学科理论研究大多拘泥或局限于自我构筑的世界，逐渐远离人们的生活实践和现实世界，呈现"学院化"趋势。思想政治教育学术共同体的理论研究及实践活动合法性是来自学科共同体需要、政治实践需要还是社会发展需要，思想政治教育工作的学术性、政治性与公共性分殊成为理论研究者的焦虑。思想政治教育理论研究往往以党政意志与指令作为研究的出发点和终极理论依据，缺失作为独立学科建设应有的独立性和公共关怀。受市场经济功利化的影响，思想政治教育话语本身显现出工具化倾向，

---

① 沈壮海：《思想政治教育学科的依托发展》，《中国高等教育》2006年第18期。
② 侯勇：《论思想政治教育学科的系统化》，《思想政治教育》2015年第3期。

遮蔽了社会生活的本真，忽视了受教育者本身个体性和自主性。思想政治教育话语对于价值主体日常生活世界的漠视，致使价值主体在激烈的现实价值冲突面前往往显得不知所措，引发社会对于思想政治教育话语价值和实效性的批判和质疑。思想政治教育话语在转型过程中，其话语效力被悬置于大众生活世界之外，逐渐呈现话语效果的"边缘化"趋向。"泛生活化"和"孤立化"误区成为重要体现。所谓泛生活化是一些研究者针对思想政治教育游离于生活这一情况提出了要通过社会生活来达到教育效果，让思想政治教育成为无主导性和无目的性教育。针对泛生活化所容易导致的思想政治教育取消论，又有一部分人提出思想政治教育活动与社会生活的其他方面严格区别开来，他们一方面试图在思想政治教育之内建立起一套思想政治教育学科体系，将思想政治教育研究完全脱离于社会生活；另一方面在思想政治教育实践中不擅长从实际出发，紧密联系受教育者的思想实际和社会发展实际，有的教育者甚至不能言行一致，在面对受教育者时，说一套，做一套。①

思想政治教育学术话语的"滞后性"。话语滞后主要是将传统话语放在现代思想政治教育活动中，将宏观话语放在微观思想政治教育活动中等，这些都容易导致话语失效，使思想政治教育难以取得预期效果，产生话语断裂的现象。在长期革命和建设实践中存在实践工作形态的思想政治教育工作，沿用"生命线""中心环节"等政治话语式关注。随着思想政治教育学科化和科学化建设不断深入，思想政治教育学科基本理论、课程设置、教材建设、管理体制机制等方面的知识体系建设和思想政治教育学科的学术组织、制度、活动、队伍、成果、社会影响等方面的学术共同体建设话语远远滞后于丰富多彩的思想政治教育实践的发展。如宏大叙事的话语较多，精致入微的话语较少；经验性的生活话语较多，严谨的学术话语较少；陈旧的话语较多，与时俱进的话语较少。②思想政治教育学术话语解读社会能力方面显得滞后，社会公共性、突发性问题频现，思想政治教育学科缺少以话语的力量对社会公共问题展开有效阐

---

① 张耀灿等：《思想政治教育学前沿》，人民出版社2006年版，第474—476页。
② 吴琼：《科学发展观视野中的思想政治教育话语发展》，《北京交通大学学报》（社会科学版）2011年第1期。

释与回应，从而导致思想政治教育话语滞后于社会发展。

思想政治教育学术话语的"移植化"。思想政治教育学术成果在借鉴其他学科基础上有一系列高水平高质量的学术成果出现，但同时也存在着思想政治教育学术话语的简单移植现象。正如宇文利指出："多年来，思想政治教育学科领域内出版的最具有代表性的学科专著和研究文章都较多地沿袭了从教育学哲学政治学中借鉴的基本概念，近年来的研究中又从心理学社会学、系统科学和信息传播学等学科中借用了不少概念和范畴而很多学科原理、学科规律和学科关系都是通过这些借用来的概念加以阐述的。"① 最初的教育学一级学科下的二级学科转移到政治学一级学科下的二级学科，再到马克思主义理论一级学科下的二级学科，这样的变迁让思想政治教育学科话语留下很深的政治学与教育学烙印。需要指出的是，尽管思想政治教育学在内容拓展和理论构建过程中需要借鉴其他学科的概念来表述本学科的理论思路和实践形式，但不可以不假思索地一味照搬其他学科的概念并生吞活剥地借用，而忽略学科概念科学性和独立性的要求。② 思想政治教育学科理论研究在借用其他学科的理论、概念和范畴时存在简单移植替代的倾向，如经典教育学范式下的教育学概念中的主客体、内化与外化等概念和范畴等，没有内化形成自己的基本理论和研究对象，形成独立的话语系统。这种简单替代的倾向也造成了学科自我认同上的危机，从更深层次上说，是学科的合法性怀疑，其根源性原因在于缺乏应有的学科意识。

3. 思想政治教育实践话语的"管控权失落"

思想政治教育实践话语的"失语化"。一是思想政治教育主体话语的缺位。政治话语、文件话语、权力话语大量充斥思想政治教育过程之中，思想政治教育话语场域充斥着"控制性"的话语霸权，听说者完全沦为被动的受教者而出现集体失语的现象，由此导致思想政治教育对话式话语式微、思想政治教育话语方式错位。建立在工具理性、科技理性和精英统治之上的现代性社会，统治精英话语和科技专家话语成为占统治地

---

① 宇文利：《论思想政治教育学的学科概念及其拓展》，《学校党建与思想教育》2009 年第 16 期。
② 唐芳云：《论思想政治教育学科话语的建构》，《湖南社会科学》2014 年第 5 期。

位的主流话语,给思想政治教育实施话语带来挑战。特别是当前以"开展中国特色社会主义理论体系宣传普及活动,推动当代中国马克思主义大众化"为主渠道的现代思想政治教育,受经济体制和社会结构的全面转型、经济全球化和社会价值观念多元性的影响和冲击,说事话语不同程度地面临着"对新社会群体说不上去、对困难群众和弱势群体说不下去、对大学生群体说不进去、对离退休干部说话被顶了回去"的话语困境和"失语"状态。① 在以经济建设为中心的后革命时代,思想政治教育从业者在社会公共空间的言论发声、社会解读等公共话语却是鲜见,在新兴的社会空间思想政治教育时常处于"空场",这显然与主流意识形态研究者、传播者和践行者应有的公共舆论关注和公共影响不相符合。思想政治教育活动仅仅停留在军队、高校、国企等领域,而对于日益形成的社会公共空间和网络虚拟空间,思想政治教育并未真正介入并占领,思想政治教育在重大公共事件和社会空间的影响和发声有待强化。② 思想政治教育说事话语能力和水平不高的问题主要表现在:说事话语不新、话语体现的观点较为陈旧、传统政治说教方式的道理大而虚、理论与生活实际脱节、内容体系不鲜活、缺乏说服和感染力等,这使得思想政治教育在人们的思想观念中产生的无为论和苍白感较突出,给思想政治教育带来客观冲击和影响。思想政治教育话语跟不上教育发展现状而显示出语言的"过去式"气息浓厚,导致思想政治教育话语场域时常出现"我所'说'的不是我要'说'的,我所'说'的不是我所想'说'的"尴尬情境,造成了思想政治教育话语因其与客观生活世界割裂而失去应有的真实性。③

思想政治教育实践话语的"断层化"。当前思想政治教育正处于话语转型期间,在这种全新的话语环境体系中,思想政治教育话语内容、载体、手段等出现"断层化"现象。思想政治教育传统话语与现代流行话语、青年话语与父辈话语、教育者专制话语与受教育者平等话语等断层

---

① 林宁、李宪伦:《思想政治教育话语学构想与探析》,《学校党建与思想教育》2007年第8期。
② 侯勇:《论思想政治教育公共性困境与公共化转型》,《理论与改革》2015年第4期。
③ 王阳春:《青年话语变迁与思想政治教育话语冲突及调适》,《中国青年研究》2011年第4期。

现象，思想政治教育话语的思维逻辑体系出现了断层。理论宣传和思想政治工作话语中存在着突出的"文风"和"话风"问题，理论界的文风是"抽象晦涩"，理论文章人们看不下去、看不懂；政界的话风是"枯燥口号"，讲话报告人们听不进去、听不懂。理论研究和理论宣传话语往往"学术化"色彩太浓，话语方式曲折晦涩、抽象枯燥，一些研究和论文咬文嚼字、随意生造概念或简单移植西方学术话语，越来越呈现出经院化、小众化和边缘化的倾向；而一些领导报告、工作汇报中，假话、空话、大话、套话等"官话"则司空见惯。① 现代思想政治教育话语在转型过程中出现的隔阂和断层现象，"说事话语不新、话语体现的观点较为陈旧、传统政治说教方式的道理大而虚、理论与现实生活实际脱节、内容体系不鲜活、缺乏说服和感染力等，这使得思想政治教育在人们的思想观念中产生的无为论和苍白感较突出，且给思想政治教育带来客观冲击和影响，也使思想政治教育工作者造成职业信念的内伤"，② 影响了思想政治教育话语效力。

思想政治教育实践话语的"异化"。网络环境下话语的传播流动是双向的、互动的，这就会给现有的思想政治教育传播话语的传输和流动效果带来严峻挑战，甚至给思想政治教育实践话语传播过程中带来异化：思想政治教育者对话语讯息编制和传递时的"把关"日益困难；传播话语受众对话语所承载的信息具有巨大的选择"自由度"而引发的思想政治教育话语信息影响力下降；长期的单向、纵向和自上而下的话语传播模式使得话语传播反馈机制缺失所带来的问题增多；新媒体背景下新的话语语境和话语形式对原有思想政治教育传播话语造成的传播话语失范；等等。在互联网技术快速革新的进程中，以微博、微信为代表的网络交互平台吸引了大量的网民，从而形成了强大的"微时代"话语场域，其话语载体的开放性、大众化，话语发布的便捷性、碎片化，话语传播的交互性、隐匿化等对高校传统的思想政治教育话语权建

---

① 吴琼、纪淑云：《马克思主义大众化语境中的思想政治教育话语变革》，《求实》2010年第10期。
② 林宁、李宪伦：《思想政治教育话语学构想与探析》，《学校党建与思想教育》2007年第8期。

构形成了极大的冲击和挑战。① "教育者是作为权势话语和理性话语的依从者执行者向受教育者传递社会支配团体（主要是权势机构和专家）的'协商的共识'的话语操控，教育者是作为'雇工'和'传声筒'的角色附炎于教育科层管理体系的控制和专家的概念术语之中，放弃了自身的教育体悟和个性思想的生动表达，从而表象的'话语霸权'遮蔽了实质上的'话语沦丧'"，②使得原本属于教育双方的公共话语空间异化为教育者的"独白"。

（二）思想政治教育话语困境原因分析

1. 意识形态现代性弱化思想政治教育身份认同和理论建构

意识形态遭遇现代性多元冲击。第一，国外意识形态强势入侵与渗透，资产阶级自由化思潮、民主社会主义、新自由主义、历史虚无主义和"宪政"民主等社会思潮话语系统正企图渐进式的渗透和解构我国思想政治教育话语，使得思想政治教育面临前所未有的挑战。如话语间性的多样性、现代性变革，使得思想政治教育话语发展面临许多新的课题；交往方式的日益复杂化、虚拟化，使得思想政治教育话语面临的风险性增加；西方话语霸权的渗透使思想政治教育话语面临强大的空间挤压；等等。③不仅对主流意识形态产生强有力的冲击，而且对建构文化领导权产生巨大的消解作用，影响社会民众的"同意"与"认同"。第二，国内社会意识领域复杂多样形势挑战意识形态认同。由于现代化进程带来的外部压力和内部张力的影响，多元文化的激荡博弈，消费主义意识形态的蔓延、大众文化依照商业逻辑的市场化运作，对主流意识形态的嘲讽、戏谑和僭越，削弱群众对主流意识形态认同，加之信息化自媒体技术使文化传播突破时空限制，互联网"双刃剑"的负面效应，"适应世界现代化的潮流而必然实行的市场化改革，以及在经济等方面与国际接轨的过

---

① 周炯：《论微时代情境下高校思想政治教育话语权建构》，《湖南师范大学教育科学学报》2015年第3期。
② 董金权、鲍昊喆：《大学生思想政治教育话语沦丧现象再探索——一种屈从性关系角度的审视》，《中国青年研究》2014年第5期。
③ 邱仁富：《当代中国思想政治教育话语发展面临的机遇与挑战》，《长春理工大学学报》（社会科学版）2009年第6期。

程中，传统意识形态的地位及其话语方式都难免被弱化"。① 第三，文化意识形态工作开展难度增加。作为承载意识形态建设的重要力量和途径，当下思想政治工作对象的主体意识不断增强，市场经济平等竞争、利益至上等理念增强了人的主体意识，对文化意识形态工作的内容、方法和形式，不是消极被动地接受教育影响，而是以自己积极的活动，倾向于以自己的实践能动地分析和选择文化—意识形态工作者施加的影响。然而现有意识形态工作仍未转变传统的方式方法，仍未适应角色的现代性转换，过高过空的道德价值要求因难以彰显其实际运用价值而成为"宏大叙事"往往失信于民，理论宣传的形式主义的空洞说教与现实社会不良风气的蔓延形成强烈比照，加之理论研究工作的社会现实关照、解题能力不足与实务工作的工具理性偏执形成理论与实践脱离的巨大"鸿沟"，对意识形态工作造成"硬伤"：致使我们所恪守的马克思主义信仰、社会主义信念和对改革开放与现代化建设的信心遭受冲击，人民群众对党和政府的信任也受到挑战，②影响人们的政治认同，遭遇合法性危机和信仰危机，思想政治教育领导权遭遇重大挫折。

2. 网络化语境挑战思想政治教育话语系统

第一，网络语境为思想政治教育话语增添话语新元素。网络社会发展带来了传播方式的日新月异，促进话语方式多样化发展，推动话语应用方式广泛化，"从以单向传播为主，到互动传播方式的介入；从以被动反应为主，到主动策划的普遍运用；从以阐述性、解释性等议论方式为主，到讨论式、交锋式议论方式的提倡；从以闭合式结论为主，到开放式结论的增多；从以发表单篇（个）评论为主，到报纸言论版、网络讨论区等意见平台的建立与完善"③，为思想政治教育人提供公共话语交流平台，给网民提供了自由发挥空间，摆脱主观现实社会语言规范约束，丰富思想政治教育话语。第二，网络语境解构思想政治教育话语有效性。在互联网技术快速革新的进程中，以微博、微信为代表的网络交互平台

---

① 侯惠勤：《弱化与强化：意识形态的当代走向与马克思主义的话语权——论邓小平理论和"三个代表"重要思想的一大理论创新》，《毛泽东邓小平理论研究》2004 年第 6 期。
② 侯勇：《意识形态现代性与文化领导权建构》，《学术论坛》2013 年第 11 期。
③ 涂光晋：《新闻评论的历史性变迁》，《中国记者》2004 年第 12 期。

吸引了大量的网民,从而形成了强大的"微时代"话语场域,其话语载体的开放性、大众化,话语发布的便捷性、碎片化,话语传播的交互性、隐匿化等对高校传统的思想政治教育话语权建构形成了极大的冲击和挑战。① 第三,新媒体广泛应用挑战思想政治教育话语传播权威性。网络环境下话语的传播流动是双向的、互动的,这就会给现有的思想政治教育传播话语的传输和流动效果带来严峻挑战,甚至陷入困境:思想政治教育者对话语讯息编制和传递时的"把关"日益困难;传播话语受众对话语所承载的信息具有巨大的选择"自由度"而引发的思想政治教育话语信息影响力下降;长期的单向、纵向和自上而下的话语传播模式使得话语传播反馈机制缺失所带来的问题增多。正如有学者认为,新媒体背景下新的话语语境和话语形式对原有思想政治教育传播话语造成的传播话语失范:"其一,大众以平等姿态进入信息生产,话语权力结构的分散化对主流意识形态的权威性和统一性提出了挑战;其二,网状信息传播结构促进了意见的分享与聚集,'差异'作为价值标准被广泛肯定,主流意识形态的普遍性原则趋于失效;其三,信息内容趋于平面化,形象叙事、微叙事、娱乐叙事、虚假叙事掀起了文化消费的狂欢,人们与理性的意义世界相疏远,对主流意识形态的宏大叙事产生抵触;其四,自媒体塑造出碎片化的受众,他们的流动性、交往性和开放性使主流媒体的宣传对象面临巨大的不确定性,也使社会风险明显加大。"②

3. 工作话语遭遇"信息乌托邦"困境

思想政治理论课教育教学是对大学生群体进行思想政治教育的主渠道、主战线和主阵地,思想政治理论课教学课堂成为信息化社会在高校场域的一个公共空间和存在方式。信息化社会中人们可以借助博客、维基、开放资源软件等技术手段,充分实现信息聚合。第一,"信息乌托邦"使教师主体的权威遭遇挑战。网络中开放的复杂巨量信息俨然在电脑空间创设了一片全民参与的社会公共领域,"几乎任何个人都可以自由

---

① 周炯:《论微时代情境下高校思想政治教育话语权建构》,《湖南师范大学教育科学学报》2015年第3期。

② 闫方洁:《自媒体的后现代叙事及其对主流意识形态话语权的四重挑战》,《东南传播》2015年第1期。

地进入和退出,还可以在这里就决策问题收集或提供信息、发表意见和建议。哈贝马斯所期待的那种对公共事务进行协商的程序民主以及理想的说话状态似乎变得唾手可得。实际上,正是理想的说话状态假设和自生秩序蓝图构成了信息乌托邦的基础"。① 虚拟共同体社会中"自在秩序"大大超出了思想政治理论课所传播的信息,自媒体的各种信息技术为跨越时空的互动与交往提供了大量渠道,使得学生在接受马克思主义理论教育的同时,还接受其他海量的信息,有些可能与教学内容相悖,使教师的权威性受到挑战。第二,"信息乌托邦"使传统教学方式遭受挤压。网络媒体集文字、声音、图像和动画为一体,随着网络智能手机的广泛运用,使声(在线访谈)、屏(视频互动)、网(网络评论)、报(专栏留言)成为大学生在课堂上就可以通过手机网络平台,联通信息渠道。这既能使教学内容与信息高度形象化的同时,其负面效应也对高校传统的以课堂讲授、以教师为主导的单子式、命令式、说教式的思想政治理论课教学方式受到挑战。第三,"信息乌托邦"使教学环境遭受"西语"影响。网络的全球性与开放性特征为西方意识形态的渗透提供了机会,在多元化西方思潮通过网络不断输入中国,作为网络"原住民"的当代大学生利用网络自媒体可以接触到形形色色的西方社会思潮,如果网络虚拟社会的舆论阵地被西方社会思潮渗透占领,那么将对高校思想政治理论教育以及马克思主义意识形态的控制力和意识形态安全提出了严峻挑战,会削弱大学生对于主流核心价值体系的认同与践行。

4. 社会转型带来思想政治教育话语系统内部的"现代性后果"

第一,社会转型带来社会分化、社会生产与交往方式的变化、社会关系的变迁,深刻地影响并改变着思想政治教育话语主体、对象、内容、方式、效果等。一是思想政治教育话语主体不再是一元化机构或组织,而逐渐从政治领域、行业中分化出具有不同职能分工的多类型组织或机构。思想政治教育话语主体从一元化走向多元化,由各行各业不同机构、组织承担。二是思想政治教育话语对象群体也因不同地位、职业、身份、阶层、角色的差别而分化成多样化社会群体。思想政治教育话语对象由整体化走向多样化,对象群体职业、地位及社会角色呈现复杂化、多样

---

① [美] 凯斯·R. 桑斯坦:《信息乌托邦》,毕竞悦译,法律出版社 2008 年版,第 2 页。

化。随着社会转型社会生活主题由"阶级斗争"逐渐向"经济建设、社会建设"转型，政治社会现代化打破传统社会绝对的、集权化、一元化的政治权威，思想政治教育话语发出者不再以高高在上的姿态进行口头说教，而是注重话语接受者与话语对象之间平等对话、交流互动。三是思想政治教育话语内容逐渐"去政治化"，由服务"阶级斗争"的政治主义至上向社会治理转型，思想政治教育公共性话语逐渐呈现。四是话语方式也由灌输为主路径向多媒体、网络技术传播模式转型。

第二，社会转型与社会分化造成思想政治教育话语内部结构断裂。思想政治教育话语最初形态是工作话语，承担革命时期工作宣传和政治动员作用，将革命的政治主张传播给社会大众。随着思想政治教育学的科学化和学科化建设推进，思想政治教育学科话语形态逐渐建构。社会转型社会分化给思想政治教育话语带来多样化的同时，也造成思想政治教育话语之间的割裂。作为知识体系存在的理论形态话语，主要包括思想政治教育科学理论基础、基本原理知识体系及其分支科学知识体系等；学科话语作为知识生产存在的组织形态，立足于学科建设与管理层面，以知识教育与管理作为行动逻辑，包括思想政治教育学科方向、学术组织、学科意识、学科队伍、学术活动等联系而成的学科共同体建设；实践话语作为知识应用而存在的工作形态，包括思想政治教育学科的专业化活动和社会化活动等工作体系，立足于思想政治教育知识运用，以活动实效性为标准，外显思想政治教育学科系统的价值与功能。三者之间本应是一个由"知识形态—知识生产—知识应用传播"的结构化存在。在当下社会转型与社会分化背景下，思想政治教育话语系统内部三者之间缺乏应有的兼容性、互通性，造成思想政治教育话语系统的断裂。

第三，社会转型致使思想政治教育话语场域窄化。随着我国日益进入网络和信息化时代，信息的更新速度与日俱增，思想政治教育现代话语也随之层出不穷，现代思潮话语日益进入社会成员的视野。一方面，思想政治教育公共性话语更新滞后，呈现空泛化和工具化的话语态势。大众文化的迅猛发展折射出文化的多元性，置身于多元的文化语境，东方文化与西方文化、传统文化与现代文化、主流文化与非主流文化、精英文化与亚文化等的对立共存为大众提供多样甚至异质的选择，他们开始对官方的文化干预与控制（即主流话语）表示不满，其文化权力意识得以觉醒，倾向于按个体的认知模式、价值取向及审美情趣解读大众文化，话语转译的偏差造就了不同的话语版本，使得思想政治教育话语环境越来越复杂。① 思想政治教育话语传统气息浓厚，缺乏对于现代思潮和个体现实生活的关注和理解，照本宣科式的说教以及概念堆砌，忽视了受教育者的思维方式和认知模式的差异，无法真正解读和体会教育对象的道德认知和情感追求。思想政治教育话语场域公共性话语更新滞后，引发社会主流成员对于思想政治公共性话语的认同焦虑，加剧了人们精神迷惘、价值冷漠和信仰缺失。在此种语境中，受教育者逐渐丧失了对于公共性事务的关注和理解，公共性话语不再受到认同并且逐渐受到质疑和批判，思想政治教育主导话语形同虚设并日渐式微。另一方面，思想政治教育话语公共性话语场域窄化。现有的思想政治教育研究场域囿于学校思想政治工作，尤其是高校思想政治教育工作范围内，这种狭窄的研究场域使思想政治教育的话语体系逐步蜕化成学校思想政治教育话语体系，而这种象牙塔式的、与社会实践隔离的话语体系，直接窄化了思想政治教育的内涵、意义和方法，使得思想政治教育话语无法走向更广阔的社会实践生活之中，慢慢在学校环境中变得乏味单调，从而影响了思想政治教育话语自身感染力和影响力。②

四　思想政治教育话语权力实现

（一）创新思想政治教育话语交往方式，推进思想政治教育话语表达转型

1. 实现预设性话语向平等式话语的转变，构建交往性话语新范式

传统思想政治教育互动关系中，将社会要求价值观或理想化的道德标准等预设性话语灌输给受教育者，教育者在话语体系传输过程中处于权威和领导位置，思想政治教育者已经习惯了一种权威独白式的话语套

---

① 黎海燕、张忠江：《大众文化视阈下思想政治教育话语的"变"与"不变"》，《广西社会科学》2015年第2期。

② 鲁杰：《思想政治教育话语的功能定位与实现路径研究》，《理论与改革》2011年第2期。

路，容易陷入自说自话的尴尬境地。哈贝马斯认为交往理性内蕴于以语言为媒介达至主体之间相互"理解"与"一致"为目标的交往行为中："一个交往性的、成功的言语行为除了语言学表达的可领会性以外，还要求交往过程的参与者准备达到理解，要求它们高扬真实性、真诚性和正确性等有效性要求，并且相互地予以满足。"① 哈贝马斯一再强调交往行为发生在主体与主体之间，具有凭借语言符号系统建构起来指涉主体世界、社会世界、客观世界的"双主体"内在结构，意味着思想政治教育交往实践中关系不是权威服从关系而是民主交往互动关系。为走出话语困境，思想政治教育话语要实现预设性话语向平等式话语的转型，促进主导话语与自我话语实现平等对话。这种分析既符合当下高校思想政治教育互动关系的真实存在，也反映其话语嬗变轨迹：话语主体从零散化向体系化转变，话语对象从整齐化向复杂化转变，话语内容从权威性向交互性转变，话语载体从单一性向多样性转变。② 在交互式思想政治教育关系中，教育者在话语态度、语言表达和阐述等方面充分尊重受教育者的主体地位，考虑受教育者的情感思维和身心发展规律，教育者能够有效表达并教授教育内容，注重对教育对象内在精神品质的建构、灵魂的沟通和默契，建立起来的人和人之间的平等、真诚、信任、尊重、民主、自由的交往关系，共筑话语共同体。

2. 实现精英话语向大众话语的转变，增强话语感染力

精英话语向大众话语转换并非抽空了意识形态的原有内容，而是强调话语内容更接近于社会事实，更关注于微观领域，结合迥异的大众及其生活体验、社会态度和思考模式，构建与受教育者知识背景和生活背景相适应的交流话语，也就是用大众能理解的形式、方法进行意识形态普及、宣传、教育，将抽象的少数人的政治精英话语转换为能够被多数人理解掌握的话语，使思想政治教育话语通俗化、现实化，克服原有精英话语中的痼疾，使之由"理论观念形态"转换为"实践观念形态"，增强意识形态话语的针对性和实效性。建构思想政治教育公众形态的大众

---

① [德]哈贝马斯：《交往与社会进化》，张博树译，重庆出版社1993年版，第32页。
② 袁芳、肖隽：《改革开放以来大学生思想政治教育话语的历史变迁》，《思想理论教育》2014年第8期。

话语要符合大众思维,把意识形态话语和学科话语、理论话语与学术话语以大众喜闻乐见的艺术化、生活化呈现,必须"代之以新鲜活泼的、为中国老百姓所喜闻乐见的中国作风和中国气派",善于运用"三贴近"的大众化语言,令人信服地回答大众关心的热点和难点问题,用感性的生活世界事例来阐释抽象的理论形态。① 在向现代话语转型过程中,既要突出和强调思想政治教育话语作为主流意识形态话语的主导价值,又要表现对于当代流行元素、微观生活世界和草根文化特征,弥合具体与抽象之间的障碍,在多样化、差异性之下形成公共认同,在话语表现力、丰富性和灵活性上超越传统思想政治教育话语过于程式化的弊端,重塑思想政治教育话语优势和现代维度,建构共识的话语空间。

3. 实现传统灌输话语向新媒体境遇下思想政治教育传播话语的转型

创新传播路径,充分运用信息网络、电子技术、虚拟空间等交往方式开展思想政治教育。思想政治教育传播话语不仅是人们之间进行信息沟通、化解矛盾、促进和谐的桥梁和纽带,更是描述和建构意识形态政治的能动者。"思想政治教育传播话语是指一定的团体和个人在思想政治教育传播过程中,遵循一定的传播规则和规律,并在特定的语境中,用来与受众交流沟通和知识建构,并能够承载一定社会主导意识形态支配下的思想观念、政治观点和道德规范的言语符号系统。"② 思想政治教育理论界和实务工作者亟须强化利用传播话语理论开展思想政治教育的观念和意识。思想政治教育话语理论本身而言,必须要加强文本研究,包括党的历史文献、党的重大会议文件、思想政治教育理论教材等方面的研究。同时,要充分汲取国外关于公民道德教育话语、意识形态话语、宗教话语的话语传播实践,为我国思想政治教育话语的发展提供一些实践经验。"提升大学生思想政治教育网络文化话语权必须加强网络信息技术建设,增强网络文化话语设置自觉,促进网络文化话语广泛

---

① 罗诗钿:《论中国特色思想政治教育话语的层级样态》,《中共宁波市委党校学报》2015年第2期。

② 杨月霞、吴琼,《传播学视域下的思想政治教育话语研究》,《北京交通大学学报》(社会科学版)2012年第4期。

传播，主动参与网络文化话语交锋和提高网络思想政治教育话语能力。"①

创新思想政治教育话语描述与诠释，实现思想政治教育文本话语向生活话语、学术话语向实践话语转换。针对高校思想政治理论课在话语形式上的僵化式和教条式倾向，通过一定的转换机制将教材上的学术话语转换成青年学生可以理解和接受的话语，探索话语转换机制创新，把思想政治教育的说事话语真正从"本本主义"的文本话语中解放出来，实现思想政治教育的话语转向和文本话语转向。思想政治教育学科话语与实践话语也存在显著的差别，前者追求学理性以专著教材等载体传达理性、知识化的思想政治教育知识而后者力求政治性通过政治文件、领导人讲话等载体传播。在现有思想政治教育学科话语中我们不难看到党的相关历史文件和重要政治领导人的讲话在教科书、学科专著论文中的重要显现。实现思想政治教育学学科话语的相对独立性，就必须通过深入细致的学科思维在实践话语基础上建构学科话语的明确内涵及其思维特质从而实现学科话语与实践话语的区别，以有效防止理论学术话语与实践话语之间的混淆。实质上是将理论的宏大叙事与个体的具体经历相结合，浓厚的理性情怀与清新的生活气息相结合。思想政治教育生活话语将语义嵌入语言行动中，这种"言外行为"（以言行事）风格，有利于克服文本话语的"言内行为"（命题行为、以言表意）独立于人际交往过程中的独白式的、纯逻辑的语言分析的不足，更好地发挥思想政治教育话语的表意功能和社会功能。②

(二) 确立思想政治教育核心话语，实现思想政治教育话语权力

1. 工具性话语到价值性话语：思想政治教育理论话语主导

思想政治教育理论话语是以马克思主义理论话语、多学科理论知识话语和思想政治教育基本理论话语为主导。思想政治教育学科化建制以

---

① 骆郁廷、魏强：《论大学生思想政治教育的网络文化话语权》，《教学与研究》2012年第10期。

② 许苏明：《论思想政治教育的话语转换》，《东南大学学报》（哲学社会科学版）2014年第2期。

前,思想政治教育话语的功能停留在工具性的传播、传导、输送思想政治教育信息或内容的阶段,承担的政治动员、思想保证、舆论引领等功能。"通过对意识形态作创造性的解释,从而发展出一种具有中国特色的执政党意识形态新的话语系统,使革命意识形态逐渐转化为对市场经济以及对外开放方针具有论证功能的、与改革开放新时期相适应的意识形态的理论话语。"① 政治动员整合思想政治教育和政治活动,政治话语、文件话语等权力话语成为思想政治教育理论话语的主导,一方面,通过对受教育者进行训导和灌输来实现主流思想意识的传播,但同时又过度放大了思想政治教育政治维度功能,使其日益呈现出粗暴化、简单化的工具主义倾向,影响思想政治教育的有效性。从思想政治教育发展史的角度看,思想政治教育话语发展需要逐渐从话语政治化的角色中游离出来,从纯粹的工具理性中摆脱出来,进而逐渐形成自己的话语体系和理论体系,凸显思想政治教育话语的工具理性和价值理性。② 思想政治教育是做人的思想的工作,强调目的和手段的统一,正如马尔库塞指出:"为了特定的社会利益而从外部强加在个人身上的那些需要,使艰辛、侵略、痛苦和非正义永恒化的需要则是'虚假'的需要",而"最充分地利用人类现有的物质资源和智力资源,使个人和所有人得到最充分的发展"则是真实的需要。"③ 思想政治教育领导权获得来自社会成员的认可和同意,能够为政权提供政治合法性和道德合理性的基石,因此,思想政治工作就要从政治合法和道德合理两个维度着手,一方面要从法律依据确立政治结构、政治制度框架的合法性,通过法制、民主、善治的方式获得公众的信任,从而确证政治合法性,另一方面还要从道德的价值尺度处理"事实与价值"的关系,确证思想政治工作在价值判断上符合人们心目基于"善"的终极意义上的社会进步与发展,获得事实的有效性和伦理道德的合理性,最终通过确证政治合法性和道德合理性的统一而使社会成员自觉认同和同意,达至意识形态"社会水

---

① 萧功秦:《改革开放以来意识形态创新的历史考察》,《天津社会科学》2006年第4期。
② 邱仁富:《思想政治教育话语研究:现状、问题与发展》,《思想理论教育》2014年第9期。
③ [美]赫伯特·马尔库塞:《单向度的人》,刘继译,上海译文出版社1989年版,第6—7页。

泥"作用。

2. 从政治话语向公共性话语：思想政治教育实践话语管控

思想政治教育实践话语从政治话语向公共性话语转型涉及以下三个策略：

第一，助推思想政治教育权力话语与话语权力互动贯穿思想政治教育实践话语始终。思想政治教育话语要实现三个转换，即从"独白"话语向"交互"话语转换、从精英话语向大众话语转换、从传统话语向现代话语转换。一是实现"独白"话语向"交互"话语转变，构建交往性话语新范式。传统思想政治教育话语的外部"灌输"意味较浓，自上而下的政治宣传教化较多，话语的"独白"性较强。而在向现代话语转型过程中，既突出和强调思想政治教育话语作为主流意识形态话语的主导价值，又要表现对于当代流行元素以及现代要义的文化诉求，建构共识的话语空间，促进主导话语与自我话语实现平等对话。二是实现精英话语向大众话语的转变，增强思想政治教育话语感染力。注重实践性、社会性和生活化，将话语与日常生活实践结合起来，使用大众话语进行意识形态的宣传和教育，将话语变得通俗化和微观化，将只有少数人理解的政治精英话语转变为针对多数人领会的大众话语，有效增强意识形态话语感染力。三是从传统话语向现代话语转换。要立足于中国的国情，以中国的实践为本位，立足中国特色社会主义实践，以马克思主义理论为指导，打通和融合中国传统文化、西方先进文化和马克思主义文化，从而形成中国特色、中国气派、中国风格的思想政治教育话语体系。

第二，确立思想政治教育话语传播有效是思想政治教育实践话语管控的核心。传播是思想政治教育话语的价值依归，任何思想政治教育话语都是通过传播发挥其功能，实现其价值。思想政治教育是一门应用话语进行传播并体现理论说服力的活动，由于其具有使用话语进行传播交流，运用话语表述达到教育目的、提升教育效果的特性。[①] 特别要注意话语体系的融通转化，在政治话语、学术话语、大众话语、网络话语等不

---

① 杨月霞、吴琼：《传播学视域下的思想政治教育话语研究》，《北京交通大学学报》（社会科学版）2012年第4期。

同话语体系上灵活转换，适应自媒体传播新环境，善于利用互联网、移动互联网的新兴平台，主动设置"微议程"，积极融入"微时代"，开展"微传播"。从政治社会化角度来看思想政治教育公共性的实现过程。政治社会化理论的主要观点是通过个人学习政治文化、发展自我的过程，形成个人的权利、责任和地位的自我认识，形成特定的政治立场、政治人格和政治信念。同时各种机构维护和发展政治文化，实现政治社会化，包括家庭、同龄群体、政党、工会、教会、学校、大众媒介等。在家庭、学校、大众媒介、政党等影响因素中，要充分利用大众传媒的直观性优势，通过报纸、电视让民众了解社会的发展状况、主流文化、社会常识、道德要求等。

(三) 建立有效的话语共享的空间，拓宽思想政治教育话语领域

1. 建构从主体性走向主体间性思想政治教育话语共享空间

要实现通过平等对话的方式使教育者与受教育者达成一致，就必须建立有效的话语共享空间，使教育者与受教育者能够平等对话。首先，教育者要充分的尊重受教育者的主体地位，把受教育者当作真正的平等对话的主体看待，给予他们平等的话语权力，允许不同意见之间的交流和争辩，克服思想政治教育话语场域的权力偏好，使教育者与受教育者间协调和融合，达到一致的状态。其次，教育者还需要尊重人格的独立，用宽容和理解的态度去对待受教育者的话语，尊重受教育者的人格品性和个体差异，加强对话，因材施教。最后，以教育者的正确主体意识和能力为基础，重视大学生的主体性，坚持主体间的平等关系，唤起学生的主体意识，调动其在教育活动中的主观能动性。思想政治教育话语要与生活世界的交往活动紧密结合，教育者必须树立为学生服务的意识，深入学生中，与学生共同成长，真正了解他们的冷暖，切实帮助他们解决成长中的实际困惑和问题；必须将理论性的、宏观的思想政治教育话语微观化，使话语真正贴近学生生活，符合学生实际，让学生听得懂、能接受。①

---

① 肖庆生等：《新媒体背景下大学生思想政治教育话语权的科学构建》，《思想理论教育》2014年第4期。

2. 虚拟空间思想政治教育话语转型，丰富高校思想政治教育话语体系

话语体系的建构与创新需要遵循两个基本逻辑：一是学术逻辑。它是由学术自身的性质决定的，体现了思想政治教育学科内部各要素之间的逻辑联系。中国特色思想政治教育话语体系的创新，必须有利于进一步揭示思想政治教育的本质，展示思想政治教育的规律。二是实践逻辑。它是由学术研究所服务的对象决定的，体现了思想政治教育的工具性和价值性。这两者都需要思想政治教育者保持相对的独立性，给予现实以必要的批判性省视。能否大众化的关键在于两点：一是在内容上它满足人们需要的程度；二是在形式上它是否与人们的日常话语相一致。这就需要我们不断改善言说方式，使用百姓话语，反映百姓诉求，服务百姓表达。① 由于传统的思想政治教育话语体系与新媒体话语体系的不对称，不仅思想政治教育者对大学生的状况难以了解，大学生对传统思想政治教育也抱有怀疑态度，使得思想政治教育信息不但难以融入大学生现有的文化语境，还可能会与他们所形成的文化心理和所熟悉的网络语言产生冲突，在内心深处萌发出一种对思想政治教育的排斥和反感，从而导致了思想政治工作陷入了信息不对称、交流不畅通的困境，降低了高校思想政治教育的有效性。为了加强和改进"微时代"背景下的大学生思想政治教育工作，必须创新工作思路和方法，实现高校思想政治教育话语的"微"转向：理念上从说教灌输转为平等影响，工具上要创建微平台、使用微工具，表达上要使用微语言、学会微表达，以适应"微时代"青年大学生的教育、管理和引导。②

3. 拓展思想政治教育话语领域发展，建构思想政治教育国际化话语权

思想政治教育的领域发展，是思想政治教育面向现代化，面向世界，面向未来发展的必然结果。第一，思想政治教育向宏观领域的发展。思

---

① 李辽宁：《论中国特色思想政治教育话语体系的传承与创新》，《学校党建与思想教育》2013年第10期。

② 王东阳：《高校思想政治教育话语的"微"转向及其策略》，《思想理论教育》2014年第1期。

想政治教育向宏观领域的发展，表现在两个层面上：其一是国内的层面，就是思想政治教育要面向社会主义现代化建设，把社会主义现代化建设作为思想政治教育的主题，同业务工作、经济工作、管理工作广泛渗透，促进社会主义现代化建设发展。其二是国际层面，就是为了适应对外开放的需要，我们要培养面向世界的人才。第二，思想政治教育向未来领域的发展。思想政治教育只有面向未来发展，探索适用未来领域的理论与方法，才能满足社会发展和人的发展需要，否则，思想政治教育就会丧失这一领域而显得落后保守。同时，思想政治教育的特性，决定它应当面向未来。第三，逐步建构思想政治教育国际化话语。思想政治教育的国际化发展趋势，首先要增强国际化意识，在思想观念上有所突破。要打破不同性质思想政治教育不能接触、交流的思想障碍，扩大同发达国家的思想政治教育的交流，增强忧患意识和危机意识，大胆走向国际大舞台，加强教育交流和文化交流。其次，要培养思想政治教育人适应国际社会发展的能力。面对来自国际范围的各种文化、学派、思潮、理论，要培养分析辨别能力、选择吸收能力、批判抵制能力。

(四) 坚持中国特色社会主义话语权，实现思想政治教育话语自信

处于全球化语境中的中国思想政治教育学理论研究，不可避免地要遇到西方意识形态、价值观的强势扩张和渗透，坚持"马克思主义的时代化、中国化、大众化"方向与"中国特色、中国风格、中国气派"目标的统一，融合国家认同、民族认同、文化认同、学科认同的统一，确保思想政治教育学理论研究的中国特色。

1. 思想政治教育话语实践要明确党性和人民性的原则

坚持思想政治教育话语党性原则的实质就是维护和巩固思想政治教育话语所代表的政治利益。人民性原则是指话语的内容、实践和目的必须切实体现广大人民的根本利益，并最大限度地发挥人民群众的积极性、主动性和创造性。高校思想政治教育以马克思主义为指导，坚持问题导向，始终站在人民大众立场上，回应时代的呼唤，服务人的主体实现；映照话语主体的利益诉求，满足人的存在需求；观照主体所处的时代境遇，以人民为主体，以人民的利益为标准，重视以人民群体的主体地位和积极作用，"以解决群众的一切问题"为价值追求，以"为人民服务"

为价值取向。

2. 思想政治教育话语要体现中国特色社会主义特色

构建思想政治教育话语必须真正读懂读透中国经验，以中国的理论研究解读中国实践，打造具有中国特色、中国风格、中国气派的学术话语体系，不断增强人们的思想认同、理论认同、情感认同和民族认同。中国特色，有几个基本的要素：一是坚持以马克思主义为指导；二是坚持中国共产党领导；三是着眼于当前中国的发展阶段、发展现状和发展道路。中国特色思想政治教育话语体系的创新必须具有战略视野和世界眼光。要以问题驱动，聚焦完善和发展中国特色社会主义制度，推进国家治理体系和治理能力现代化的这个总目标，围绕发展社会主义市场经济、建设社会主义民主政治、推进依法治国、建设文化强国、生态文明建设、党的建设等现实重大问题，讲清楚实现中国梦在经济建设、政治建设、文化建设、社会建设、生态文明建设等方面的目标要求，讲清楚实现中国梦的现实路径、精神支撑和动力源泉。① 打造具有中国特色、中国风格、中国气派的学术话语体系，需要有中国立场、世界眼光、学者思维、百姓情怀。

3. 坚持中国特色社会主义的思想政治教育话语权力主导地位

当代中国思想政治教育话语发展就是不断汲取中国特色社会主义理论体系话语，彰显马克思主义理论本质的"中国经验"、贯穿科学社会主义基本原则"中国模式"、反映当代社会历史发展规律的"中国道路"，是构建当代中国马克思主义理论学科学术话语体系的实践基础和致思取向。② 思想政治教育话语不能以西方话语为马首是瞻，而应该独立思考，本着自己的良知、学识和爱国精神，吸收世界智慧的同时，摒弃西方新蒙昧主义和绝对主义，探索和建构"后西方话语"时代的中国话语和战略。在思想政治教育话语实践中切实防止三种错误倾向：一是强调思想政治教育话语的国际化而忽视其必须持有的中国特色和社会主义本性，

---

① 张异宾：《构建中国特色的哲学社会科学学术话语体系》，《中国高等教育》2015 年第 Z1 期。

② 李昆明：《构建当代中国马克思主义理论学科的学术话语体系》，《思想政治教育研究》2013 年第 2 期。

使个体坠入西方国家编织的"普世价值"西方化罗网中;二是强调思想政治教育话语的社会主义特色和中华民族特性而不加分辨地拒斥一切来自于西方国家的文明成就,使个体成为闭关自守的"独行客";三是在物质主义和消费主义的影响下单纯强调思想政治教育话语的技术理性而忽略人文关怀,把话语主体塑造成缺少批判性思维、盲目接受话语信息的"单向度个体"。[①]

[①] 向绪伟、谭琪红:《论思想政治教育话语的价值实现》,《思想政治教育研究》2015年第1期。

第七章

公共关注

随着现代化进程的不断深入，社会意识形态领域出现了众多影响党执政合法性的教育、就业、医疗、社会保障等社会问题，思想政治教育的"社会性"关注与"公共化"转型成为新时期的一个重要趋势。本专题主要研究思想政治教育公共性所处时代背景，明确思想政治教育公共性的内涵与特征；探讨思想政治教育公共性产生的逻辑起点、作用机理等，分析思想政治教育公共性的时代际遇；立足于对马克思公共性理论的考察，推进思想政治教育公共性与公共化转型。

一 思想政治教育公共性研究的理论阐释

（一）思想政治教育公共性缺失：问题意识的肇始

思想政治工作是中国共产党领导革命、建设和改革的传统政治优势，为经济社会发展提供强大精神动力、智力支持和思想保证。在1984年以前，思想政治教育学科尚未建立，运用思想政治工作概念较多，思想政治工作满足政治实践需要而获得"生命线"地位和作用的确证。1984年以来，思想政治教育学科逐步建立起来，其学科归属经历教育学、政治学和马克思主义理论一级学科归属更迭，思想政治教育学科研究在经典教育学范式中经历着科学化、学科化、体系化和精细化发展时期。在现实生活中，思想政治教育既表现为实践工作范式下社会实践活动，又表现为学科理论研究范式下的学术研究活动。自1978年以来，中国进入了社会主义改革开放和现代化建设时期。当代中国社会由此拉开了一场

"总体性"转型的大幕:① 由自给半自给的产品经济社会向社会主义市场经济社会转型;由农业社会向现代工业社会转型;由乡村社会向城镇社会转型;由封闭半封闭社会向开放社会转型;由同质单一性社会向异质多样性社会转型;等等。社会的总体性的转型一方面带来了日益增长的物质财富;另一方面也带来了社会秩序的整合问题。任剑涛认为,国家必须建构起对于所有成员都具有保障功能的公共制度,所有成员则对国家具有建立在公共性基础上的认同。这种公共政治文化是现代政治的本质属性。② 在以阶级斗争为纲的年代,一切社会政治事务的关键问题就是保证先进阶级战胜落后、反动阶级,在这一种情况下,显然难以讨论公共性政治文化问题。在告别了阶级斗争为纲的工作路线之后,特别是政治现代化、市场经济意识逐渐觉醒,公共性才获得了相应的社会政治经济条件。思想政治教育公共性问题正是在这一背景下提出的。

然而,思想政治教育学术共同体的理论研究及实践活动合法性是来自学科共同体需要、政治实践需要还是社会发展需要,思想政治工作的学术性、政治性与公共性分殊成为理论研究者的焦虑。由于学科独立性、自治性不足:思想政治教育领域理论研究与实践操作混同的现象极为普遍;理论研究往往成为实际操作的咨询活动和简单应用;学科边界和学科历史模糊,理论研究中经常出现名为学科间相互借鉴,实为丧失学科立场的现象。没有独立性和自治性的学科状态必将导致该学科的纯粹工具性地位,很难生成因独立自治的学术品格带来的公共性关怀。③ 我们也不得不承认这样的事实:思想政治教育在日益复杂的社会环境中的地位和影响力正在受到愈益严峻的挑战,其突出表现是思想政治教育在当代中国公共领域的逐渐式微。

(二) 公共性与思想政治教育公共性内涵阐释

公共性是指经历神权、皇权和封建专制制度之后的市民社会的产物,

---

① 袁方等:《社会学家的眼光:中国社会结构转型》,中国社会出版1998年版,第30—44页。
② 任剑涛:《后革命时代的公共政治文化》,广东人民出版社2008年版,第12—13页。
③ 金林南:《论思想政治教育的公共性》,《思想理论教育》2012年第15期。

是近代公共领域中产生的概念。从起源上看,"公共"更多地意指社会层面的非个体性,在古希腊政治社会里与早期民主相关联。

哈贝马斯在《公共领域的结构转型》一书中指明在公共领域一词中"公共"是指"公众、公共性以及公开化"。① 在哈贝马斯的理论中,公共性或公共领域不是指行使公共权力的公共部门,而是指一种建立在社会公/私二元对立基础之上的独特概念,公共领域代表着一种以公共权力为内容、以公众参与为形式、以批评为目的的空间。张成福分析了作为一种公共精神的"公共性",他认为,现代公共行政的公共精神应包括四个方面:民主的精神,即人民的意愿是政府合法性的唯一来源;法的精神,它意味着政府的一切活动应受到预先确定并加以宣布的规则制约;公正的精神,即承认社会公民应具有平等的权利并不受公共权力所侵害;公共服务的精神,即政府的公共服务应尽可能公平分配,政府的施政过程应平等、公正和透明。② 金林南从自由主义路径、共和主义路径、西方马克思主义路径和马克思主义路径分析了公共性的内涵,认为"自由主义是站在公与私的界分中来论述公共性的;共和主义是通过历史传统、共同体的道德价值塑造公共性的目的价值;西方马克思主义是站在现代市民社会发展发展所形成的公共空间中来生成公共性的;而马克思主义恰恰是站在劳动(社会主体)与历史(时间)的维度来塑造公共性"③。王乐夫、陈干全分析公共性的内涵:"在伦理价值层面上,'公共性'体现公共部门活动的公正与正义;在公共权力的运用上,'公共性'体现人民主权和政府行为的合法性;在公共部门运作过程中,'公共性'体现为公开与参与;在利益取向上,'公共性'表明公共利益是公共部门一切活动的最终目的,必须克服私人或部门利益的缺陷;在理念表达上,'公共性'是一种理性与道德,它支持公民社会及其公共舆论的监督作用。"④ 张康之分析了作为一种价值的公共性,他认为,政府价值的公共性最直

---

① [德]哈贝马斯:《公共领域的结构转型》,曹卫东等译,学林出版社1999年版,第17页。
② 张成福:《论公共行政的"公共精神"》,《中国行政管理》1995年第5期。
③ 金林南:《思想政治教育学科范式的哲学沉思》,江苏人民出版社2013年版,第284页。
④ 王乐夫、陈干全:《公共性:公共管理研究的基础与核心》,《社会科学》2003年第4期。

接的表现是政府的规范体系和行政行为系统的公正性,而且这种公正性是一种制度公正,是包含在行政行为机制之中的,有法律法规和公共政策体系提供的,是一种制度安排。① 这为研究思想政治教育公共性与公共化转型提供借鉴。

思想政治教育作为一种政治社会化公共性实践和意识形态性政治活动,具有公共性的内在品质。思想政治教育公共性是在思想领域通过公共化教育形式使教育对象具有以公共情感、公共理性、公共精神为核心的公共性品质,密切关注公共生活,积极参与公共事务,维护公共利益,实现公共价值的政治社会化实践活动。可以看出,思想政治教育公共性内涵包括"涉及公众、实现公众和依靠公众"三个方面含义:一是涉及公众的公共理性和公共精神培养的政治社会化活动,主体的公共理性和公共精神是思想政治教育公共性的社会呈现;二是为了公众的公共利益和公共价值的意识形态政治,公众的公共利益和公共价值是思想政治教育公共性实现目标;三是依靠公众的公共交往、公共参与和公共治理实现,公共事务和公共领域是思想政治教育公共性存在的社会空间。包括三个方面内在结构:一是思想政治教育理论研究的公共性关注,表现为思想政治教育理论基础的公共性品质、思想政治教育基础理论的公共性关怀和思想政治教育知识体系的公共性属性;二是思想政治教育学术共同体作为组织形态而存在的知识生产的公共性品质,表现为思想政治教育学科组织的公共性、思想政治教育价值引领的公共性、思想政治教育利益实现的公共性等;三是思想政治教育社会实践形态的公共性,表现为作为社会治理主体而存在的公共性、工作目标的公益性、教育手段的公共性、教育实践的公众性等方面。思想政治教育理论形态、组织形态和实践形态中存在的公共性问题意识迫切要求我们反思遮蔽思想政治教育公共性困境。

二 思想政治教育公共性研究的现状评述

学界关于思想政治教育公共性等研究主要包括以下几个方面:

---

① 张康之:《行政改革中的制度安排》,《公共行政》2000 年第 4 期。

1. 思想政治教育的公共性内涵研究。关于思想政治教育的本质，尽管有"政治性""意识形态性""教育性"等多种理解，但恐其不变的部分恰好在于对公共性的遵循和实践，这也正符合马克思的理论追求和马克思主义的理论品质实践进程。夏庆波认为，现代化是我国大学生思想政治教育的大背景，而公共性则是当今社会现代化不可或缺的一个维度和品质。① 公共性是与私人性相对应的公用、公有的性质，对于"公共性"可以大致从"有关公众的""通过公众的""为了公众的"三个层面来理解。公共事务和公共领域是社会公共性的产生场景，公共理性和公共精神是公共性的人文特征，公共交往和公共参与是公共性的实现途径，公共利益是公共性的追求目标。赖纯胜认为，公共性是现代化与大学生思想政治教育的本质表现，公共性不仅是现代化的一个价值观念形态的维度和品质，还为现代化的深度发展提供了精神信仰上的支持，是现代性在软实力维度上的重要体现。公共性的张扬和践行，是大学生思想政治教育本质的彰显和回归，是大学生思想政治教育工具理性和价值理性的有效统一，是大学生思想政治教育能真正产生社会效应的根本。② 戴锐认为，在现代政治学理论中，"公共性"是指越过了神权、皇权和近代封建专制制度之后的（由当时资产阶级发起的）市民社会倡导下的产物。它是在近代尤其是到当代民主化社会中所拓展的多重公共领域（如政治公共领域、社会公共领域、文化公共领域及经济公共领域）之中所产生的对应的语词。思想政治教育所要求的"公共性"一语，与现代政治学意义上的"公共性"并非完全同义，它主要与"私人性"相对，强调民众对于社会资源、社会空间和社会过程的共有、共在、共享。不过，它所具有的公众参与、公众舆论和社会公众授权等深刻寓意则构成了"公共性"的基本内涵，逐步突出此"公共性"就是思想政治教育公共化的过程。③

2. 思想政治教育公共性的问题意识研究。金林南认为，公共性的缺失是思想政治教育公共性研究的问题意识。思想政治教育理论和建设研

---

① 夏庆波:《论公共性视域中的思想政治教育》,《思想教育研究》2009年第6期。
② 赖纯胜:《论思想政治教育的公共性转型》,《学术论坛》2014年第4期。
③ 戴锐:《思想政治教育的公共化转型》,《马克思主义与现实》2013年第1期。

究缺乏自身的独立性、自主性，往往以政府和政党机关的指令作为思想政治教育理论研究的出发点和终极性的理论依据，无法生成作为独立学科应有的学术公共情怀，因而造成思想政治教育的理论研究的公共性认同焦虑。此外，思想政治教育实践的公共性缺失，思想政治教育在日益复杂的社会环境中地位和影响力正日益受到挑战，突出表现为思想政治教育在当代中国公共领域内的逐渐式微。① 夏庆波②认为，思想政治工作困境的根源在于公共性的不在场：一是受教者公共精神阙如，物欲的膨胀导致了消费主义、享乐主义盛行，中国社会以"天下"意识和国家"主人"意识为特征的公共精神日渐式微。众多青年学生在追求个性的口号下放纵感官，拒绝信仰，给以建构信仰为鹄的高校思想政治教育工作造成了极大的困难。二是从教育者的角度来看，交往原则的缺席是思想政治教育困境的方法论渊源。主客二分的忽视理性交往的教育观念异化了思想政治教育的"成人"功能，并最终造成了思想政治教育的当代困境。陶磊分析了大学生思想政治教育公共性缺失的三大表征，思想政治教育在校内外公共空间的"缺场"、思想政治教育信息传播的碎片化、思想政治教育理论和实践之间的断裂、思想政治教育封闭化倾向等，致使社会主义政治文明对大学生这一政治主体的肯定和建构难以实现。③ 莫春菊从新媒体视角分析，认为大学生思想政治教育在新媒体环境下的公共性研究和实践尚未引起应有的重视，这种研究和实践的不足导致了大学生思想政治教育公共性的缺失，具体表现为公共性思维被限定、公共理性被异化、公共性精神被遮蔽。④

3. 思想政治教育社会化研究。一般认为，思想政治教育社会化是指"思想政治教育在适应外在社会要求的过程中，也同时在主体共同参与下，改造与发展社会的过程，它体现了思想政治教育与社会的变化发展

---

① 金林南：《论思想政治教育的公共性》，《思想政治教育》2012 年第 15 期。
② 夏庆波：《论公共性视域中的思想政治教育》，《思想教育研究》2009 年第 6 期。
③ 陶磊：《大学生思想政治教育公共性缺失及其再生产》，《广西社会科学》2016 年第 9 期。
④ 莫春菊：《新媒体环境下大学生思想政治教育公共性研究》，《思想理论教育》2014 年第 12 期。

保持一致的必然要求"①。关于思想政治教育社会化研究的路径，研究者一般认为，要寻找有效推进思想政治教育社会化的载体、回归社会本体、形成齐抓共管的思想政治教育新格局等。也有学者提出类似的路径实现的观点：思想政治教育要联系社会实际、思想政治教育要服务社会大众、思想政治教育要融入社会生活、思想政治教育要契合社会心理、思想政治教育要依靠社会力量。② 从这些研究大致趋同的思想政治教育社会化路径来看，这一路径具有很强的渗透性，这反映出了思想政治教育现代转型趋向。

4. 思想政治教育公共性转型。戴锐认为，思想政治教育现代转型的总体趋势在于思想政治教育的公共化，其目标在于社会主义"公共人"的培养，即通过教育使人们具有以公共情感、公共理性以及致力于公共事务的奋斗、牺牲精神所构成的公共精神为核心的公共性品质，让受教育者成为真正关注、关心并实际贡献于国家、社会建设的社会主义事业的合格建设者和可靠接班人。③ 陈宗章提出，推进思想政治教育公共性的网络空间化转向："一是要在网络空间中确立思想政治教育的主体，发挥其思想政治教育的主体性；二是要牢牢把握网络空间中的思想政治教育话语权，在交往互动中形成公共价值认同；三是要形塑网络空间中人们的公共精神和公共理性，以积极应对网络空间的公共性危机，维护网络空间生态。"④ 莫春菊认为，公共性是新媒体时代大学生思想政治教育的"阿基米德点"。大学生思想政治教育要以公共性为支点，以培养具有公共意识、公共理性、公共责任、公共精神等公共性品质的大学生为主要任务。⑤

整体看来，思想政治教育公共关注已成为研究热点，但其系统化、体系化研究还有待进一步深化。思想政治教育公共性建构与公共化转型

---

① 蓝江：《思想政治教育社会化研究》，湖北人民出版社2005年版，第6页。
② 王滨、宋劲松：《论思想政治教育社会化实现路径》，《学术论坛》2010年第2期。
③ 戴锐：《思想政治教育的公共化转型》，《马克思主义与现实》2013年第1期。
④ 陈宗章：《思想政治教育公共性的网络"空间化"转向》，《广西社会科学》2015年第9期。
⑤ 莫春菊：《新媒体环境下大学生思想政治教育公共性研究》，《思想理论教育》2014年第12期。

的路径上，学者们主要提出以下几种路径：第一，公共环境设施的教育价值利用与再造，思想政治教育的公共化，要求尽可能通过公共物品的提供，拓展思想政治教育资源领域，丰富资源类型和样式。第二，公共文化空间与公共传播途径的利用与再造。第三，公共性活动的开展及其价值引导。主要包括公共交流公共服务公共事务的参与社会成员的公共交流不仅会营造充满活力的公共空间，通过人际互动实现观点的公共化呈现。

三　思想政治教育公共性存在的问题

（一）思想政治教育理论的公共性式微[①]

思想政治教育理论基础的公共性应用不足。建立在马克思主义理论基础之上的思想政治教育是一种以培养以公共价值为理想追求的社会主义"公共人"为目标的公共性实践活动。思想政治教育学科理论和实践既是传承实现马克思主义理论的公共关怀的重要学科建制，又是马克思主义理论学科确证公共性理论品格的社会空间。"然而，马克思主义理论研究的最新成果和理论活力无法通过思想政治教育产生实践效应，使马克思主义理论沾染了马克思在批评资产阶级意识形态理论时所指称的'表面化'和'书斋气'。"[②] 尽管相当一部分思想政治教育研究工作者运用马克思主义基本理论阐释思想政治教育的本体论、价值论、方法论等重大理论问题，但显然仍未确立马克思主义理论与思想政治教育学科理论之间的有机联系，思想政治教育学科理论仍然没有通过马克思主义理论确证学科"是其所是"的合法性依据和合理性认同。"随着思想政治教育学科建设的逐渐推进，随着思想政治教育研究工作的不断深入和研究成果的日趋丰富，思想政治教育学科却日益体现出鲜明的自闭性。这种自闭性表现在相对缺少自觉、积极地在对相关学科有益成果吸纳的基础上思考、推进本学科的建设与发展，而是在一种有意无意相对封闭的思

[①]　侯勇：《论思想政治教育公共性困境与公共化转型》，《理论与改革》2015 年第 7 期。

[②]　金林南：《政治的教育与教育的政治——思想政治教育学科基本问题的政治哲学探讨》，《南京政治学院学报》2008 年第 1 期。

路中，思考、推进本科学的建设与发展。"① 在实践层面，思想政治教育往往以执政党的意识形态发展和政府行政命令为行动风向标，依托政治权力运行和理论灌输介入社会公共空间，但这种介入并不是思想政治教育学科本身所具有一种能力，因而缺失作为学科建设应有的独立性和公共性关怀。

思想政治教育基本理论的公共性彰显不足。当前思想政治教育理论知识体系从理论基础、概念范畴、研究方法、学术立场、知识资源更多地来源于其他学科的移植和借鉴，缺乏学科应有的概念、范畴、话语、方法论等，话语权和吸引力有限。一方面，思想政治教育学术研究和知识生产往往成为实践操作的咨询活动和简单应用，经验型研究、实施方法技巧性研究等占重要比例，而对思想政治教育学科的本质、价值、范畴、规律、研究方法论等本体性问题的前提澄清反思不足。同时，思想政治教育学科理论研究在借用其他学科的理论、概念和范畴时存在简单移植替代的倾向，如经典教育学范式下的教育学概念中的主客体、内化与外化等概念和范畴等，没有内化形成自己的基本理论和研究对象，形成独立的话语系统。有学者用"外部化"概念来概括这种现象：思想政治教育学科也频频被其他学科"插足"，成为其"借船出海""借鸡生蛋"的介体。这导致思想政治教育自身的问题意识、学术立场、选题边界、硕博士论文筛选机制、话语特色与风格都不甚明确，思想政治教育理论形态的滞后。② 思想政治教育理论形态的滞后，进一步加剧了思想政治教育专业化建设和职业化人才培养，如在本科、研究生培养中开设诸多哲学、管理学、政治学、教育学、伦理学、法学、思想史等课程建设的泛化现象，部分硕、博士点的培养方案甚至缺乏核心专业课程，部分指导教师、毕业论文选题缺乏学科专业性等问题，进一步弱化思想政治教育理论的公共性绽放。

（二）思想政治教育学科的公共性焦虑

思想政治教育学科研究的公共性认同焦虑。1984 年思想政治教育学

---

① 沈壮海：《思想政治教育学科的依托发展》，《中国高等教育》2006 年第 18 期。
② 叶方兴、孙其昂：《论思想政治教育内部化》，《湖北社会科学》2014 年第 9 期。

科专业设置以来，围绕思想政治教育学科归属的论争纷纷。思想政治教育学科具有人文性和科学性、意识形态性和科学性、理论性与实践性、综合性与创新性、党性与群众性特征，经历教育学、政治学和马克思主义理论等学科归属，存在着概念工具的移植化、研究边界的模糊、研究对象的泛化和研究方法论薄弱等问题。思想政治教育学术共同体实践也不断印证这种公共性焦虑："思想政治教育理论研究和学科建设欠缺自身应有的独立性、自治性，理论研究依附于政府和政党活动，往往以政府和政党指令作为思想政治教育研究的出发点和终极性的理论依据，因而无法生成作为独立学科应有的学术公共关怀。"① 这种焦虑的本质是作为独立学科发展的思想政治教育学术共同体对自身合法性获得学术界公共性认同的焦虑。

思想政治教育学术共同体公共性乏力。思想政治教育学术共同体包含着学科队伍、学科专业、学科机构、学科平台等要素，承担着知识生产、学术组织建设、优化学术环境、提供理论成果等学科发展责任。对思想政治教育学科共同体公共性的关注，既要关注基本理论框架、理论假设、范畴体系，又要关注学科社会建制层面的要素，包括学科组织、学术团体、学科平台等问题。第一，从思想政治教育学科组织建设来看，包括思想政治教育学科科学研究组织和承担高校思想政治理论课教学科研机构两种基本形式。思想政治教育学术团体建设，包括全国、省市级思想政治工作研究会和地区性学术团体，呈现出政治性强、学术性弱、工具性强等特点，思想政治教育学科组织建设与能力发挥受到限制。一方面是纵向的自上而下的思想政治教育制度，中央和地方发了不少思想政治教育相关文件、政策，但是真正执行并贯彻的制度约束在弱化；另一方面是横向的思想政治教育制度，缺乏适用的制度与政策规定，即使有了也难以落实到位。思想政治教育学科制度化建设在某种程度上成了一种摆设，形式与内容存在脱节、消减甚至解构思想政治教育学科制度权威。第二，从思想政治教育学科队伍来看，包括思想政治教育实际工作部门、学术研究者和党团机关等主体，由于组织化程度较低，缺乏相应的准入机制，其职业化、专业化和专家化水平大打折扣。一些思想政

---

① 金林南：《思想政治教育学科范式的哲学沉思》，江苏人民出版社2013年版，第298页。

治教育工作者将思想政治教育研究作为谋生的手段,从事学术研究发表学术论文仅仅是因为职称评审、获得物质利益等目的,学术态度功利化。第三,从思想政治教育学科平台建设来看,思想政治教育专业性学术刊物匮乏和学术组织的有限,如思想政治教育专业期刊仅仅有《思想理论教育导刊》《思想教育研究》《思想理论教育》《学校党建与思想教育》《思想政治教育研究》《思想政治工作研究》等专业性期刊①。按照当前社科评价体系来看,CSSCI 核心期刊仅《思想理论教育导刊》一家,思想政治教育研究基地入选省部级学术平台的也较少,思想政治教育科研项目立项比例也较低,这与思想政治教育学科共同体的从业者规模和研究队伍职称评聘等存在较大的落差,极大地影响学科共同体工作队伍的发展与稳定。

(三) 思想政治教育实践的公共性失位

第一,思想政治教育公共性实践岗位的"稀缺化"。随着现代社会转型,从单一的封闭的一元化政治至上的语境向开放包容的多元文化交流交融交锋的意识形态新常态,思想政治教育实践常被人诟病为"无用""自说自话""说教";思想政治教育专业常被人调侃为"不能称其为科学""连学科都称不上""学了没有用""毕业找不到工作""学了也当不了公务员"等等。不可否认,当前思想政治教育专业的本科、硕士毕业生很难在应有的公共性岗位得到就业机会,无论是公务员考试门槛还是事业单位、党务机构岗位招聘,思想政治教育专业日益被边缘化,思想政治教育应有的职业正当性正在遭受越来越严峻的怀疑和挑战。笔者曾经统计过最近几年来国家公务员考试岗位,每年符合思想政治教育专业要求的岗位的不超过 10 个,且大都集中在一些其他人文学科也都能报考的岗位。明确提出要求招考思想政治教育专业的主要就是一些宣传部门和监狱系统。在高校相对系统化与组织化的思想政治教育生态环境中,加之现在就业难的社会背景,思想政治教育专业毕业生难以获得专业对

---

① 2015 年新创立《高校马克思主义理论研究》和《社会主义核心价值观研究》等刊物,刊发了一系列高质量的理论文章,被《新华文摘》、人大复印报刊资料转载,形成了广泛的社会影响,进一步扩大思想政治教育学科相关学术期刊平台建设。

口且待遇适当的职位。按照当前大学专业发展治理中，以就业率为重要指标的市场化考评标准，思想政治教育公共性岗位获得的困难进一步加剧了思想政治教育学科专业发展获得支持的难度，报此专业的学生寥寥，很多高校为了节约成本增加优势学科，将原本存在的思想政治教育专业停办甚至淘汰，思想政治教育赖以存在的学科建制都已被解构，谈其公共性品质实现成为"空谈"。

第二，思想政治教育公共性支持的"缺位"。当前思想政治教育制度化机构设施、组织化思想政治教育实践活动以及相对专业化的思想政治教育从业者主要集中在政府机关、军队、大专院校及国有企事业单位等"体制内"空间，与日益庞大的社会和市场相比，有组织的思想政治教育辐射面呈现相对萎缩的局面，许多"体制外"的社会空间和阵地也存在"空转"。在实践中，很多单位、社区、企业组织都曾出现思想政治教育的"空场"，或不开展思想政治工作，或不重视思想政治教育。即使在那些已经设立思想政治教育专门性机构的企事业单位中，思想政治教育从业者的工作也正在被企业文化建设、企业公共关系等活动所置换。在高校里，领导们都知道思想政治教育非常重要，但是涉及学科发展所需要的人、财、物等条件保障的时候，涉及学科的优先发展支持力度的时候，却难以得到真正重视和落实，"以文件应对文件，以会议落实会议，以总结应付总结"的现象时有发生，一些领导甚至反对设置马克思主义学院，淡化马克思主义宣传，削减思想政治理论建设研究经费等。

第三，思想政治教育公共性言论的"失语"。"思想政治教育话语权可以分为外在权力和内在权力。外在权力是外部系统赋予思想政治教育话语的权力，内部权力是在思想政治教育活动过程中生成的权力。思想政治教育话语权再生产是在思想政治教育活动过程中产生的，而且是思想政治教育话语发展的推动力量。就后者而言，主要涉及教育者的话语权、受教育者的话语权及公共领域的话语权文本话语、学术话语、工作话语（传播话语）等。"[①] 在以经济建设为中心的后革命时代，在新

[①] 邱仁富：《思想政治教育话语的基本命题》，《济南大学学报》（社会科学版）2010年第2期。

兴的社会空间思想政治教育时常处于"空场",一些特殊的社会空间(公共空间、自媒体空间等)、社会群体(农民工群体、失独群体、留守儿童等)、社会组织("两新"组织等)都需要思想政治教育的有效介入。社会公共领域中,经济学、法学、政治学、社会学等学科公共知识分子,经常运用本学科的专业知识,对各种社会公共事件展开讨论,建构了颇具影响力的学科公共话语和公共舆论。而在思想政治教育领域,思想政治教育从业者在社会公共空间的言论发声、社会解读等话语影响显得微乎其微,这显然与国家主流意识形态研究传播者和应有影响不相符合。思想政治教育活动仅仅停留在军队、高校、国企等领域,而对于日益形成的社会公共空间和网络虚拟空间,思想政治教育并未真正介入并占领,思想政治教育在重大公共事件和社会空间的影响和发声有待强化。

四 思想政治教育公共化的转型逻辑

公共空间、公共生活理应成为思想政治教育新常态的存在方式。"思想政治教育的公共化,意在强调思想政治教育在未来的发展中无论在目标、内容还是方法、路径、载体、手段乃至资源、环境等方面,都会日益突出地体现出公共性,从而在思想政治教育总体性层面上呈现出公共化的特色和趋势。"① 思想政治教育公共化转型既要彰显思想政治教育公共性,又要更好促进社会公共性增长、维护公共利益。

(一) 思想政治教育公共化研究的拓展②

马克思主义公共性视域赋予思想政治教育研究最广泛而真实的社会公共性基础、历史使命和现实关怀,克服政治性与学术性、理论与实践、工具与价值的悖谬提供研究视角,是建构文化领导权的重要渠道。"马克思主义的公共性视域能够为思想政治教育提供世界观意义上的启示:马克思主义的公共性视域可以为思想政治教育开创出具有

---

① 戴锐:《思想政治教育的公共化转型》,《马克思主义与现实》2013年第1期。
② 部分内容参见侯勇《论思想政治教育公共性困境与公共化转型》,2015年第3期。

自足性的生命形态——公共性政治。"① 如运用思想政治工作分析群体性事件的衍生机理和处置机制，探索思想政治工作在群体性事件中的作用原则与机制，有利于扩展思想政治工作在社会公共空间的影响力和辐射力。在研究方法上，从思想政治工作视野，运用多学科方法研究群体性事件，把握其脉络与走向，探究其发生根源与应对之策，有利于促进思想政治工作理论研究，促进思想政治工作时代转化与现实解题能力的提升。

（二）思想政治教育公共化治理的参与

思想政治教育公共治理是指思想政治教育作为社会治理的重要途径和载体，应按照社会的共同利益和人民的意志，从保证公民普遍和共同的利益来开展其基本活动。思想政治教育工作理应成为社会治理的重要方式和工作载体，然而，社会常常忽视了思想政治教育工作的社会动员和公共管理职能，产生了重教育轻管理的倾向。思想政治教育应积极参与社会治理进程中，如以现阶段频发的社会群体性事件为研究对象，从思想政治工作视野加以理论关注和实践介入，应对社会现实问题，面向社会公众利益和公共事务而思考，配合其他手段使群体性事件尽早得到合适处理，主动发挥作用。思想政治教育的主渠道、主阵地、主战线的占领应关注公共空间和公共生活中，通过引导人们的公共生活实现对人的公共性品质的培养。

（三）思想政治教育公共化媒介的传播

大众媒介是公共舆论产生、传播的重要载体。社会教育资源、传播媒介的开发、人口综合素质的提高带来了人们的公共交流能力的普遍提高；大众媒介的发展，尤其是网络媒体的发展，提供了广泛参与和普及教育的可能性，全民素质教育和高等教育的日益大众化，成为广大普通公民介入社会变革、参与公共文化创造的基础条件。一方面，通过公共文化服务和大众传媒，思想政治教育者将自己的公共精神传达给公众，宣传、文化、教育部门和思想政治教育的具体实施者

---

① 金林南：《思想政治教育学科范式的哲学沉思》，江苏人民出版社2013年版，第301页。

必须密切关注、充分利用公共文化空间和大众传媒进行思想政治教育。另一方面，加强人文教育，培养公共精神。在高等学校加强人文教育，从而培养大学生的公共关怀，建构思想政治教育活动的公共性，是人的发展和社会发展的客观要求，也是思想政治教育自身发展的必然逻辑。

（四）思想政治教育公共化言论的发声

思想政治工作在主流意识形态建设工作中承担着理论研究、思想传播、舆论引导、社会整合等功能。在当代中国社会公共舆论与社会传播中，经济学、社会学、法学等学科知识分子对社会公共事件展开讨论，形成了对社会颇具影响力的公共话语。作为主流意识形态代言者与传播者的思想政治工作队伍则在价值观公共舆论存在"失声"的境遇。廉思在分析高校青年教师公共性呈现出一种结构性特点时指出："由于受政治和世俗生活压力的双重影响，高校青年教师在面向社会发声、为公众而思考的层面呈现出较低的公共性，而在参与政治及公共事务管理的层面则呈现出较高的公共性，高校青年教师由'立法者'向'阐释者'转变的边缘化过程令其对面向社会发声的功用缺乏信心，从而更倾向于参与政治，重新回到'立法者'角色；而较高的世俗生活压力令其疲于为自身生计奋斗，从而更多地注重个人事务，无暇关注公共领域，呈现出较低的公共性水平。"[①] 如在群体性事件这一跨学科复杂性问题研究中，形成了多学科研究范式，如从社会转型、社会冲突等社会学视野、从政治认同、善治等政治学视野、从法治、权利、司法等法学视野、从社会心理、舆论传播等社会心理学视野等研究群体性事件，而从思想政治工作学视野，从领导干部和民众的思想意识、利益观念、道德水平入手，分析思想政治工作应对群体性事件的起因、根源、机理、应对原则与思路、作用机制等层面进行分析，有利于拓展思想政治工作在公共领域的话语权和舆论引导空间。

---

① 廉思：《"理念人"的消逝与彷徨—政治与世俗化语境下高校青年教师公共性研究》，《中国青年研究》2012 年第 2 期。

(五) 思想政治教育公共利益的维护

社会发展转型时期,由于技术、权力、资本、世俗化、理性化等现代性因素双重影响,人们思想观念多样价值取向多变性明显增加,社会利益主体多元化、利益诉求多样化、各阶层利益关系日趋复杂化,在一定时间空间背景下,群体性事件时有发展,使得社会治理过程中利益协调与整合呈现复杂化局面。思想政治教育在理论上欣欣向荣之时,在实践中却陷入困境。显然,造成思想政治教育学科困境的根源在于其在学科立场上没有表现出公共性一面。当其单方面地站在政府立场时,就无从缓解民众的误解与不满。思政学科改变这一现状的有力措施即回到公共立场,回到公共领域中,而非与现实保持距离。"公共领域是介于私人领域和公共权力领域之间的中间地带。也就是说,公共领域是公众可以进入其中进行活动的空间和场所,它是一个由民间和官方共同承担的、体现公共理性的、开放的舞台。因此,公共领域则体现了对个人私利和公共权力的双重超越,它是人们社会生活的第三领域。"[①] 回到公共领域是第一步,其次还要保持自身的政治性本质,自觉疏解人民误解,表达人民利益,维护发展好党、政府和人民的关系,建设主流价值观。

(六) 思想政治教育公共化价值的实现

思想政治教育工作不仅具有引导人们政治方向、激发精神动力、调控品德行为进而促进人的全面发展的个体功能,也有维系社会存在、促进社会和谐、推动社会发展的社会功能,是社会治理与社会整合的软权力,对于维护社会稳定和增加社会凝聚力具有重要价值。思想政治教育公共性价值实现过程在于思想政治教育工作者积极参与公共交流、公共服务、公共事务治理,从而逐步形成以公共情感、公共理性、公共精神为核心的公共性品质。以公共情感、公共理性、公共精神为核心的公共性品质的培养是思想政治教育现代化的显著表征。提高全体民众的公共秩序意识,实际上正是一个培育其公共性人格品质的过程思想政治教育

---

① 夏庆波:《论公共性视域中的思想政治教育》,《思想教育研究》2009 年第 6 期。

的公共化，尤其是教育者对政治、社会和公共生活的关注、关心以及自身的公共生活实践的能力，也包括对公共空间、公共生活发展现状的解释、应对和改造能力，要尽可能通过公共物品的提供，丰富思想政治教育资源。

第八章

组织建制

思想政治教育组织是在思想领域围绕社会目标通过教育形式与外部环境相联系的社会动态实体结构系统。具体而言，思想政治教育组织包括静态的思想政治教育组织建构存在和动态的组织化思想政治教育实践存在两个维度。本专题主要在梳理思想政治教育组织制度研究现状基础上，把握思想政治教育组织建制的内涵，在此基础上分析思想政治教育组织建制的功能，结合高校思想政治教育组织个案、思想政治教育组织的单位行动为个案，分析研究思想政治教育组织机构设置和运行机制存在的问题及其成因。

一 思想政治教育组织研究现状

（一）学科视野中思想政治教育组织观

1. 思想政治教育研究的组织化①

思想政治教育研究组织化，主要是指提高组织化程度，提高思想政治教育的效率与效益，其目标是学术共同体或科学研究共同体。要认识到思想政治教育研究组织化力量，积极利用思想政治教育研究的组织资源，加强思想政治教育研究组织能力建设，有效运用思想政治教育研究组织力，优化思想政治教育研究共同体和研究实践，提高思想政治教育研究生产力。

---

① 孙其昂：《论思想政治教育研究的科学化与组织化》，《思想理论教育》2011年第21期。

2. 思想政治教育学术共同体

孙其昂（2010）认为，思想政治教育学科是思想政治教育学术共同体，它是以思想政治教育学知识为基础，由思想政治教育学科成员、价值观、科学研究、科学技术服务、学科规范（方法）等组成的学术性社会共同体。[①] 戴锐教授[②]认为，思想政治教育共同体不仅存在于人们的印象或观念中，也是实际地作为一个学术—行动共同体存在着，并在社会中体现出一定的整体效应。由众多的思想政治教育工作者（包括思想政治教育研究者、实际工作者）在长期专业实践中逐步形成的具有宏观形态的有机体。思想政治教育共同体不仅已经在宏观上分化为学术（理论）与行动（实践）两大主要领域，而且在不同职业和社会活动领域分化出了学校思想政治教育、企业思想政治工作、社区思想政治工作、机关思想政治工作、社会宣传教育等具体活动领域，这些领域按其分工各自承担着相应的社会职能，同时也已一定程度地建立了联系。以布迪厄的场域为视角，思想政治教育共同体存在着现实缺陷：共同体内的场域疏离、共同体运行规则的独立性缺失、共同体内沟通交流的阻滞、共同体的凝聚性不足。

（二）社会视域中的思想政治教育组织观

1. 单位组织的思想政治教育（传统型单位制度组织）

国家和单位分为两个层次，国家处于最高层次，承担全社会的全部事务；单位处于基层，承担本单位的全部事务。单位具有多种功能：第一，专业功能。这是与单位相应的社会分工相联系的功能，如企业的生产功能、机关的行政管理功能、学校的教育功能等。第二，政治功能。包括政治统治功能、政治教育功能、政治组织功能、政治民主功能等。第三，行政功能。这是指社会行政管理的功能，保证国家机关的行政指令得以有效实行，使社会系统有序运转，实现社会稳定。第四，文化功能，社会文化的传递、学校正规教育以外的教育、文化娱乐活动等通过

---

① 孙其昂：《论思想政治教育学科系统建构》，《思想教育研究》2010年第3期。
② 戴锐：《思想政治教育共同体的可能、现实与前景——以场域为基本视角的研究》，《思想理论教育》2012年第17期。

单位来完成。第五，社会功能。这里指通常所讲的单位办社会效应。单位成员的日常生活事务，除了家庭、个人能够处理的以外，几乎全由单位包下来。①"单位在思想政治工作系统中的作用，形成'先定性质、自主运行'的格局。所谓'先定性质'，是指思想政治工作的性质、原则、内容等基本要求是由党和国家决定的，是先于社会组织的因素。而'自主运行'则是指社会组织中的思想政治工作的具体运行，取决于这个社会组织自身的状况。②"

2. 社会组织的思想政治教育

包括两类：第一类是有完备的思想政治工作系统的组织，如公有制企业、国家机关、事业单位等，简称为 A 类；第二类是没有完备的思想政治工作系统的组织，如非公有制企业、家庭等，简称为 B 类。③ 非公有制经济组织思想政治工作是党的思想政治工作的一部分，思想政治工作的性质应坚持社会主义方向；非公有制经济组织思想政治工作要为党的建设，为国家稳定发展，为经济组织发展，为职工利益，为业主利益等服务；思想政治工作的内容、方式应突出自主性，体现非公有制经济组织自身的特色；思想政治工作的主体应做到社会性，社会各方面关心和参与非公有制经济组织中的思想政治工作。④

3. 社会群体的思想政治工作

社会群体是人们按照一定的社会关系所结成的有共同交往活动的人类社会生活单位。可以分为初级群体和次级群体、大型群体和小型群体、正式群体和非正式群体、所属群体和参照群体、内群体和外群体。⑤ 第一，家庭思想政治工作。家庭思想政治工作属于非制度化的思想政治工作，不受思想政治工作系统的制度约束，取决于家庭的自身活动，特别是家庭主要成员的思想政治素质。家庭思想政治工作满足自身建设的需

---

① 孙其昂：《社会学视野中的思想政治工作》，中国物价出版社 2001 年版，第 165 页。
② 同上书，第 169 页。
③ 同上。
④ 孙其昂：《非公有制经济组织思想政治工作的社会学透视》，《江南论坛》2002 年第 2 期。
⑤ 孙其昂：《社会学视野中的思想政治工作》，中国物价出版社 2001 年版，第 180—181 页。

要和家庭在社会系统中的功能。第二，大学生宿舍群体的思想政治工作。大学生个体的自我完善在很大程度上取决于与之密切接触的群体发展水平，而寝室群体具有其内在的结构。如将大学生寝室群体划分为发展型群体、和睦型群体、松散型群体、消极型群体等。

（三）生态论视野中的思想政治教育组织观

1. 思想政治教育生态组织

戴锐（2007）认为，思想政治教育生态可分为宏观圈层（社会大环境及区域性生态等）与微观圈层（组织内部生态）两方面，两个圈层均由意识圈层、制度圈层和物质圈层三大部分构成，其中意识圈层由心理、观念、意见和学术成果等构成，制度圈层由社会制度、思想政治教育管理规章等构成，物质圈层由设备设施、场地场所、经费支持等构成。[①]

2. 高校思想政治教育生态组织

邱柏生（2008，2009）认为，从微观角度看，高校思想政治教育本身是一个生态系统，这种生态主要由大学生思想政治理论教育、宣传思想教育与日常思想政治教育几个子系统构成，从中观角度来看，高校思想政治教育又是高等教育生态中的一个子系统，会受到高等教育体制、理念、教育制度变化的制约。从宏观角度看，高校思想政治教育更处于社会环境大生态中。他将高校思想政治教育活动本身看作是一个高度有机的系统过程，更注重将一切支配、制约与影响高校思想政治教育活动的社会因素都看作是一个更大的有机活动系统。[②]

3. 思想政治教育社会生态组织

卢岚（2010）围绕思想政治教育社会生态的结构、特征及结构创新三个方面，提出通过将以政府、学校、城市为中心的思想政治教育和以社会、农村为主阵地的草根性思想政治教育有机的融合，达到结构创新，功能升级，以实现思想政治教育实效性的全面提升。[③]

---

① 戴锐：《思想政治教育生态论》，《理论与改革》2007年第2期。
② 邱柏生：《充分认识高校思想政治教育的生态关系》，《思想理论教育》2008年第15期；《高校思想政治教育的生态分析》，上海人民出版社2009年版，第2页。
③ 卢岚：《断裂处的光缆——现代思想政治教育社会生态论》，湖北人民出版社2010年版，第22页。

4. 思想政治教育系统

思想政治教育系统是思想政治教育诸要素、诸子系统之间相互联系、相互作用,在一定结构要件形式下按照一定的模式运行并同环境发生互动关系、具有特定功能的社会有机体,是一种具有生命力的客观存在。①

此外,还有学者对思想政治教育组织困境进行研究,张耀灿等认为:"思想政治教育组织客观上存在信息失真、权力间隔、路径依赖、人性束缚等科层困境,形成了机构臃肿、效率低下、个性被扼杀的局面。消解思想政治教育科层组织的困境需要从内部控制、外部控制两方面入手加以解决。"②

综合上述研究现状可以看出,关于思想政治教育组织的研究已逐渐成为研究前沿热点问题,初步探讨了思想政治教育组织论研究的基本框架。但同时,仍然存在一些需要进一步深化的问题:第一,对思想政治教育组织的本体论研究不足。第二,对思想政治教育组织功能研究不足,思想政治教育功能与思想政治教育组织功能是否具有同一性?笔者以为二者之间是包含与被包含的关系。思想政治教育功能包含思想政治教育组织的功能(一般功能),也包含组织思想教育的功能(特殊功能即通过组织化思想政治教育实践活动而发挥的作用及功能)。学界对思想政治教育功能研究较多,而对思想政治教育组织的功能研究较少,特别是缺乏对组织的思想政治教育功能研究较少。第三,如何深入研究使思想政治教育组织机构实现有效管理,保障各项思想政治教育制度和政策能够得以严格执行。一是要对现有的思想政治教育机构如何加强自身建设和有效管理进行研究,探讨如何按照思想政治教育专业分工的原则设置内部机构及其功能定位和权责划分问题,探讨如何完善其内部的规章管理制度、人才培养、后勤保障等问题,从而使其能成为拥有强大战斗力的思想政治教育的坚强堡垒。二是要研究不同层级的思想政治教育组织机构之间的领导与执行问题,探讨如何统筹思想政治教育系统内部的力量提升教育实效。现代化过

---

① 侯勇、孙其昂:《思想政治教育系统与体系优化》,《思想理论教育》2010 年第 11 期。
② 张耀灿、邵献平:《思想政治教育组织的科层困境及其消解》,《武汉理工大学学报》(社会科学版) 2007 年第 3 期。

程中思想政治教育如何组织起来？如何有力量，思想政治教育活动组织、团队组织、动员组织。

二 思想政治教育组织化结构与功能

思想政治教育组织体系是开展思想政治教育工作的重要前提，其得以执行需有相应的结构加以支撑，主要包括思想政治教育组织体系的人员结构、思想政治教育组织体系的功能结构、思想政治教育组织体系的组织结构。

(一) 思想政治教育组织结构

思想政治教育系统的组织结构，反映思想政治教育系统中要素之间的联系方式、组织秩序及其时空表现形式。思想政治教育系统不是把思想政治教育系统各个要素变量组成"集合"，而是进入要素的关系性当中组成的结构性有机统一整体。其组成思想政治教育系统的各个元素之间产生的特定关系和秩序构成思想政治教育系统的结构。结构反映系统内部关系，是思想政治教育系统的一种内在规定性。

正是通过思想政治教育系统的组织制度结构层次子系统发挥中介枢纽作用，以思想政治教育系统理论结构层次子系统为基础，通过思想政治教育系统实践子系统发挥思想政治教育系统功能。需要指出的是，思想政治教育系统的理论、学科、实践系统三者之间并不是完全的分离阶段或完全割裂独立存在，而是一种有机的联系，三者之间相互依存相互影响相互促进相互整合成为一个统一的整体。在理论层次，思想政治教育学的创立与发展，需要思想政治教育学科专家实务工作者的学术科研和实际工作劳动；在实践活动中，思想政治教育实践工作既需要思想政治教育理论系统的指导，又需要思想政治教育学科系统的协同配合；在思想政治教育学术共同体中，既需要思想政治教育实践工作者的经验总结，并提炼升华为学科理论知识，又需要建立在传统思想政治教育学理论知识基础上进行不断创新与发展。因此，可以说，思想政治教育系统正是通过理论、制度和实践三种层次结构的子系统之间的互动共同成为社会复杂适应系统中一个具有独特价值和功能的组织体系。思想政治教育系统是由若干要素组成理论、制度、实践三元层次结构形式同环境发生互动关系，将价值观念通过内外化过程实现个体自主建构思想道德品质，进而促进人的全面发展的社会有机系统。思想政治教育理论研究组织、思想政治教育学科组织、思想政治教育实践组织扮演并发挥思想政治教育教学、研究、管理、工作的角色功能（如图8—1）。

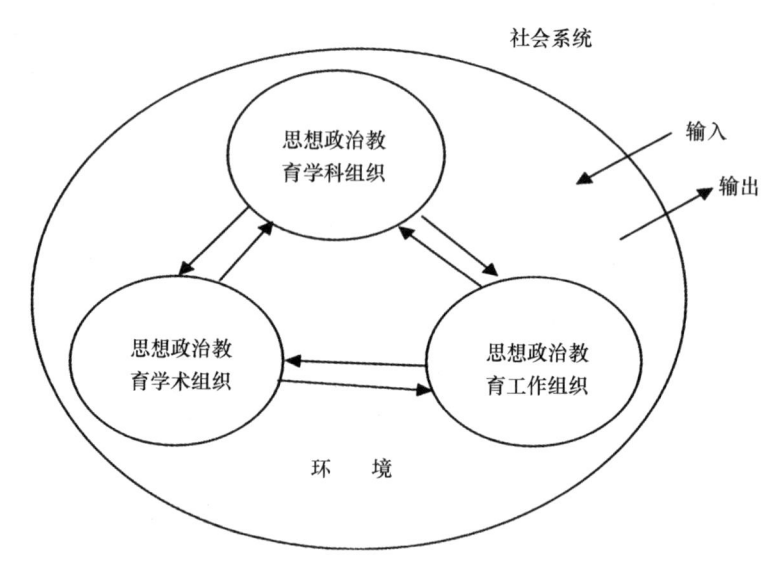

图8—1 思想政治教育组织结构

（二）思想政治教育组织功能

美国社会学家帕森斯认为，"整个社会趋向于分化为子系统（社会结构），它们分别按专门化分为四个主要功能"①，任何一个社会系统，为了生存和维持下去，都必须解决四大问题，也就是说必须实现四项基本功能。帕森斯把这四项基本功能分别称为"适应"（adaptation）"目标达成"（goal attainment）"整合"（integration）"潜在模式维持"（latent pat-

---

① ［美］塔尔科特·帕森斯、尼尔·斯梅尔瑟：《经济与社会》，刘进等译，华夏出版社1989年版，第43页。

tern-maintenance）和"紧张处理"（tension management），这就是帕森斯著名的 AGIL 模型。①（见表 8—1）

表 8—1　　　　　　　　行动系统的功能必要条件情况

A（适应）适应、手段、目标、控制	G（目标达成）表达手段的完善行为和心满意足
L（潜在模式维持和紧张处理）潜在接受的意念统一和能量调节紧张的形成和缓和	I（整合）表达统一的、符号、控制

帕森斯认为，"目标达成"意味着任何一个社会系统都必须能够使其中的任何一个行动参与者实现和达到其目标。"适应"主要是指涉系统同它的环境之间的某种关系；对于系统中的成员来说，他们的行动必须适应环境方面的限制，或者设法使环境适应他们的需求。"整合"意味着系统中任何一个成员的行动，必须尽可能相互协调而避免冲突。"潜在模式维持"主要是指涉系统中每个成员的精神态度同维持系统所必须的规范的协同关系；它意味着系统的存在，要求在其中的每个成员保持着同贯穿于系统中的规范和价值相一致的心态。借助 AGIL 模型分析，作为一个社会行动系统之一的思想政治教育系统理所当然也具有这四个功能系统构成整体，通过在思想政治教育主体客体化与客体主体化的互动过程中执行系统适应、目标达成、整合和维系功能，实现思想政治教育正向性价值。②

1. 思想政治教育组织建制的适应功能

思想政治教育系统适应功能是指思想政治教育系统在与环境互动关系过程中实现集体目标功能，确定目的和达到目的功能。思想政治教育系统是建立在经济基础之上的思想上层建筑，其适应功能发挥的必要条件是指思想政治教育系统同社会环境之间的互动关系中，思想政治教育组织建制必须适应环境方面的限制或设法使环境满足其需求与条件。帕

---

① ［美］塔尔科特·帕森斯、尼尔·斯梅尔瑟：《经济与社会》，刘进等译，华夏出版社 1989 年版，第 18 页。

② 侯勇、孙其昂：《思想政治教育系统与体系优化》，《思想理论教育》2010 年第 11 期。

森斯在谈到系统的适应功能时指出:"一种或多种情境事物(在其价值系统及制度化情境为已知条件时)可使其系统保持最大的稳定性。对一个行动者或一个社会系统来说,其目标的状态指参照系统和上述那些情境事物之间的关系。其他方面相等地,这样的情境一旦出现,则趋于维持;如未出现,这个系统的一个或更多的单位的行动则趋于谋求这种情境。"①思想政治教育系统在和环境进行物质、能量和信息的交换过程中,既能通过调节保持自身的稳定状态,又可以进行要素和结构的重新组合,适应环境的变化。这种现象就是生命系统和社会系统对环境变化而表现出来的适应性。这种适应性是通过反馈、调节等控制手段实现的。思想政治教育系统适应功能的发挥是通过思想政治教育运行系统中的物质利益、契约、绩效、共同富裕目标等条件资源等不断地输入,发挥调节思想政治教育中的人的利益与需求关系,调动人积极性,适应经济社会发展要求和人的全面自由发展需要。

思想政治教育系统对经济具有精神动力功能。一方面,思想政治教育组织建制能培养劳动者的思想道德素质,使人们具有良好的思想品质和行为,提高社会成员的思想认识和道德觉悟,调动劳动者掌握专业技术知识的积极性和形成职业道德素养的自觉性;另一方面,通过思想政治教育系统行动能够建立起适应于社会主义市场经济的道德判断、价值观念,通过激发人的主体意识、竞争意识、创新意识,帮助人确立公平效率观念,调动人发展生产和变革生产关系的积极性和创造性,促进经济工作和业务工作的开展,从而激发和调动劳动者的生产积极性和创造性,对推动生产力发展具有精神动力功能。

思想政治教育系统对经济发展方向具有保证作用。一方面,通过思想政治教育组织建制宣传先进的思想和党的纲领、路线、方针、政策,保证我国改革开放沿着正确的方向发展,使社会主义市场经济建设沿着正确方向有序运行,对经济系统的发展起导向和调节作用,产生推动改革发展的强大驱动力。另一方面,通过思想政治教育组织建制能够破除人们落后的思想,为物质生产和经济建设扫除精神障碍,为经济建设营

---

① [美]塔尔科特·帕森斯、尼尔·斯梅尔瑟:《经济与社会》,刘进等译,华夏出版社1989年版,第17页。

造良好的认识环境、道德环境和社会心理环境，推动社会经济的发展进步。

2. 思想政治教育组织建制的目标达成功能

思想政治教育系统目标达成功能主要是指在思想政治教育组织建制实施过程中，服从和服务于社会发展规律和人的思想行为规律，发挥传播政治意识、引导政治行为、培养政治人才、和谐政治关系的作用，维护社会政治稳定和促进社会政治发展，达成促进人的全面发展和社会进步的目标。思想政治教育系统目标达成功能实现意味着任何一个行动参与者实现和达到其目标，需要制度、民主、政治现代化、公正等满足"目标达成"功能的适应、达鹄、整合、维模必要条件。

一方面，思想政治教育系统作为一种规范社会政治道德秩序的系统化、结构化社会建制，内在地嵌入社会系统中，其结构不仅取决于社会——政治系统，而且还取决于文化背景、社会价值、道德规范及市场外部的社会关系。社会实践也证明，政治统治权获得有多种途径，如传统的权威、宗教授予、领导魅力、法理依据等，但政治统治权的获得并不意味着文化领导权的获得，文化资本比经济资本享有更高声望，即拥有政治统治权并不必然拥有文化领导权，拥有经济合法性并不必然拥有文化领导权。因此，经济上占主导地位的阶级会千方百计地获取文化资本，通过占有文化资本获得文化领导权，从而建构自身合法性和赢得民众的"同意"。

另一方面，思想政治教育系统作为一种结构化社会建制，能够传播政治意识、引导政治行为、造就政治人才、和谐政治关系，在很大程度上这种秩序对于社会和政治正常运行是必需的，不仅影响社会领域内的社会行为和政治行为，而且承担着维护社会政治稳定、促进社会政治发展的功能。思想政治教育组织建制的目标达成功能在于通过思想政治教育组织建制实现对精神生产的导向和调节，引导公众政治舆论方向，净化社会的精神领域，使精神生产和精神产品直接为现实的社会经济基础和政治制度服务。通过促进受教育者，特别是青年的政治社会化，实现政治角色的认同，对于协调党和人民的关系，化解社会矛盾，促进社会政治稳定，发展安定团结的政治局面，增强民族凝聚力，起着十分重大的作用。

3. 思想政治教育组织建制的整合功能

思想政治教育组织建制的整合功能主要是指思想政治教育系统确保其内在稳定性诸因素，通过思想引导、宣传教化和行为规约等唤起人们强烈共同信念和认可，达到共同体或国家有效的内部统一和社会整合控制功能。思想政治教育组织建制的整合功能是使更大的社会系统免受不适当的内部冲击和其他协调失灵，并把价值方式与个人行为者的动机结构相联系。在经济、政治、文化等社会领域的急剧变革中，社会结构、利益分配、社会治安等出现了许多前所未有的新问题新挑战，社会结构的分化、社会文化的分化、网络"文化"化发展态势给思想政治教育系统整合功能实现带来挑战，这就需要社会系统中提供信息化、社会和谐目标、利益共享、信任等适应、达鹄、整合、维模的必要条件，实现思想政治教育系统"整合"功能。

第一，通过思想政治教育组织建制传播主流意识形态，树立共同理想，进行价值导向，通过价值评判来改变人们的社会行为，强化公民的道德意识，"认同"和"内化"现行的政治法律制度，选择合乎社会目标的价值观念和行为模式。

第二，思想政治教育组织建制能够从整体上正确引导和把握社会心理，协调各利益主体多元化的利益追求，协调人际关系，培养人们的政治理念，激发政治热情，提高政治素质，引导政治行为，并通过正确的社会舆论宣传，树立正确的社会舆论导向，使之自觉约束和规范自我行为，从而有效控制社会诸系统的运行轨迹、方向和速率，促进社会的良性运行与和谐发展。

第三，随着改革开放的不断深入，社会经济成分和经济利益多元化，社会组织形式多样化，就业岗位和就业方式多样化日趋明显，人们的工作压力和生活压力日益增大，人际关系和利益关系日渐复杂，难免引起人们心理上、情绪上的变化，一些不良情绪如不及时予以调适和排解，势必造成社会危害，影响社会的和谐发展。思想政治教育组织建制能促进人与人之间思想的交流与沟通，消除人们的心理障碍，疏导社会情绪，平衡社会心理，协调人际关系，缓解社会冲突，维护社会稳定，促进社会和谐。

4. 思想政治教育组织建制的维系功能

思想政治教育组织的维系功能主要是指涉思想政治教育系统中通过规范秩序的合法化维持文化模式，确保一个社会的成员之间的相互信任，使个体保持与社会系统要求的规范和价值相一致，维护对社会政治系统的认同功能，着重于制度化的文化软实力，着重于价值定向的模式。"互动系统的一个单位的功能发挥，最终依赖于参与单位的个人行动者的动机。模式维持子系统的'紧张处理'方面与这一动机有关。这一子系统的首要适应需要存在于人格因素之中，它们维持与文化价值一致的适当的动机。有些个人动机与完成制度规定的角色的行为期待存在实际或潜在的冲突，要处理的紧张就是这种个人动机。"① 这就需要社会系统中提供认知、价值、意识形态、信仰等适应、达鹄、整合、维模的必要条件，实现思想政治教育系统"维系"功能。"社会文化系统从经济系统和政治系统那里获得投入，具体表现为可以购买的能够满足集体需要的商品和服务，法律行为和管理行为，公共和社会保障等。……一个社会的社会整合依赖于这一系统的产生：直接依赖的是社会文化系统以合法化形式给政治系统提供动机，间接依赖的是社会文化系统向教育和就业系统输送劳动动机。"② 思想政治教育组织建制能够帮助人树立科学的世界观、人生观和价值观，增强社会主义主流意识形态的吸引力和凝聚力，通过调节思想政治教育矛盾的现代性张力和系统能量输入输出熵值动态平衡力维系思想政治教育系统的有序运行和功能发挥，维护社会稳定和人的全面自由发展。

思想政治教育系统作为社会意识形态建设的重要组成部分，思想政治教育组织建制具有文化选择功能。一方面，在肯定性的判断基础上，吸收积极的文化因子，并进而纳入思想政治教育系统的制度化的文化轨道，使之成为思想政治教育系统的有机组成部分。另一方面，对与思想政治教育组织建制异向的文化因子的排斥，抵制与清除劣性文化对对象

---

① ［美］塔尔科特·帕森斯、尼尔·斯梅尔瑟：《经济与社会》，刘进等译，华夏出版社1989年版，第47页。

② ［德］尤尔根·哈贝马斯：《合法化危机》，刘北成、曹卫东译，上海人民出版社2009年版，第55页。

的侵害，因而思想政治教育系统在强化对中华民族传统文化的价值吸收和批判改造和对西方文化合理借鉴和批评改造方面发挥重要功能，将社会主流文化渗透各种亚文化中去，引导其发展方向，调节社会文化冲突，进而为促进社会主流文化的发展服务。

三 思想政治教育组织建制设计

1. 思想政治教育管理组织

30 多年来高校思想政治理论课教育教学管理组织不断进行改革与创新，经历着混合制—双轨制—整合制的轨迹嬗变，实现由混合虚拟教育管理机构向专业教学科研实体机构转变。如大部分高校思想政治理论课教育教学机构演变大体为马列主义教研室—人文/社会科学系—人文或教育学院—公共管理学院或法政学院等—马克思主义学院。曾有人形象地将原初形态思想政治教育教学院系或教研室称为学科发展的"老母鸡"，即这一时期的高校人文社科相关学科专业、学科点也大都是在思想政治理论课教学相关院系、教研室等逐渐分离发展出来，直接导致分离出来的学科点建设不断发展，而原来的思想政治教育教学院系由于人员外流或发展其他学科的需要而成为一种"空心化"体制，导致思想政治教育教学的主体仍然是分离出去的这部分教育教学人员，从而导致这一时期高校思想政治理论课教育教学任务大都由分离出去得到发展的人文社科相关学科院系承担。这种混合管理体制的直接后果导致"借船出海""借壳上市"现象出现，很多未能找到人文社会科学学科建设突破口的院校，都以思想政治教育教学为突破口，借用思想政治教育教学队伍或学科力量，在这种情况下，人文社会科学其他学科在混合体制下得到较快发展，而马克思主义理论和思想政治教育学科则由于借用之后真正在做的却是非思想政治教育教学的工作，思想政治教育学科处于发展缓慢甚至萎缩状况，直接影响高校思想政治教育理论课教育教学。

在这样的教学"危机"形势下，高校思想政治理论课教学管理部门开始进行新的探索与思考。高校思想政治教育理论课教学管理体制逐渐发生嬗变，逐渐形成了教学管理分离的"双轨制"管理体制，即设立相对独立的马克思主义研究中心（负责马克思主义理论学科建设和理论研究）和建立思想政治理论课教学部（负责思想政治理论课教育教学管理）。在这样一种管理、教学与科研分离的双轨制度管理体制下，一定时期内对于促进高校思想政治理论课教育教学具有积极作用，但其负面效应也不可忽视："一是专职从事思想政治理论课教学科研和学科建设的教师太少；二是教师尤其是高水平的教师不断流失；三是思想政治理论课教学工作虽依托人文社科学院的强大师资得到一定程度的加强，但很难持续；四是马克思主义理论研究和学科建设发展缓慢。"① 因而，高校思想政治理论课教学管理体制需要进一步改革创新。直至2011年，教育部为了规范高校思想政治理论课的组织管理、教学管理、队伍管理和学科建设，颁发了《高等学校思想政治理论课建设标准（暂行）》，其中将高校思想政治理论课的具体建设指标分A＊、A、B三类，共38项。2015年印发《高等学校思想政治理论课建设标准》，提出了高校思想政治理论课建设量化标准指标体系，其中具体建设指标分A＊、A、B三类，共39项，主要为"党政领导办公会、讲课及听课、独立机构设置、生均经费、课时保证、学科点建设"等A＊核心指标7项；"校重点课程、马工程统编教材、课堂规模、政治方向、师德师风、教师选配、经济待遇"等A类9项重点指标；"管理制度、课程设置、课堂教学、实践教学、教学方法改革、教学成果、培养培训、职称评聘、表彰评优、科研工作、特色项目"等B类基本指标23项，为高校思想政治理论课教育教学的科学化、制度化、规范化提供了制度保障。

2. 思想政治教育教学课程组织

思想政治教育理论课程是马克思主义理论宣传教育内容的核心要素，是马克思主义理论教育系统的重要组成元素，是推动马克思主义理论教育的主要载体。课程教育体系方面，"高校马克思主义理论教育系统大体包括理念、课程、制度、设施、环境、主体、活动等要素，由这些要素组成高校马克思主义理论教育的系统整体"②。30多年来思想政治理论课在改革中实现创新，课程在体系上先后共经历了三次大的调整，即从

---

① 艾四林：《健全体制提升水平打造优秀教学团队——清华大学加强思想政治理论课建设的新举措》，《思想理论教育导刊》2010年第6期。

② 孙其昂：《高校马克思主义理论教育体系构建研究》，《思想理论教育》2007年第5期。

"85 方案""98 方案"再到"05 方案"。①

第一,"85 方案"在巩固业已形成的"两课"模式基础上,在课程种类、课程布局和课程层次上对思想政治理论课进行了制度化规定。1986 年国家教育委员会《关于在高等学校开设"法律基础课"的通知》规定了法律课程设置和内容、1987 年颁布《中共中央关于改进和加强高等学校思想政治工作的决定》和 1987 年发布《关于高等学校研究生马克思主义理论课(公共课)》教学规定,形成了思想政治教育教学和思想政治工作"双管齐下"、课程教育与实践教育紧密结合的课程布局。

第二,"98 方案"确立了本专科、博士、硕士研究生的思想政治理论课设置图式和课程组织体系。1995 年 11 月 23 日国家教委颁布《中国普通高等学校德育大纲》提出,思想政治理论课科目包括"马克思主义基本原理课程""有中国特色社会主义建设课程""中国革命史论"三门马克思主义理论课,"思想道德修养""法律基础"和"形势与政策"三门思想品德课,基本确立"98 方案"的课程框架。1998 年 6 月,中央宣传部、教育部联合印发《关于普通高等学校"两课"课程设置的规定及其实施工作的意见》,规定了两年制专科生、三年制专科生、本科生、硕士研究生和博士研究生所应学习的"两课"科目及学科,提供了一个详细的课程设置图式。如本科生需要学习《马克思主义哲学原理》《毛泽东思想概论》《邓小平理论概论》《马克思主义政治经济学原理》《当代世界经济与政治》《思想道德修养》和《法律基础》等课程体系。

第三,"05 方案"确立了高校思想政治理论课程组织体系。2004 年,党和国家高度重视未成年人和大学生的思想政治教育工作,下发了《关于进一步加强和改进大学生思想政治教育的意见》(中央 16 号文件)对大学生思想政治教育进行系统化、制度化规范。2005 年 2 月,中宣部和教育部联合制定《关于进一步加强和改进高等学校思想政治理论课的意见》及同年 3 月 9 日中宣部和教育部联合印发的《关于进一步加强和改进高等学校思想政治理论课的意见》实施方案,对高校思想政治理论课程设置进行了详细规定:本科生开设"马克思主义基本原理""毛泽东思

---

① 宇文利:《现代思想政治教育课程论》,北京大学出版社 2012 年版,第 105 页。

想、邓小平理论和'三个代表'重要思想概论"（现为《毛泽东思想和中国特色社会主义理论体系概论》）"中国近现代史纲要"以及"思想道德修养与法律基础"四门必修课，同时开设"当代世界经济与政治"选修课和开设《形势与政策》必修课，先后下发17个配套文件，① 推进加强和改进大学生思想政治教育。综观"85方案""98方案"和再到"05方案"课程体系的整合与变迁，表明思想政治理论课教学课程体系随着时代发展主题而不断变化，以马克思主义中国化理论变迁为线索，体现了思想政治理论课教学课程体系的现代化科学化改革实践，深化了我们对加强思想政治理论课建设的规律性认识。

3. 思想政治教育学术组织

滕尼斯在《共同体与社会中》将"共同体"用来表示一种基于协作关系的具有共同归属感的社会团体，他将共同体可以分为三类：即血缘共同体、地缘共同体及精神共同体。精神共同体是建立在共同的教育信仰的基础上，为了相同的教育目标，在培养人的社会实践活动中，所形成的有责任感的团体，也可以称为教育者的共同主体形态。思想政治教育学科系统就是这样一种"精神共同体"，共同体个体成员基于共同的目的及信仰组成的有机整体，在这一有机整体中，个体之间有着共同的目标和信仰以及良好的情感联系与沟通，具有强烈的归属感和认同感。孙其昂教授指出，思想政治教育学科就是思想政治教育学术共同体，它是以思想政治教育学知识为基础，由思想政治教育学科成员、价值观、科学研究、科学技术服务、学科规范（方法）等组成的学术性社会共同体。② 思想政治教育学科系统的基本要素有思想政治教育学者、思想政治教育科学研究、思想政治教育科学技术服务、思想政治教育学科规范，当然它也有自己一套价值观。具体而言，思想政治教育学术组织代表性建制主要形成以思想政治教育专业的圈子为主体的马克思主义理论学科研究会；以思想政治教育实务的队伍为主体的中国高等教育研究会思想政治教育专业委员会、以学生工作为主体的高校辅导员工作研究会等，

---

① 《加强和改进大学生思想政治教育文件选编》，中国人民大学出版社2005年版，第1—3页。

② 孙其昂：《论思想政治教育学科的系统建构》，《思想教育研究》2010年第3期。

在企业有职工思想政治工作研究等学术共同体组织；在这个共同体内，以思想政治教育理论知识体系为基础，以学者为主体，以思想政治教育价值观和学术规范为规范，开展思想政治教育科学研究活动和思想政治教育科学技术服务。思想政治教育学科建设主要是指思想政治教育科学研究、学术活动、专家队伍、学术团体、学术成果、学科影响等方面。

4. 高校思想政治工作组织

以高校研究生群体为例，高校思想政治工作组织结构基本构成模式是：学校党委—研究生（或学生）主管部门—学院（学科、导师）—研究生自组织。笔者认为，高校研究生思想政治工作组织主要分为三类：一是与研究生思想政治教育有关的研究生主管部门、学生处（部）、团委等校级职能部门与组织；二是在学院（系）层面的院（系）党团组织、专职或兼职研究生思想政治教育岗位、导师团队组织等，既要对学校相关职能部门负责，又要承担所在院（系）研究生思想政治教育工作的责任；三是研究生班级群体所在的党支部、学生会、班委会、朋辈群体等学生管理自组织。与之相对应的组织主体也分为三类：一是研究生思想政治工作部门群体，如学校党委负责人员、党委研究生工作部工作人员等；二是院系思想政治工作群体，包括院（系）党团组织负责人、专职或兼职辅导员、研究生导师、学生干部等群体；三是作为自我教育自我管理主体而存在的班级学生干部、党员、朋辈群体等（见表8—2）。

表8—2　　　　　　　　高校思想政治工作组织层级

层级	责任组织	责任主体
校（团）级	校党委宣传部门、研究生主管部门、学生处（部）、团委等校级职能部门组织	校党委负责人、宣传部负责人、党委研究生工作部工作人员等
院（系）级	院（系）党团组织、专职或兼职研究生思想政治教育岗位、导师团队、学生会等组织	院（系）党团组织负责人、专职或兼职辅导员、研究生导师、学生干部等
班级	班级党支部、班委会、朋辈群体	班级学生干部、党员等

思想政治工作组织权威依托于国家政治制度体系的政治权威和意识形态领域的文化领导权威；从微观维度来说，依托于高校思想政治工作

部门的权威和校园文化"软实力"等方式获得高校多元主体的同意。高校思想政治工作组织架构一般是校、院两"显性"制度与组织架构运作,纵向上按照校院两级进行思想政治工作的贯彻落实,横向上按照各个相关思想政治工作组织承担的不同职能划分责任和权利。这种典型的科层管理模式,其优点在于权力集中、分工精细、决策迅速,有利于集中统一领导,提高管理效率。但在实施过程中,由于上级部门的重视程度、工作主体素质与态度、个体参与意识、活动形式等方面因素,特别是面对研究生思想政治工作环境快速变化的场域,这种管理体制不仅不能及时调整相应的教育目标、拓展教育内容、改进教育方法,而且还容易造成信息不对称现象,甚至延误决策,在一定程度上成为当前研究生思想政治工作"稻草人化"的制度性困境。在现实中,高校研究生思想政治工作组织权威弱化,具体表现为三种状态:一是基层思想政治工作组织的空缺,校级层面的制度建制比较完善,如党委研究生工作(处)部是在党委领导下负责全校研究生招生、就业、教育管理、资助和心理健康教育等工作的职能部门,而在院级层面的研究生思想政治工作组织建制不太整齐完善;二是研究生思想政治工作组织制度的"空心"化,缺乏相应的法律制度规范约束,相关教育者、辅导员等人员编制保证缺乏,组织建制上的虚化或形式主义减损其工作权威;三是研究生思想政治工作组织运行的"空转",院级层面的研究生思想政治工作组织制度过于赖于党委行政组织或从属于相关的人事管理机构,部分现存的思想政治工作组织机构异化为一般的行政机构、党建机构、文化建设机构,研究生思想政治工作部门话语权缺失,导致研究生思想政治工作部门管理者角色式微。

四 思想政治教育组织建制的价值外显

1. 利益满足:思想政治教育组织建制的价值起点

在西方社会思想政治教育特色强调"重法外控,重视政府指导调控和地方分权管理"[①],统治阶级对于教育的强行控制都是法律与金钱的双

---

① 侯勇、颜素珍:《西欧思想政治教育特色探析》,《思想政治教育研究》2009年第1期。

管齐下，既诉诸法律法规的规约作用，又借助于经费调节和利益协调作用。因而，在现代化进程中，思想政治教育系统的优化发展也需要加强利益协调和经济手段的综合运用。因此，思想政治教育组织建制中不能排除利益驱动因素，党的意识形态工作和政府的行政行为过程中要从根本上代表最广大人民群众的利益诉求和价值需要，调和各种利益冲突，化解社会矛盾，满足人民利益需要与个性发展需要，实现利益的共建共享，真正获得群众认可。

第一，满足人的需要发展。当代中国仍然处于以物的依赖性为基础的社会主义初级阶段，解决民众日益增长的物质文化生活需要同落后的社会生产之间的矛盾是中国特色社会主义现代化建设的主要任务。契合人的需要，利用经济手段来调控思想政治教育组织建制中的利益关系。有学者强调："建设和谐社会背景中的思想政治教育，应当突出强调人的自然需要能力、社会需要能力、理性需要能力和道德需要能力。"[1] 因而，思想政治教育组织建制要努力满足和培育人的需要，培养思想政治教育场域中人的社会认同、理性调控和道德品质。

第二，既满足人的物质利益需要，又努力避免人的"物本化"倾向。思想政治教育组织建制不仅不能脱离群众利益需要，而且必须与群众关心的利益需求紧密联系起来，把满足人民的利益需求与价值实现结合，在进行经济活动和业务管理中，既重视物质利益和各种经济手段的运用，又重视把思想政治工作和经济工作结合，从根本上克服思想政治工作和经济工作"两张皮"的问题，真正获得群众的认可和同意。但同时，在现代欣欣向荣的消费社会中，也要注意防止对物质依赖的极端化，防止对资本的依附和奢侈性消费的膜拜。

2. 社会治理：思想政治教育组织建制的价值存在

思想政治教育组织建制是依靠党政部门、企事业单位齐抓共管，在把握人的思想行为变化活动规律前提下，通过宣传、教化、管理等方式转变人的思想政治观念，最终改变人的行为的一种社会实践活动系统。思想政治教育组织建制是社会治理不可缺少的一个组成部分，具有其他

---

[1] 黄明理：《马克思人性论思想对当代思想政治教育的启示》，《马克思主义研究》2009年第5期。

管理手段所无法替代的促进社会和谐功能。从行政管理学意义来分析，思想政治教育组织建制也是一种政府管理活动。思想政治教育组织建制是一种政党意志与政府行为相统一的外显和具体化社会实践行动，是政党领导权和政府执政权的统一，政党执政理念和决策通过政府行为和管理活动来执行，转化为具体的社会行动，扩散在政治、经济、文化和社会系统中。抽象的政党意志、决策、要求通过政府部门的依法行政和施政行为转化为具体的社会行动，使社会成员获得对政党政治领导和政府执行的同意和认可，从而为政权提供政治合法性与道德合理性的基石。

思想政治教育组织建设是社会治理创新的重要方式和载体。思想政治工作在宣传党的路线方针政策、进行社会动员、加强思想道德教育、建设先进文化、营造良好舆论环境等方面发挥重要作用。思想政治教育组织建制既是一种进行宣传、教育和管理的职业化社会实践活动，又是进行思想宣传、教育和管理的专业化社会实践活动，蕴含着"宣传、教育和管理"三重性的社会实践活动，隐喻社会治理功能，思想政治工作理所当然成为社会治理的一种方式。随着经济社会快速转型导致经济体制深刻变革，社会结构深刻变动，利益格局深刻调整，思想观念深刻变化，社会成员由"单位人"向"社会人"转变，社会的开放、交往的增加、信息网络化发展使人们思想意识的因素越来越多样化个性化。如果仅仅依赖于群众运动、政治学习、宣传教化等传统思想政治工作范式来开展思想政治工作，那么会影响思想政治工作的实效性和长效性，使其成为一种"宏大叙事"而失信于民。思想政治教育系统领域中党建、学校、军队、社区等行动主体要积极融入社会治理新阵地中，充分利用思想政治教育实践活动特点和优势，发挥理论教育、榜样示范、人文关怀、心理疏导等方法，充分发挥思想政治工作服务群众、化解矛盾、引领思想、维护稳定的重要作用。依靠社会治理创新促进思想政治教育系统功能发挥。社会治理归根到底是对人的管理和服务，是围绕人的思想和行为而展开的社会实践活动，涉及对人的思想、观念、意识的引导和行为的管理规约等内容。社会系统各行各业、各单位组织中的个体都被纳入社会治理的轨道，将思想政治工作形式和手段融于社会治理过程，以其管理规约的优势和全员性、广覆盖特点自然成为思想政治教育的重要传播载体和作用方式。

3. 社会和谐：思想政治教育组织建制的价值目标

思想政治教育系统中的人是社会关系中的人，思想政治教育组织建制是协调人际关系的社会活动。马克思关于人的本性有三个代表性论述：一是劳动本质论，马克思在《1844年经济学哲学手稿》中写道："一个种的全部特性、种的类特性就在于生命活动的性质，而人的类特性恰恰就是自由的有意识的活动。"① 将人的一般本质与动物区分开来。二是社会关系论。马克思在1845年《关于费尔巴哈的提纲》中写道："人的本质不是单个人所固有的抽象物，在其现实性上，它是一切社会关系的总和。"② 三是需要本性论。马克思进一步提出："他们的需要即他们的本性"，"人的需要的丰富性，从而某种新的生产方式和某种新的生产对象具有何等的意义：人的本质力量的新的证明和人的本质的新的充实。"③ 马克思人性方面的论述科学回答了"什么是人"的"斯芬克斯之谜"，为思想政治教育场域中人性的完善发展提供实践路径和思维路径：回到社会实践中，实现人与自然、人与社会、人与人、人与自我之间的和谐。在社会生活领域中，由于人们的社会地位、实践经验、知识水平和认识能力等内在个性的差异性，加之多元个体对利益的追求，对事物的认识都存在着多元多样的差异性，人与人社会关系之间的利益矛盾不可避免地经常发生，这种利益矛盾的表现是多种多样的，从矛盾主体来看，存在以下几种：一是个体与个体之间的利益矛盾；二是群体与群体之间的利益矛盾；三是若干个体与群体之间的利益矛盾；四是若干群体与国家之间的利益矛盾，等等。于是，协调人们之间的利益矛盾、和价值认同，促进社会和谐成为一项重要的社会政治活动。要及时地解决这些矛盾，保持社会的稳定和发展，就需要有组织地进行经常性的协调和民主说服，简单地用行政命令和强制压制的方法不行，只能用民主的方法，互相沟通达到共同理解。思想政治教育工作要增进"心理疏导"和"人文关怀"，既通过解疑释惑、理解帮助优化心理认知、改善情绪、调控心理、和谐行为等，又关注人的生存与发展，尊重人、理解人、关心人、爱护

---

① 《马克思恩格斯选集》第1卷，人民出版社1995年版，第46页。
② 同上书，第60页。
③ 《马克思恩格斯全集》第3卷，人民出版社2002年版，第339页。

人、帮助人，通过启发、说服、教育、规训等方式，引导人们自觉地协调与他人、社会的关系，促进自我与社会、自我与他者、主我与客我关系的和谐。

思想政治教育组织建制能够培养人们道德价值观念，增进人们的认同和同意，实现有效的社会整合。由思想政治工作所促成的社会凝聚力，是指社会成员在共同的思想基础上形成的社会对其成员的吸引力和认同力。这种吸引力基于人们对共同的政治规范、社会生活规范、价值准则的信奉，决定于人们对共同利益的认识以及由此而形成的相互依存性，决定于个人与集体对生活的共同思想规范的认同感。

4. **价值实现：思想政治教育组织建制的价值旨归**

就人的发展而言，思想政治教育组织建制的目的在于促进人的思想政治教育素质和道德素质的发展以及人格的完善和主体性提升方面。人的社会化需要思想政治教育，人的全面发展需要思想政治教育，人的自我实现需要思想政治教育，人的综合素质提升、健康人格塑造需要思想政治教育。思想政治教育教育者和受教育者都是人，不得不谈及人的本质。马克思认为，"人的本质并不是单个人所固有的抽象物，在其现实性上，它是一切社会关系的总和"，[①] 人的本质不是自然性，而是社会性。"人的依赖关系（起初完全是自然发生的），是最初的社会形式，在这种形式下，人的生产能力只是在狭小的范围内和孤立的地点上发展着。以物的依赖性为基础的人的独立性，是第二大形式，在这种形式下，才形成普遍的社会物质变换、全面的关系、多方面的需要以及全面的能力的体系。建立在个人全面发展和他们共同的、社会的生产能力成为从属于他们的社会财富这一基础上的自由个性，是第三个阶段。第二个阶段为第三个阶段创造条件。"[②] 马克思所理解的人的发展层级要求思想政治教育组织建制作用于人的思想与行为规律，使人摆脱对物的依赖基础上发展和完善自己独特的个性品质实现自身的目的价值。

"思想政治教育价值的实现，亦即思想政治教育所蕴含的思想、认识、政治、道德等内容，只有为受教育者所接受，并内化为他们各自的

---

① 《马克思恩格斯选集》第1卷，人民出版社1995年版，第56页。
② 《马克思恩格斯文集》第8卷，人民出版社2009年版，第52页。

某种深刻而稳定的心理结构，外化为一种现实的心理的能量以及个体意识和行为习惯，才能增强他们的主体意识和主体力量。"[1] "思想政治教育价值实现的本质是客体主体化。"[2] 思想政治教育组织建制作为客体作用于主体——社会中的人，客体的属性作用于主体，内化为主体的意识和动机，形成崇高丰富的精神世界，健康良好的心里品格，高尚优秀的道德品质，再由主体将其外化为良好的行为和品德，通过组织大量的、富有成效的实践活动去形成和巩固。正是由于每个人都存在精神需要和自我发展的要求，思想政治教育才有存在发展价值，通过思想政治教育活动作用于人的思想进行思想、道德、政治的教育，从而促进人的全面、自由、和谐的发展。正是通过"改变了的人，升华了的人"能反作用于社会，促进社会的进步和发展。

---

[1] 张耀灿等：《现代思想政治教育学》，人民出版社 2006 年版，第 187 页。
[2] 同上书，第 188 页。

第九章

空间整合

思想政治教育空间整合主要是指在教学育人空间、学科建设空间、制度安排空间、实践工作空间、虚拟媒介空间、社会生态空间等多元空间基础上进行整合优化，这是实现高校思想政治教育全程育人、全方位育人的重要路径。习近平总书记在全国高校思想政治工作会议上指出：高校思想政治工作关系高校培养什么样的人、如何培养人以及为谁培养人这个根本问题。各级党委要把高校思想政治工作摆在重要位置，加强领导和指导，形成党委统一领导、各部门各方面齐抓共管的工作格局。[①] 高校思想政治工作整合与协同是高校思想政治工作顺利开展和有效实施的重要保障，因此，从高等教育体系和党的意识形态工作场域中研究分析大学生思想政治教育空间整合，是系统整合和系统分析的题中之意。大学生思想政治教育空间整合研究要超出大学生思想政治教育系统本身的范围，从系统及其环境的两者的动态复杂性关系中去考察大学生思想政治教育空间整合问题。

一 思想政治教育空间整合研究现状

在思想政治教育整合研究方面，主要集中在思想政治教育社会整合功能的研究、思想政治教育整合的基础理论与历史研究、思想政治教育与其他教育形态进行整合的研究、思想政治教育与相关技术载体的整合

---

① 《习近平在全国高校思想政治工作会议上强调：把思想政治工作贯穿教育教学全过程开创我国高等教育事业发展新局面》，《人民日报》2016年12月9日第1版。

的研究以及关于不同领域的思想政治教育之间的整合研究等。张耀灿等[①]认为,思想政治教育整合就是把思想政治教育作为一个系统,一是把系统内各要素通过联系、渗透、互补、重组综合起来,形成合理的结构,实现整体优化、协调发展,发挥整体的最大功能。思想政治教育整合的对象除了利益整合之外,还有情感整合、组织整合、文化整合和功能整合。就整合中心而言,一般包括政治整合、思想意识形态整合、规范整合。戚如强认为思想政治教育社会整合是思想整合和价值整合,以促成社会共同体对国家和民族的认同。有观点认为,特定阶级或政党以思想政治教育的途径,对全体成员进行思想、道德、信念、心理等方面的宣传教育,提高社会成员对价值共识和情感共鸣的认同,推动社会实践发展,实现思想政治教育社会整合。[②] 从功能角度研究,通过分层整合、规范整合、强制整合、网络整合四种方式,借助教育宣传的方法引导思想观念和行为规范,以期达到思想政治教育社会整合的目的。[③] 杨威主张通过利益沟通、协调和认同发挥利益整合的功能;通过政治教育、沟通以及政治社会化发挥政治整合的功能;通过舆论宣传引导大众心理,打造主流文化引导社会思潮,以期发挥文化整合的功能。[④]

关于思想政治教育空间研究方面,王学俭等认为,思想政治教育空间是在遵循自然秩序与社会秩序的前提下,有条理地、有组织地或安排或协调思想政治教育活动中的各构成要素并维持其构成因素的相对稳定的互动关系,在物质空间、精神生活空间、社会空间的互通协调中促进人的思想政治素质与社会主流思想要求相统一的和谐状态。多维空间视阈下的思想政治教育研究不仅能够提供一种思想政治教育研究的新视角,而且能够给出新的解释框架,从而有利于"大思政观"的进一步确立。从思想政治教育活动的多维空间架构,拓展思想政治理论课的教育教学

[①] 张耀灿、马奇柯:《论思想政治教育的整合机制》,《学校党建与思想教育》2005年第4期。

[②] 戚如强:《思想政治教育社会整合研究》,博士学位论文,南京师范大学,2013年,第39页。

[③] 周如俊、苏云升:《论优化思想政治教育的社会整合功能》,《唯实》2006年第6期。

[④] 杨威:《论阶层分化条件下思想政治教育的社会整合功能》,《中南民族大学学报》(社会科学版)2013年第4期。

运行空间，提升思想政治教育个体的精神生活空间，扩大思想政治教育受教育者群体的沟通交往空间，积极网络社会下的虚拟环境空间，逐步完善思想政治教育的制度安排空间，积极建构思想政治社会生态空间。①陈培新将思想政治教育空间划分成实体空间和虚拟空间，就实体空间的思想政治教育功能而言，主要有教室、图书馆、食堂、宿舍、家庭生活等空间的思想政治教育功能；虚拟空间的思想政治教育功能有互联网空间的思想政治教育功能。②

关于思想政治教育协同研究方面，第一，思想政治教育协同关系研究，一是党建与思想政治教育的协同。唐新格等强调实现高校党建与大学生思想政治教育协同创新，以思想建设为核心，以组织建设为保障，以作风建设为抓手，以制度建设为根本，在党建中推进大学生思想政治教育；应以大学生思想政治教育创新为载体，丰富内容，建构平台，拓展形式和载体，加强领导，形成"三位一体"合力，在大学生思想政治教育中增强党建的生命力。③ 陈萌等④分析高校学生党建与思想政治教育的相互关系：高校学生党建是思想政治教育的切入点，思想政治教育是促进高校学生党建的有效途径，且二者在目标、内容、方法上均由相同之处。以高校学生党建工作和思想政治教育指导思想一致性为结合点，整合资源创新形式形成合力，实现指导思想与工作理念协同创新、体制机制与队伍建设彼此融合、主要内容与开展方式相互借鉴。朱松梅⑤认为，高校党建与思想政治教育协同一体化发展不仅有益于高校的改革与党建工作，更有利于大学生的全面发展。二者虽然在概念表述、理论基础和表现层面上有所差异，但在教育目的、教学内容、教学方式上却又有同质性。推动二者协同一体化发展，要加强学生中的党建工作；充分

---

① 王学俭、张哲：《多维空间视阈下的思想政治教育研究》，《马克思主义研究》2014年第4期。

② 陈培新：《高校思想政治教育空间功能简论》，《学校党建与思想教育》2010年第16期。

③ 唐新格、齐秀强：《高校党建与大学生思想政治教育协同创新探析》，《学校党建与思想教育》2015年第10期。

④ 陈萌、姚小玲：《高校学生党建与思想政治教育协同融合的理论与策略分析》，《学校党建与思想教育》2013年第16期。

⑤ 朱松梅：《论高校党建与思想政治教育的协同一体化》，《河南师范大学学报》（哲学社会科学版）2015年第6期。

利用好高校教育资源;在实践活动中加强协同互动。二是实践工作分工协同。刘兵勇等认为,高校辅导员与专业课教师开展思想政治教育的协同配合是有效的载体。应在明确辅导员与专业课教师思想政治教育工作职责的基础上,理顺其中涉及的师生关系、师师关系和生生关系,构建以辅导员与专业课教师协同为核心的四位一体的协同模式。①潘柳燕等②认为,心理健康教育与思想政治教育的共生系统也存在协同作用,两大子系统的管理机制、教育内容、教育方式、教育力量和资源保障等子系统在协同平台的协同作用,可以使心理健康教育与思想政治教育的共生系统从无序走向有序,形成功能互补、效能最大化的互惠共生的和谐状态,实现共同的育人目标。

第二,思想政治教育协同机制研究。王学俭③认为,要创新教育理念、教育目标、教育内容、教育方式,加强相关要素的协调配合,有效集成和整合资源,以形成开放、融合、合作、动态的思想政治教育协同创新机制。认为思想政治教育协同创新的育人机制应当是遵循学科建设规律的科学发展机制;遵循社会教育规律的可持续发展机制;遵循以人为本目标的包容性发展机制。体现为人本性协同的育人理念;有效性协同的育人原则;完善性协同的育人方法;整合性协同的育人模式;调适性协同的育人实践;延展性协同的育人反思。④符昌昭⑤认为,高校思想政治教育中应增强工作的协同性,构建大学生思想政治教育协同机制;树立协同教育理念;提升教师协同能力。马奇柯⑥从社会学视野对思想政治教育协同作用机制进行分析,认为一项社会工作系统是由思想政治教育系统与非思想政治教育系统组成的,两个系统对人们思想品德的形成都起着十分重要的作用。思想政治教育系统中思想政治教育主体、介体、

---

① 刘兵勇等:《高校辅导员与专业课教师思想政治教育协同配合的蕴涵、价值与模式》,《思想理论教育》2014 年第 7 期。
② 潘柳燕、黄宪怀:《心理健康教育与思想政治教育协同作用探析》,《学校党建与思想教育》2016 年第 17 期。
③ 王学俭、李晓莉:《论思想政治教育协同创新》,《甘肃社会科学》2014 年第 3 期。
④ 王学俭、李晓莉:《思想政治教育协同创新的育人机制探析》,《教学与研究》2015 年第 10 期。
⑤ 符昌昭:《高校学生思想政治教育工作协同性研究》,《教育观察》2016 年第 12 期。
⑥ 马奇柯:《论思想政治教育协同作用机制》,《江汉论坛》2008 年第 4 期。

环体对思想政治教育客体都施加影响，产生作用。非思想政治教育系统虽不是专门直接开展思想政治教育，但当它存在并发挥自身系统功能时也会间接地发挥思想政治教育的功能，对人们思想品德的形成同样起着重要作用。王源平[①]从主体视阈下高校思想政治教育协同创新问题进行探讨，提出构筑教育者主体从单一性走向多元化的协同机制，培育自我教育自我管理的内生教育机制、创新"生生"协同教育机制，建立良性教育主体间双向协同合作关系以增强高校思想政治教育实效性。张琪[②]认为大学生思想政治教育可以分为主体协同系统、内容协同系统、载体协同系统三个组成部分，从管理优化、结构优化、动态优化三个维度对大学生思想政治教育主体协同系统进行优化。

从理论研究学术史梳理来看，马克思主义整体性思想是思想政治教育整合创新的理论基础，思想政治教育整合创新所要追求的价值目标、主体设定、内容整合、空间拓展、方法探索等，都是思想政治教育整合发展的不同角度或方面的具体表现。从现有研究成果来看，主要集中在两个或三个主体协同创新方面的研究，较少有研究将思想政治教育时间、空间领域的各主体同时纳入研究范围，思想政治教育因事而化、因时而进、因势而新的协同创新的思路、模式、机制及模型等进行系统性研究将成为研究热点与前沿问题。一是对思想政治工作协同机制的本体阐释不足，表现在思想政治教育协同的理论研究较薄弱，思想政治教育协同机制内涵在界定上存在混淆，未能揭示思想政治教育协同机制产生的问题、深层原因；对创新发展领域的研究多集中在内容、目标、过程、模式等单个要素或方向上，而对思想政治教育协同创新的研究成果还不太系统，对思想政治教育协同创新思路、模式、机制及模型等基本理论的研究还比较零散。二是注重思想政治教育"主阵地""主渠道"研究的同时，对除此之外的思想政治教育实践研究不够；思想政治教育在实践中，既可以作为专门的社会实践活动开展，也可以在与其他社会实践活动的

---

① 王源平：《论主体视阈下的高校思想政治教育协同创新》，《学校党建与思想教育》2014年第20期。

② 张琪：《大学生思想政治教育主体协同系统分析》，《东北师范大学学报》（哲学社会科学版）2015年第1期。

渗透融合中开展，既把握思想政治教育的相对独立性，也把握思想政治教育与其他社会实践活动的渗透性和融合性。三是有关横向协同创新的研究主要集中在产学研的协同创新研究上，较少有研究者将思想政治教育的相关参与主体等影响创新的要素纳入协同创新研究的范畴；纵向协同创新的研究主要集中在两个或三个主体协同创新方面的研究，较少有研究将思想政治教育时间、空间领域的各主体同时纳入研究范围。因此，今后应对思想政治教育协同创新的思路、模式、机制及模型等进行系统性研究。

二　思想政治教育空间整合目标

明确大学生思想政治教育系统整合目标，这是实施思想政治教育系统整合的首要步骤与关键环节。大学生思想政治教育系统整合目标主要是指在思想政治教育系统整合过程依据社会发展规律和大学生思想行为规律促进系统内部要素结构优化和系统秩序良性运行，发挥传播政治意识、引导政治行为、培养政治人才、和谐政治关系的作用，达成促进人的全面发展和社会进步的目标。

（一）系统优化

社会现实状况的变迁赋予大学生思想政治教育系统整合这一课题以实际的自身价值。在传统社会走向现代的过程中，"分化"成为一个关键词。传统社会以"政治挂帅"为主要特征，"政治往往是与经济、社会、军事混合在一起的"，[①] 大学生思想政治教育在这种社会中表现为统治阶级通过自上而下的方式对社会成员进行教化，以形成其特定的思想意识形态。在这种高度政治性的社会中，政治成为整合社会的重要方式。社会现代化推动传统社会的大学生思想政治教育亦从整体化转向分化：思想政治教育系统内部的"碎片化"、思想政治教育系统与高校教育管理工作的"不协同"、思想政治教育系统与党的意识形态工作系统的"不对接"、大学生思想政治教育专业化与协同化矛盾等，给大学生思想政治教

---

① 王邦佐等：《执政党与社会整合》，上海人民出版社2007年版，第30页。

育系统带来的"离散化"及运行紊乱问题。"应该看到,思想政治教育是一个整体效应。为了保证整体效应而不是个别功能的实现,在思想政治教育工作的指导思想、工作理念、目标任务、基本内容等要素方面,应该有基本统一的规范和要求,舍此就不能保证执政党长期以来所维持的思想政治优势。同时,考虑到各行业各领域的情况千差万别,在任务细化、文本内容选择、方式方法运用等方面,又要鼓励大胆创新和灵活权变,善于将上级有关思想政治教育的基本要求与本单位本部门的实际情况相结合。那种完全恪守整齐划一、循规蹈矩、唯书唯上的工作模式,常常容易步入形式主义的泥坑而遭人诟病;而不顾大局和基本要求,一味自行其是,则导致思想政治教育工作的性质流变。"① 大学生思想政治教育诸要素在新的时代条件下进行着内部的更新和变革,它需要面对不同领域的群体、开放多元的社会思潮与新媒体时代的传播模式等一系列的新情况。正如闵永新强调大学生思想政治教育整体有效性,"是否全面、有效地实现了实践主体进行大学生思想政治教育的整体目标——'合需要性'与'合目的性';其次是指在提高这一教育实践活动水平上的有效性,即是否有效地促进了大学生思想政治教育实践活动本身的全面、协调、可持续发展——'合发展性'"②。社会现实要求对大学生思想政治教育诸要素进行系统整合,通过运用经验与思辨结合、归纳演绎并存、历史与逻辑统一的思维方式,促进目标层次有序、内容丰富创新、方法实用高效、载体多样开发、队伍齐全得力等,优化系统环境,不断促进思想政治教育系统优化,以应对社会变迁对思想政治教育系统所带来的冲击。

(二) 以生为本

以生为本的理念是高等教育人才培养的根本出发点和落脚点,也是大学生思想政治教育的指导思想。项久雨指出:"'以人为本'是确立思想政治教育主客体关系的前提依据、'以人为本'是构建思想政治教育主

---

① 邱柏生:《高校思想政治教育的生态分析》,上海人民出版社2009年版,第308页。
② 闵永新:《大学生思想政治教育整体有效性问题研究》,中国社会科学出版社2012年版,第39页。

客体关系系统的指导原则、'以人为本'是优化思想政治教育主客体关系的价值取向,须从马克思主义人学的立场出发,将'以人为本'原则作为确立思想政治教育主客体关系的前提依据,把现实的人作为优化思想政治教育主客体关系的逻辑起点,从人的需要出发,把人的发展作为落脚点,从而构建动态和谐的思想政治教育主客体关系。"[1] 可见,"以人为本"的指导思想具体到大学生思想政治教育系统内部就是要以大学生为本开展思想政治教育工作,把立德树人作为中心环节,实现全程育人、全方位育人。

"以生为本"的目标提出,回应了以下四个问题:

第一,"以生为本"是以什么"人"为本?从"类"的维度来,"以生为本"必然关照全体大学生;从"群体"维度看,"以生为本"指向集体的大学生群体;从"个体"维度看,"以生为本"必然落实到系统中具体的大学生个人,即社会共同体中处于社会交互关系中的大学生个体。从传统大学生思想政治教育实践过程来看,存在着社会价值与个体价值人为割裂的"断裂"现象,"传统思想政治教育在实际工作中,过于强调'工具理性',忽视'内在价值',一味强调社会规范的工具价值、轻个性自由发展的内在价值;一味地将受教育者当作社会发展目标的'工具',而较少把他们当作价值主体来实现'自由而全面的发展'"[2]。随着市场经济功利意识的树立,大学生群体价值意识、主体意识觉醒,加之西方个人中心主义泛滥的影响,只讲个人利益不谈集体利益的现象有所抬头。"我们看到从单位人向个人的转化,然后分化为每一个追求自身利益的个人。正如经济学强调的经济确实将有丰富复杂动机的人简化为单一的追求效用、追求利益最大化的个人,理性也被简化为计算与谋划。市场经济注定了如黑格尔所讲的,把人们从各自血缘的、宗教的、家庭的群体中拉出来,转变成为一个个在市场当中相互竞争、追逐自身利益的独立个体。"[3] 因此,"以生为本"既要防止集体压制个人的集体专制主义,

---

[1] 项久雨:《以人为本:思想政治教育主客体关系的马克思主义人学之维》,《教学与研究》2016年第2期。

[2] 闵永新:《大学生思想政治教育整体有效性问题研究》,中国社会科学出版社2012年版,第95页。

[3] 曹锦清:《如何研究中国》,上海人民出版社2010年版,第76页。

又要防止个人至上的极端个人主义。

第二,"以生为本"是以大学生的"什么"为根本?谈到以人为本时,人们的思维定势常会理解为是以人的"需要"为本。听起来似乎很有道理,但仔细对人的"需要"进行内部化分析便可以看出,人的需要的主体性特点鲜明,既有需要主体的合理与不合理的前提澄清问题,又有主体少数与多数、生理与心理等问题。因此,"以生为本"要超越大学生主体生物意义上的需要,否则,"以生为本"不可能真正实现。这意味着大学生思想政治教育系统工作展开不是以大学生个体、个别群体的利益为本,而是以最大多数大学生的根本利益为本;不是最大部分大学生的"某部分"利益为本,而是以最大多数大学生的"根本利益"或"最大利益公约数"为本。

第三,"以生为本"是由"谁"来实施或践行"以生为本"?从广义上来看,人人都是大学生思想政治教育系统实施和践行"以生为本"的主体。"以生为本"的理念只有在大学生思想政治教育、高等教育系统及社会系统中得到自觉认同、坚持和贯彻,"以生为本"才能真正成为大学生思想政治教育系统的目标共识,才能使"以生为本"成为一种价值论意义上的思维方式和实践论意义上的工作态度。"以生为本"的制度安排、人本文化培育、多元主体参与成为大学生思想政治教育系统"以生为本"目标的实现路径。

第四,为什么要以"以生为本"为系统整合目标?"思想政治教育对促进人的自由而全面发展具有激励作用、保障作用、提供强大的精神动力、智力支持和谐的社会环境。"① 强调"以生为本"作为大学生思想政治教育系统整合的目标之一,体现了大学生思想政治教育系统从思想世界转向生活世界的回归,呈现出大学生思想政治教育空洞目标向现实目标的转向路径,实现了从虚拟的客体错置向现实客观的大学生主体转换,提出了从离开目的性而片面强调工具性的理念迷失转向工具理性的价值复归的现实要求,满足了大学生主体的需要和大学生自身对思想政治教育系统需要关系,构成了大学生思想政治教育系统以生为本的实现

---

① 闵永新:《大学生思想政治教育整体有效性问题研究》,中国社会科学出版社2012年版,第115—119页。

逻辑。大学生思想政治教育系统是从人的存在出发开展思想政治教育，其最终目标是为了解放人、发展人。一方面，通过开展思想政治教育工作把大学生从旧有的思想观念和思维方式束缚中解放出来；另一方面，通过思想政治教育工作致力于大学生素质的全面自由发展，必然要求满足大学生思想政治教育系统主体的需要和价值实现，实现"立德树人"任务目标。

(三) 系统秩序

作为一个开放性和适应性的大学生思想政治教育系统可以理解为一系列复杂的过程，包括外部社会的信息、权力、科技、社会期待、情绪等输入由此而被转换为官方政策、政治决策和执行行动的输出。可以从独立性、开放性、适应性三个维度进一步进行理解：一是这种理解在分析意义上可以成功地把思想政治教育系统看作是相对独立的系统，这个系统并不是存在于真空之中，而是处于社会系统中自然地、生物的、社会的和心理的大环境包围之中，本身受到这种环境的影响，同时又对环境产生反作用。思想政治教育系统是一种客观的事实存在，是相应的经济政治生活和社会现实的反映，通过种种思想政治教育活动和实践呈现出来，依附于政治合法性支持和物质资源的输入，因而具有依附性，但同时，思想政治教育系统是一种相对独立的系统，在变换了社会环境和现实条件下仍然具有强大作用力和生命力，这与其独立性分不开。二是作为社会复杂系统子系统而存在的相对独立的思想政治教育系统，是处于来自社会大生态环境的影响，既受到社会政治系统、文化系统、经济系统等社会内部环境的影响，又受到处于社会本身以外的国际政治系统、国际生态系统、国际社会系统等外部社会环境的影响。社会环境不仅影响思想政治教育系统，而且在相当大程度上塑造着思想政治教育系统：社会环境为思想政治教育系统的存在与演变提供必需的资源设施、机构、能量、信息、资金、人力、技术、机遇等；同时社会环境负面效应会影响甚至危害思想政治教育系统生存发展，如压力、风险等。思想政治教育系统也有改变自身的必要，适应社会（环境）的变化，能动地回答社会（环境）提出的问题。三是思想政治教育系统是适应性，既可以对其环境干扰做出被动的反应，也可以通过系统内部累积的应对环境变化大量机制进行积极而有效地能动作用。

大学生思想政治教育系统整合功能主要是指思想政治教育系统确保其内在稳定性诸因素，通过思想引导、宣传教化和行为规约等唤起大学生主体强烈共同信念和认可，达到共同体或国家有效的内部统一和社会整合控制功能。具体而言，包括以下两个方面：第一，通过主流意识形态在高校领域的传播引导大学生思想政治教育系统秩序的形成。大学生思想政治教育系统要从无序走向有序，离不开主流意识形态的引导和制度。通过党的思想政治教育工作在高校意识形态领域建构意识形态管理权、领导权、话语权，树立共同理想，进行价值导向，强化大学生的道德意识，"认同"和"内化"现行的政治法律制度，选择合乎社会目标的价值观念和行为模式。第二，通过整合社会意识形态维持大学生思想政治教育系统秩序的动态平衡。高校思想政治教育意识形态结构和精神文化结构是一个多元多样的存在。良好的系统秩序的动态平衡是一个多元整合、输入与输出的动态平衡过程。大学生思想政治教育系统以大学生群体既有的心理结构与行为特点为作用对象，通过心理疏导、情感熏陶、人格塑造、思想教育等多种形式，整合社会心理、价值观念、规范体系形成价值共识和心理认同，实现外在系统秩序向内在主体精神秩序的转化，从而发挥系统整合的功能。

三　思想政治教育空间整合机制

（一）制度空间整合

科层制是马克斯·韦伯提出的概念，用来指称权力依职能和职位进行分工和分层，以规则为管理主体的组织结构和管理方式。大学生思想政治教育系统的科层制度组织架构纵向上按照校院两级组织架构运作，横向上按照各个职能部门和工作主体承担思想政治工作责任，以学术组织、专业组织和行政组织等形式外显。具体而言，涉及大学生思想政治教育系统整合的管理运作组织、学术研究组织、教学组织等三个具体层面及三个组织系统之间的整合。

第一，教学关系互动整合。长期以来，思想政治理论课教学改革存在着一种思维定势，即认为思想政治理论课教学改革基本围绕以教师的

"教"为主或以学生的"学"为主的两种模式,在处理这两者的关系时存在着"非此即彼"的钟摆现象。很显然,无论是教师的"教"还是学生的"学",这两者之间并不存在直接的对立关系,而是三种关系"同客观世界的认识论关系、同他者的社会性关系、同自己的伦理性关系"展开的实践。因此,辩证认知"教"与"学"的互动关系非常有必要。"教育实践是'认知性、文化性实践(构筑客体世界意义的实践)'、'社会性、政治性实践(构筑共同体之亲和的关系)',同时也是'伦理性、存在性实践(通过自我探究、重建自我的实践)'。在教与学的实践中,师生同客体对话,同他者对话,同时同自身对话。"① 教学活动其本身就是教师和学生的双向互动的过程,对于教师的教法的探讨实际上是和学生的"学法"紧密联系在一起的,这是一个双向互动过程。因而要充分尊重学生在教学中的中心地位,教师在教学设计与管理中的主体地位。

第二,教学话语的整合。思想政治理论课教学话语根据其运用的功能,大致可以分为三类:"牵涉课程内容的话语;牵涉课堂的社会控制的话语;表现个人之个性的话语。以课堂对话研究著称的卡兹顿把这三种话语功能分别命名为命题性信息沟通(命题功能)社会关系的形成与维系(社会功能)说话者的个性与态度的表现(表达功能)。"② 思想政治教育学科的诸多理论教育课程有不俗表现,但在整体上看,仍然存在着重教书轻育人、重智育轻德育、重科研轻教学的毛病、依旧停留在机械式的"满堂灌"形式中。由于大学思想政治理论课课程设置存在内容、形式以及教师个人魅力三大因素的不同组合状况,导致教师在各自的"认知性、文化性实践""社会性、政治性实践""伦理性、存在性实践"这一教育实践(教与学)的三个领域教学话语的认知话语、社会话语与表达话语呈现出明显差异,因此那些内容魅力型(即内容新颖鲜活、思想性强且理论联系实际)、形式多样型与教师魅力型相结合的课程往往受到大学生的普遍欢迎,单纯内容魅力型或教师魅力型的课程也有一定的吸引力,而那些既缺乏内容魅力、又缺少形式吸引力,更没有教师魅力

---

① [日]佐藤学:《课程与教师》,钟启泉译,教育科学出版社2003年版,第123页。
② 同上书,第108页。

的课程,则基本是大学生逃课的范围,即便由于必修课程或加强点名等外部约束的作用,学生也难免在课堂上心猿意马。① 因此,要实现预设性话语向平等式话语的转变,尊重受教育者的主体地位,充分考虑受教育者的情感思维和身心发展规律推进教学空间"线下在场"与"线上缺场"的有机结合、助推教学方式由传统单向灌输教化向新媒体交互式转变、创设话语主体互动模式实现话语内容的立体性整合,实现思想政治教育工作话语表达中的政治话语、学术话语、理论话语、大众话语等不同话语表达方式的融通转化。

第三,系统组织"再整合"。系统组织整合就是将大学生思想政治教育系统的教学组织、学术组织和工作组织进行"再整合",建构大学生思想政治教育责任制。

一方面,整合大学生思想政治教育系统的领导决策机构、职能业务机构、群团组织、行政工作系统、研究咨询机构等,形成由学生工作子系统、思想政治理论课教学科研子系统、学校意识形态建设子系统、学生社团自组织子系统构成的科层制结构化形式,通过专职(专门)工作和兼职(结合)工作,承担高校意识形态建设的领导工作、组织工作、管理工作、专项工作等。另一方面,建构大学生思想政治教育责任制。要"构建'一体化领导与专业化运行'的体制机制。一体化领导就是要在学校成立统一的思想政治教育工作委员会,将与思想政治教育相关的宣传部、教务处、学生处、研究生处、马克思主义学院等部门的功能进行整合,齐头并进,形成合力。高校党委是指导整个系统高效运行的中枢核心;党委和行政机构的各个职能部门是保障整个系统协调运转的关键载体;工青妇等群团组织是维系合力与其作用对象的重要纽带。专业化运行,就是要提高各方面工作的科学化水平,切实提升思想政治教育的针对性、实效性以及吸引力、感染力。各科教师要高度负责、提高自身的道德素养,通过言传身教,将意识形态教育渗透到教育教学的各个方面;要深度挖掘各类专业知识型课程中的意识形态教育,加强课堂管理与教材管理,使学生在学习科学文化知识的同时,自觉加强思想道德修养,坚持主流意识形态。最终在全校范围内形成'顶层

---

① 邱柏生:《高校思想政治教育的生态分析》,上海人民出版社2009年版,第29—30页。

设计、统筹推进、协同联动、合力运行'的领导体制和工作机制"①。将大学生思想政治教育工作组织系统涉及的马克思主义学院、校党委办公室、组织部、宣传部、学生工作处（部）、团委、研究生工作部、学生社团自组织等具体工作组织，整合成为校院三维结构化运行体制机制：一是整合形成校党政领导承担大学生思想政治教育的主要领导责任。在高校党委统一领导下，把大学生思想政治理论课和日常思想政治教育工作统一起来，由一位主管的校党委副书记管理，形成学校党委、学院党委、学生自组织三级科层组织运行机构，整合校党委副书记（副校长）、学院党委副书记（副院长）、辅导员、思想政治理论课教师、专业课教师、学生干部和大学生主体自身的教育主体力量。二是整合党委组织部、宣传部、校学生工作处（部）、团委、研工部、院系学生工作办公室等具体职能部门力量和资源，明确一位有思想政治教育工作专业背景和从业经历的校领导负责，明确由党委宣传部统筹大学生思想政治教育和校园文化建设，建立大学生思想政治教育联席会议、专题会议、协调会议机制，承担大学生思想政治教育的重要领导责任；三是统筹推进由校院系学生会组织、学生社团等具体开展大学生思想政治教育的朋辈群体教育和自我教育，发挥大学生思想政治教育的领导、执行和自我教育三个功能。

(二) 价值空间整合

1. 利益整合

利益是马克思主义哲学的重要范畴，妥善协调大学生思想政治教育系统各方面的利益关系是进行系统整合的内在动力。系统的不稳定性及其瓦解是由地位、文化资本、机会和资源分配不均导致的。社会中权力关系及个体和群体之间的利益冲突影响思想政治教育系统，统治集团利益和社会需要支配着思想政治教育系统。从实践上看，关于思想政治教育整合工作难以落实到位，部门之间相互推诿、相互扯皮，在一定程度上造成思想政治教育整合的实践工作难以达到既定的目标，造成这一困

---

① 杨晓慧、张泽强：《"四个服务"：高校思想政治工作新理念》，《中国青年社会科学》2017 年第 3 期。

境的重要原因是缺乏动力机制。而其中最重要的动力机制就是大学生思想政治教育系统的利益整合动力。"资本的运行逻辑所导致的直接结果是市场社会的确立。市场社会是一套复杂的社会设置，以欲望满足最大化为动力，以市场经济为环境，以科技技术为手段。市场社会不断要求与之相匹配的游戏规则，而且决定着德与法的运行方式。在操作层面，德与法有着共同的基础，在操作意义上，德愈益扩大其范围，甚至在某些环境上，德与法构成了'重叠共识'。"[①] 大学生思想政治教育系统要有效影响、引导、促进大学生的思想行为，就不能离开大学生主体对现实利益诉求而空谈道德教化和价值要求。"应当更多地关注个体的切身利益，并以此为出发点，研究人的精神需要与思想接受机制，真正为人的生活构筑理想和提供意义，使'以人为本'理念得到切实贯彻，进而使得思想政治教育的利益关切与政治诉求形成和谐关系，以成就其对社会发展责任和个体发展责任的双重担当，实现工具理性与价值理性的统一。"[②] 因此，要运用系统思维从整体上进行思考和整合：一是形成系统主体多元化观念。大学生思想政治教育系统是一个复杂性系统，涉及利益主体多元多样，必须从系统整体角度进行多元利益主体进行群体利益协调，坚持重点论和两点论的统一。二是把握系统结构化特点。大学生思想政治教育系统涉及工作系统、学科系统、知识系统、环境系统和支撑系统等若干子系统，其具体实施由学生工作、马克思主义学院（思想政治理论课）、党政（宣传—学校意识形态及校园文化建设）、学生社团（学生行动）四个子系统构成，共同组成大学生思想政治教育知识系统、知识生产和知识应用的结构化运行系统。只有从理论、制度和实践运行结构出发，全结构考察大学生思想政治教育系统结构，正确处理大学生思想政教系统内部关系、思想政治教育系统与高校社会（高校其他系统）的关系、高校思想政治教育系统与高校外部社会系统的关系，才能更好地实现群体利益的均衡。三是发挥利益整合功能的整体涌现。"思想政治教育作用突出表现为经济建设的坚强保证，是政治建设的必要条件，

[①] 晏辉：《现代性语境下的价值与价值观》，北京师范大学出版社2009年版，第372页。
[②] 韩迎春、周德胜：《利益：思想政治教育发展的核心范畴》，《学术论坛》2010年第7期。

是文化建设的主导因素,是改革开放的精神支柱,是全面开发人才智力的强大动力"①,具有保证、导向、凝聚、激励、调节、转化等六大功能,② 要通过系统内部主体之间利益沟通、利益协调来实现系统整合。一方面,承认大学生思想政治教育系统内部主体的正当利益诉求,以主体的利益需求和利益沟通为基础和出发点,坚持利益与伦理价值的辩证统一;另一方面,要坚持以人为本的价值理念,以大学生的全面发展为目标,注重思想道德素质、身体素质、心理素质、科学文化素质、业务素质、政治素质、经济素质、法律素质、审美素质和创新素质等培育,加强大学生思想政治教育系统工作利益主体多元化的利益追求的协调,树立正确的社会舆论导向,引导和升华大学生主体的正当利益诉求,纠正追求私利为唯一目的和追求个人利益最大化的偏差行为。

2. 价值规范

社会行动不只是局限于其主观的因素,而且一定要考虑到社会规范,并由此使个人行动者同整个社会的价值符号系统联系在一起。帕森斯认为,分析人的行动中的主观思想因素同社会的关系,不可避免地要把行动贯彻过程描述为符合"义务性"和"指令性"的规则。义务性和指令性的规则,就是符合社会共识的规范象征性系统。生活在社会之中的任何个人行动者,不论是在采取行动之前和行动开始的时候,或者是在行动贯彻过程之中,或者是在行动结束之后,都不能不考虑到其个人主观动机、意愿和目的都受制于某种社会义务,受制于一种无形的社会指令。③

在全球化、信息化时代的社会变迁中,大学生思想政治教育系统要通过规范秩序的合法化维持文化模式,使个体保持与社会系统要求的规范和价值相一致。一方面,形成思想政治教育共同体的价值自觉。韦伯用"共同体"作为行动者各种社会共同行动的总名称,区分了共同体行动、社会体行动、同意式行动、团体式行动和机构式行动,这五种行动彼此重叠,并在一个行动发展过程连续体中,构成从"行动"到"秩序"的连续体。共同体行动要成为社会体行动,首先必须成为同意式行动。

---

① 陆庆壬:《思想政治教育学原理》,高等教育出版社 1991 年版,第 79 页。
② 张耀灿、陈万柏:《思想政治教育学原理》,高等教育出版社 2001 年版,第 64—79 页。
③ 高宣扬:《当代社会理论》,中国人民大学出版社 2010 年版,第 548 页。

所谓同意式行动就是其取向立足于同意的机会基础上的共同体行动。从同意式行动到社会体行动的过渡是流动性的。社会体的一个基本特征就是具有有效的规章和秩序，而规章和秩序是属于目的理性的。当同意式行动不是朝着目的理性的方向进行时，就有可能转变成团体式行动和机构式行动。① 可见，社会行动必须遵守规章和秩序，如果失去了同意的基础，不但不可能存在，而且更难以约束和限制行动的进行。大学生思想政治教育系统整合需要建构学术共同体学术意识、学科意识和学科自觉；需要建构实践工作共同体的行动规范和价值认同，选择合乎社会目标的价值观念和行为模式。

3. 价值共识

价值是构成社会秩序的必要条件。究竟是什么使大学生思想政治教育系统维系在一起？人的行动包含着意义的价值追问，这种意义和价值是解决行动本身和社会秩序的关键，价值的追求实际上构成一切行动者推动其行动实施的基本动力。正是由这些相关的规范系统，明确界定社会系统的各个组成角色的性质、地位及其行为规范。在一个合理而相对稳定的社会系统中的任何行为参与者，都必须在某种程度上，对于该系统中有效发挥作用的规范和价值抱有共识的态度。② 在正确认识"万能论"和"无用论"的偏差上，学界对大学生思想政治教育系统的价值也基本达到具有社会价值和个体价值的共识："思想政治教育呈现出的政治价值、经济价值、文化价值和管理价值，是思想政治教育社会价值的具体表征。思想政治教育在满足人的思想政治品德社会化需要、丰富人的精神世界、促进人的全面发展等方面发挥着不可或缺的作用，具有重要的个体价值。"③ 道德价值观是社会秩序稳定的软实力，制度是合法性的保证。"现行的思想政治教育活动过程中，自上而下的'灌输'仍然是思想政治教育的主要手段。'灌输'的泛滥导致'价值引导'与'自主建构'的草根性缺席。"④ 因此，大学生思想政治教育系统整合要注意从思

---

① 高宣扬：《当代社会理论》，中国人民大学出版社2010年版，第553—554页。
② 同上书，第552页。
③ 孙其昂：《思想政治教育学原理》，河海大学出版社2004年版，第34—36页。
④ 卢岚：《断裂处的光缆——现代思想政治教育社会生态论》，湖北人民出版社2010年版，第86页。

想整合和价值整合维度发力,将自上而下的灌输与主体的价值引导、自主建构结合起来,影响社会成员,达到同意和认同,促成大学生对国家和民族的认同。

(三) 学科空间整合

马克思·韦伯在谈到科学对信仰所能做的贡献时,提出"科学对现实的和个人的生命,能有什么积极的作用"的追问,他强调:"第一,科学能提供技术知识,可以对生活,包括外在事物和人的行为进行控制;第二,科学能够提供思维方法以及这种方法所必需的手段和训练;第三,科学能帮助我们达到头脑的清明。思想政治教育学术共同体作为一种科学化组织化共同体而存在,需要不断提升思想政治教育学科系统的科学性,获得人们对思想政治教育学作为一门科学的广泛认同。"① 然而,思想政治教育学科学术研究存在着"外在化现象、时政化倾向、移植化存在、工作化研究"② 等外部化现象,因而要加强思想政治教育学术研究空间整合。

1. 学术研究空间整合

第一,思想政治教育系统内部化研究与外部化研究的整合。思想政治教育学术研究整合涉及思想政治教育的内涵、外延、主体、对象、方法、媒介等要素,这些要素之间关系错综复杂,牵涉整合研究的各个方面,而思想政治教育内部整合的理论基础薄弱。现阶段思想政治教育内部整体上呈现零散、无序状态,尚未形成一个有机的系统,思想政治教育学科缺乏必要的内部优化,内部化研究不足已成为主要障碍。从思想政治教育理论研究角度来看,当前本学科在基础理论与方法上都借用了整合的思维模式。在基础理论研究中,思想政治教育理论研究主要整合了哲学、伦理学、社会学、管理学、教育学等学科资源,形成了兼容并蓄的研究态势;在思想政治教育方法的改进中则逐渐整合了思想政治教育过程诸环节、要素,在新的时代条件下赋予新的内涵。对思想政治教

---

① [德] 马克思·韦伯:《学术与政治》,冯克利译,生活·读书·新知三联书店2005年版,第43页。

② 孙其昂:《思想政治教育现代转型研究》,学习出版社2015年版,第402—404页。

育内部各要素、各结构，要用科学的方法加以整合，对思想政治教育外部化研究以科学的方法加以联系，正确揭示出思想政治教育内部如何整合以及思想政治教育与其他学科整合研究之间的联系。一是系统化表现在运用系统思维分析思想政治教育整合问题，在系统中理顺思想政治教育内部诸要素之间的关系，在社会转型中促进思想政治教育系统整合的发展。二是系统化表现在社会分化不断加剧的时代背景下，思想政治教育整合结合社会经济、政治、文化、环境等外部条件，从大学生思想政治教育系统出发，整合思想政治教育内部，推动思想政治教育的现代发展与转型。

第二，"工作研究"和"理论研究"的整合。思想政治教育理论研究和工作研究的整合与协同是提升思想政治教育学科科学性的重要渠道。"思想政治教育学科建设必须突出政治性，这是学科的价值所在；但是要依托于科学性，将政治性贯穿、渗透于知识系统之中，否则就容易变为空洞的政治说教，从而导致'泛政治化'的偏颇。"① 思想政治教育理论研究与实践工作的整体性也存在不足，在调研访谈时，一位具有丰富学生工作管理和理论思考的校党委副书记时就提醒道："你们去看看辅导员都在干什么，当总支副书记之后就要升职称，发两篇文章，没人真正去研究学生的学习规律。这样来说专业化、知识化、专家化远远跟不上形势要求。"可见，理论研究与实践工作的整合也迫在眉睫，正如万美容指出："思想政治理论工作者和实际工作者因此归属于不同阵营，即不同的'科学共同体'。思想政治实际工作者面对学术研究只能敬而远之，或者为了某些功利目的做些供发表的论文文章，理论研究者面对实际工作中的问题坐而论道，只能隔靴搔痒，这种楚河汉界分明的状况显然不利于思想政治教育方法研究，必须加以改变。"②

第三，学科共同体与专业建设整合。围绕思想政治教育科学化与学科化主题，开展思想政治教育基础理论研究、注重理论前沿研究、强化重大现实研究、重视学科建设研究，这是加强思想政治教育学科学术建

---

① 李春华：《论思想政治教育学科建设中思想性与知识性的关系》，《学校党建与思想教育》2011年第11期。

② 万美容：《思想政治教育方法发展》，中国社会科学出版社2007年版，第254—255页。

设的重要方面。从系统性、整体性角度而言，主要包括思想政治教育学科知识体系、知识生产、知识应用体系科学化建设。在推动学科外部性条件、资源建设，解决制约思想政治教育学科建设的外部性问题，主要针对相关体制与政策的支持力度和完备状况、相应的社会文化心理气氛、其他学科学术资源的丰沛状况以及社会成员对思想政治教育学科的态度倾向性等展开针对性条件支撑。整合推动马克思主义理论指导的教材体系、学科体系、教学体系、队伍体系和体制机制体系的整体性建设，提升马克思主义理论学科科研水平，将学科队伍科研成果运用于服务于教学体系之中，推动学术科研体系与教师教学体系的统一，以教材体系、教学体系、认知体系和行动体系建构为中介，发挥专家、教师与学生三个主体作用，推动学生认知体系向行动体系转变。

2. 学科话语整合

第一，学术话语的整合。在西方强势话语的压力下，这种强势话语通过资本输入、翻译输入、器物输入、观念输入、制度输入等形式累积起来，成为理论学术界、政治精英界的接受话语。思想政治教育学术话语传播尚未适应信息社会传播媒介的变化，其政治性话语、文件话语、学术性话语仍然成为思想政治教育话语表达、话语传播的主体存在，学术话语内容的政治化有余，生活化、公共化不足，影响群体对思想政治教育工作的认同度。思想政治教育学科本身与现实生活世界的相关性正在减弱，沈壮海就曾指出："思想政治教育理论作为经世致用之学，正在演化为远离生活和现实的玄学。"[①] 作为在思想领域以教育形式展开的政治社会化实践活动，除了意识形态的作用，还要具有非意识形态性。要整合西方话语、传统话语和现代话语，思想政治教育话语的内容在坚持政治主导性的基础上，紧密结合多学科话语，实现从话语地位、话语场所、话语内容的多维度立体性整合，建构中国特色的思想政治教育话语。

第二，教学话语的整合。课堂中的话语根据其运用的功能，大致可以分为三类："牵涉课程内容的话语；牵涉课堂的社会控制的话语；表现个人之个性的话语。以课堂对话研究著称的卡兹顿把这三种话语功能分别命名为命题性信息沟通（命题功能）、社会关系的形成与维系（社会功

---

① 沈壮海：《思想政治教育的文化视野》，人民出版社2005年版，第323—324页。

能)、说话者的个性与态度的表现（表达功能）。"① 思想政治教育学科的诸多理论教育课程有不俗表现，但在整体上看，大学生对这些课程的评价不高，教育内容比较陈旧，教育方式比较落后，依旧停留在机械式的"满堂灌"形式中。由于大学诸多课程设置存在内容、形式以及教师个人魅力三大因素的不同组合状况，因此那些内容魅力型（即内容新颖鲜活、思想性强且理论联系实际）、形式多样型与教师魅力型相结合的课程往往受到大学生的普遍欢迎，单纯内容魅力型或教师魅力型的课程也有一定的吸引力，而那些既缺乏内容魅力、又缺少形式吸引力，更没有教师魅力的课程，则基本是大学生逃课的范围，即便由于必修课程或加强点名等外部约束的作用，学生也难免在课堂上心猿意马。② 因此，要实现预设性话语向平等式话语的转变，尊重受教育者的主体地位，充分考虑受教育者的情感思维和身心发展规律推进教学空间"线下在场"与"线上缺场"的有机结合、助推教学方式由传统单向灌输教化向新媒体交互式转变、彰显教学主体单位行动的意义建构。

第三，工作话语的整合。一方面，中国思想政治教育被赋予了过多的政治包袱从而不可避免地"传承"了政治活动的衣钵，导致政治话语、文件话语、权力话语大量充斥思想政治教育过程之中，思想政治教育话语空间受到排挤和压缩，思想政治教育话语方式过于单一和死板；另一方面，思想政治教育领域长期存在的教育话语并未根据现实教育语境得到及时更新，充满着浓厚的教条主义气息，对教育实践的指导效果乏善可陈；同时，由于思想政治教育的快速发展，教育热点问题层出不穷，导致与此相关的教育新话语大量出现，思想政治教育话语没有及时更新，思想政治教育话语跟不上教育发展现状而显示出语言的"过去式"气息浓厚，导致思想政治教育话语场域时常出现"我所'说'的不是我要

---

① "所谓'命题功能'是教学的认知过程中的话语功能，系指认识、表征、传递客观世界（教育内容）的话语功能。所谓'社会功能'是指教学的社会过程中的话语功能，意味着构成、解体、修复课堂的人际关系的话语功能。所谓'表达功能'是指教学的认知、社会过程中进行自我存在的证明与态度表明的话语功能。是构成了各自的'认知性、文化性实践'，'社会性、政治性实践'、'伦理性、存在性实践'这一教育实践（教与学）的三个领域的话语功能。"参见［日］佐藤学《课程与教师》，钟启泉译，教育科学出版社2003年版，第108页。

② 邱柏生：《高校思想政治教育的生态分析》，上海人民出版社2009年版，第29—30页。

'说'的，我所'说'的不是我所想'说'的"尴尬情境，造成了思想政治教育话语因其与客观生活世界割裂而失去应有的真实性。① 要构建与受教育者背景相适应的教育话语，注入积极的情感的力量，对受教育者实施道德关怀和人性关爱，充分调动受教育者内心的情感，使用大学生喜闻乐见的话语进行意识形态的宣传和教育，增强工作话语实效性和吸引力。

（四）社会空间整合

推进思想政治教育系统整合不断深入，需要明确一个方法论上的逻辑起点问题，即进行思想政治教育系统整合的主体与抓手。"要将思想政治教育作为一种特殊的社会建制来对待，建立必要的法律、法规、机构、队伍，投入必要的人力、物力、财力，形成思想政治教育的社会力量。"②

1. 社会化整合

社会化是被社会化或被教化怎样迎合社会期待和角色扮演。大学生思想政治教育系统整合要将朋辈群体、家庭、学校、媒体和社区广泛组织起来。思想政治教育实践系统要广泛进入社会建设领域和社会生活领域，融入日常社会生活和社会系统之中，真正地将思想政治教育回归社会生活，关照社会现实需要，进而切实地提升思想政治教育的实践效果。杨威主张通过利益沟通、协调和认同发挥利益整合的功能；通过政治教育、沟通以及政治社会化发挥政治整合的功能；通过舆论宣传引导大众心理，打造主流文化引导社会思潮，以期发挥文化整合的功能。③ 大学生思想政治教育系统作为社会子系统而存在，涉及经济和社会生活的各个方面。一定的社会关系总是表达或传递着丰富的社会信息，这种社会信息包含利益、价值、情感、经验等成分，从而实现着人与人之间、个人与群体之间、群体之间乃至人们与社会之间的物质、能量、信息的沟通

---

① 王阳春：《青年话语变迁与思想政治教育话语冲突及调适》，《中国青年研究》2011年第4期。
② 孙其昂：《思想政治教育学基本原理》，河海大学出版社2004年版，第91页。
③ 杨威：《论阶层分化条件下思想政治教育的社会整合功能》，《中南民族大学学报》（人文社会科学版）2013年第4期。

与交换，这种物质、能量与信息的交换又大量通过社会心理影响这种方式而发生或进行，于是便发生了社会活动内容、社会活动场所、社会关系、社会心理与社会信息等几大要素的组合匹配关系。① 社会关系的网络化必须通过一定的个人或群体在各种社会活动场所中担任一定的社会角色展现出来，即通过社会角色之间的关系，逐渐展现出其丰富的社会关系网络。如在家庭中发生着的血缘关系、婚姻关系；在工作中发生着的上下级关系、管理关系；学校中发生着的师生关系、同学关系；社区中发生着的邻里关系、个人与社团组织的关系；在公共领域中发生着的组织与个人、群体与群体等关系，这些社会关系渗透着一定的经济、政治、道德、宗教等社会意识形态形式与内容。一要建立高校党委统一领导、党政群团齐抓共管、职能部门各负其责、主体广泛参与的工作运行体制，整合高校思想政治教育系统中的主体力量、部门资源、利益关系等开展工作。二要创新马克思主义理论研究和宣传教育方式，立足于社会现实问题，切实关注大学生思想行为规律和特点，通过大众文化渗透主流价值观，嵌入大学生的精神世界，实现由灌输型向启发型、由封闭式向开放式、由被动性向主动性的转变，提升思想政治教育的实效性。三要发挥行政部门和政府组织的管理活动的制度性力量，充分利用"熟人社会"、企业、社区、非政府组织等高校思想政治教育系统外部性社会主体力量支持，引导广大民众主动参与大学生思想政治教育活动，合力提升大学生思想政治教育效益。

2. 公共化整合

在思想政治教育领域，部分人的心理生活的"原子化"、思想政治教育工具化倾向明显，其理论研究往往仅仅只是成为政府部门实际操作的咨询活动和简单应付作用，使作为公共性活动的大学生思想政治教育系统缺乏应有的公共关怀，公共性缺失成为思想政治教育系统边缘化的重要影响因素。大学生思想政治教育系统作为社会子系统重要组成部分，其工作主体应该秉承社会科学家的公共责任和角色期待："他应当为个人所做的，就是将个人困扰和思想转换为可直接诉诸理性的社会论题和问题；他的目的就是帮助个体成为自我教育的人，这只有当他获得理性和

---

① 邱柏生：《高校思想政治教育的生态分析》，上海人民出版社2009年版，第34页。

自由时才能实现。他应当为社会所做的，就是反抗一切摧毁真实公众而创造一个大众社会的力量，或者从积极的目的看，他的目标就是帮助培养自我修养的公众，并提升他们的修养。只有到那时，社会者可能是理性和自由的。"① 为此，思想政治教育工作实践系统要向公共化转型高校思想政治工作社会空间治理的整合。一是高校思想政治教育与系统外部之间的协同，分为横向协同机制与纵向协同机制。思想政治教育工作实践系统要向公共空间治理转型，特别是以社会生活现实为背景积极自觉筹划的实践操作策略，思想政治教育要在公共场所、公共组织、公共利益等公共领域中有所作为，体现思想政治教育公共话语和功能，在社会治理与社会建设中发挥作用，要提升教育者对政治、社会和公共生活的关注、关心以及自身的公共生活实践的能力，也包括对公共空间、公共生活发展现状的解释、应对和改造能力。二是，要研究大学生思想政治教育系统与高校内部其他系统的互动、大学生思想政治教育系统内部思想政治理论课课堂教学、组宣纪团学等群体的教育管理、校园文化建设、社会实践等之间的分工与协作的合力优化。根据实际需要和客观环境，整合高校校园生态环境，即"由学习性的生态环境（如教室、自习室、实验室、图书馆、资料室、社会实践基地等）、生活性的生态环境（如寝室公寓、校园超市、食堂、打印店等）、文化性生态环境（如校园广播电视、校园网络、报刊等宣传媒体，学生文体活动等）、管理服务性的生态环境（主要是指学校和院系各职能部门，如学生工作指导部门、校团委、学生党群组织、就业指导中心、心理健康机构等）"，② 对思想政治教育对象的思想、行为进行引导、规范和约束，而思想政治教育对象又影响到思想政治教育者的决策与实施理念的方式，形成双向互动，并共同作用于客观环境。

3. 网络媒介整合

随着互联网以及互联网技术为基础衍生的网络传播、电脑传播、手

---

① [美] C. 赖特·米尔斯：《社会学的想象力》，陈强、张永强译，生活·读书·新知三联书店2013年版，第202页。

② 杨增崇：《思想政治教育生态分析引论》，中国社会科学出版社2015年版，第202—203页。

机传播等新媒体形态不断涌现,互联网正迅速改变着大学生群体的学习方式、生活方式、信息传播、交互方式,带来观念更新、视野开阔,开拓了人际交往、信息交流的新领域。新的社会信息流动方式、新的社会活动空间、新的社会交往方式、新的社会互动关系使大学生个体再次成为自身社会化的积极参与者。习总书记在全国高校思想政治工作会议上强调:"要运用新媒体新技术使工作活起来,推动思想政治工作传统优势同信息技术高度融合,增强时代感和吸引力。"由于网络话语体量"大"、来源渠道"多"、传播速度"快"、价值选择"散"的特点,青年大学生可以自由进入与退出的网络虚拟公共空间,在这里可以就他们关心问题进行收集、提供信息、发表意见和建议,容易造成群体圈子的"信息茧房"效应的出现。因此,要建立科学规范的制度保障,对网络政治空间和网络意识形态进行治理,促进大学生思想政治教育虚拟媒介空间整合。一方面,思政课教师不能只关注教材和科研,还应该是社会舆情分析员,要学会通过网络关注社会热点事件及舆论倾向,同时要具有相当扎实的专业知识和信息素养,将社会发展热点难点问题整合进入网络教学虚拟空间进行现实回应与解题分析。另一方面,思想政治教育话语表达与传播要适应网络传播方式的变迁,与时俱进,借鉴其生动活泼多样的话语表达,同时也要注重从"文本"向"生活"维度的话语角度转换,增加思想政治教育话语传播方式的创新与提升话语传播实效。

四 思想政治教育空间整合动力

大学生社会化进程中,家庭教育、学校教育、社会教育、国家教育的作用力量应保持一致和相互协同,才能形成一个相对比较完整、耦合的政治社会化系统。思想政治教育系统具体运行层次,包括政党层、社会层、个体层的三个层次:第一层次是政党和国家层面,由党中央和中央政府负责,体现政党意志和政府行为的合一,领导全党全国的思想政治教育工作,覆盖全社会。第二层次是"社会层",由社会领域中存在的多种多样的社会行政单位、组织、家庭共同负责,承担思想政治教育工作和政治社会化功能。第三层次是个体层,以个人为载体,体现思想政治教育个体的思想与行为活动变化规律,实现思想政治教育工作从思想到行为的转化。这三个层次共同构成全社会思想政治教育工作运动全过程。如果其中某一环节发生了断裂或错位、失位、冲突等现象，都会导致整个大学生思想政治教育系统运行不良。

1. 政党意志的整合

思想政治教育系统实践活动的具体过程在全社会的呈现体现为政党意志和政府行为的统一，经由各单位或社会组织传递到党员群众之中，促进党员群众完成思想观念的内化与良好行为的外化，从而实现个体思想行为整合形成全社会的思想观念和社会行动。党组织在思想政治工作中的核心地位表现在党组织处于组织体系、领导活动、思想理论的中枢地位，思想政治工作以对政治、理论、思想、信息的运作为直接手段，党组织在这方面实际上处于政策中心、理论中心、思想中心和信息中心，是思想政治工作的中枢。唐爱军提出主流意识形态整合阶层分化的"利益—观念"与系统分化的"分离—聚合"两个分析框架，"'利益—观念'是把握阶层分化中的意识形态整合的基本框架。意识形态整合就是'观念'对'利益'的一系列处理，就是通过对民众的思想观念的引导把由于利益分化导致的社会矛盾冲突控制在一定的范围之内，以减少或避免由各种利益冲突所引发的社会动荡或'革命。''分离—聚合'是把握系统分化中的意识形态整合的基本框架。意识形态整合就是在社会系统多轨运行及其带来的思想观念多元化条件下，（主流）意识形态发挥对社会秩序和思想文化的聚合、统领作用"①。党对思想政治工作的政治领导，思想领导要靠组织领导来保证实现，组织领导的核心是要根据组织建设的要求，选拔各级领导班子和思想政治工作干部队伍，健全和完善思想政治工作机构，并加强党的各级组织对思想政治工作干部的教育和管理，通过他们的有效地工作和以身作则的示范作用实现党对思想政治工作的组织领导。

2. 市场力量的整合

第一，引入市场机制，提升思想政治教育系统质量与效益。效益指思想政治教育系统投入与产出之比，反映系统输入与输出的关系。思想政治教育系统效益是通过思想政治教育系统单位行动满足社会或受教

---

① 唐爱军：《社会分化中的意识形态整合》，《江苏行政学院学报》2016年第2期。

者的需要来体现的。思想政治教育系统建设与创新发展，需要促进思想政治教育学术共同体之间的竞争，即包括教育生产者之间在教育规模和质量上的竞争，也包括教育需求者之间在知识和能力上的竞争。一方面，通过思想政治教育系统学术共同体之间的外部竞争，提升思想政治教育系统知识生产者与需要者之间的需要交换和价值满足关系，促进思想政治教育系统与社会其他系统的交换关系与需要满足；另一方面，促进思想政治教育系统内部知识生产过程中的需要满足与价值交换活动，主要体现在教育者和受教育者之间交互活动，提高思想政治教育系统内部的组织效率，实现投入产出的最优化。

第二，加大市场对思想政治教育工作经济资源的配置整合作用。长期以来，因思想政治教育系统的管理体制机制的缘故，思想政治教育系统经济资源的输入和来源主要是来自中央和地方政府的投入，政府投入是思想政治教育系统经费来源的主渠道。而政府对思想政治教育系统的经费输入是通过不同的渠道进行的，其分配决策途径主要有：一是把全部经济资源交给作为整体的党委系统和政府行政部门；二是通过思想政治教育系统运行机构进行经济资源分配，如党委宣传文化部门、高等院校党建宣传与学生工作部门、企业党建与文化建设部门等；三是具体的一项思想政治教育系统单位行动的进一步分配；四是分配到具体的思想政治教育工作人员个体。可以看出，国家对思想政治教育系统的经费投入主要是靠行政手段进行分配，大都通过直接拨款的方式。因此，思想政治教育系统建设的新时期，要通过市场化资源配置方式将资金配置给思想政治教育系统的社会组织及其特定群体，包括思想政治工作办公经费、开展教育活动经费、宣传文化设施建设、科研工作等费用，从而实现对思想政治教育机构和受教育者价值与行为的调控。

第三，提高思想政治教育职业化专业化专家化工作队伍的资本投入。市场在劳动力资源和人力资本配置和评价中起基础性作用，受市场力量裹挟的并不仅仅是思想政治教育政府建制机构和社会组织，更包括了广大的思想政治教育工作者，而且从某种程度上说市场力量对广大思想政治工作者影响远较体制内思想政治教育政府机构大。如当前思想政治教育系统中的辅导员、政工师、学术科研人员等专业化思想政治工作队伍建设面临着经济待遇、经费条件保障等问题，如果不加大对思想政治教育领域实际工作人员、学术科研队伍的资本支持和待遇保障的力度,会影响思想政治教育系统中的实际工作实效,影响思想政治教育学术话语和公共话语权。

3. 高校主体力量整合

第一,高校思想政治教育主体责任整合。"思想政治工作运动系统的中心是党的系统,但就全社会而言,最重要的是'单位',思想政治工作有效性主要是靠单位功能的有效性。思想政治工作系统不是一个孤立的存在,它存在于社会之中,存在于具体的组织之中,它有更大的社会系统的依托。党的系统就是它的主要依托。实际上,思想政治工作与党的系统是一体的。正是这样,才使思想政治工作有巨大的力量。"① 行政、业务部门在思想政治工作中的作用能否得到充分发挥,关键在行政、业务部门的领导人要充分认识到思想政治工作的重要地位和战略意义,把它摆到自己的议事日程,作为一项经常性的工作抓紧抓好。杨晓慧教授提出:从体制机制运行层面对高校思想政治工作系统进行"一体化设计、专业化运行、动态化管理",实现制度层面的整体性、科学性、系统性建构。在体制建设的顶层设计过程中,要强化战略性布局,建立党委统一领导、党政齐抓共管、党委宣传部组织协调、有关部门分工负责的大格局,不断通过体制建设加强高校党委的领导职能;在机制建设的顶层设计过程中,要强化一体化运行,把思想政治工作的政治责任和主体责任分解落实到具体的职能部门,并形成各个部门的协同联动效应,把思想政治工作落到实处。② 一是行政领导人要经常分析和研究干部、群众的思想动态、情绪要求,参与思想政治工作中重大问题的决策,定期讨论思想政治工作的形势和加强思想政治工作的具体措施。二是行政、业务部门负责人要把思想政治工作纳入整个工作计划,检察、督促行政管理部门、行政业务人员结合业务工作做思想政治工作的情况。三是行政、业务部门负责同志要亲自做思想政治工作,分工负责,带头去抓。要牢固树立思想教育意识,善于结合行政、业务、经营活动开展思想政治工作,

---

① 孙其昂:《社会学视野下的思想政治工作》,中国物价出版社2001年版,第71页。
② 杨晓慧:《加强高校党委在思想政治工作中的顶层设计》,《思想理论教育》2017年第3期。

使思想政治工作发挥出更大的效益。四是行政、业务部门负责人要为思想政治工作创造条件，提供人、财、物等方面必要的物质条件保证。

第二，强化以思想政治理论教育为基本点，提升高校学生的思想政治理论深度。要摒弃思想政治教育仅仅是课堂上的理论教学的错误认识，把思想政治教育理论教学贯穿到高校学生的教学和生产实践、实习的全过程和每一个环节。思想政治理论课教学队伍应该定期与一线学生进行交流，包括参加社会实践和志愿服务，把思想政治理论课教学实践与和学工、团委的实践整合起来，让一线实际操作的学工群体和政治教育理论教师有一个经常的活动的机制甚至是岗位的交流。同时，也要去除"把思想政治教育仅仅看作思想政治课教师的事情"的偏执认识，而要树立全校全体教职工都来关心思想政治教育教学育人格局，贯穿到教学、工作、生活等具体环节共同来实施和完成思想政治教育教学育人工作。

第三，以学生工作、团委工作、心理咨询等学生工作组织条块为基础，从高校学生的思想实际、心理状况出发，通过教育、沟通、咨询等多种方式，帮助大学生树立心理健康意识，增强心理调适能力和抗压抗挫能力，加强就业指导教育，提高适应环境、自我管理、人际交往等方面的能力，增强高校学生适应社会、融入社会的能力训练和职业行为的养成。此外，大学生个体自身也是开展思想政治教育的重要主体，充分发挥大学生主体的自我认知、自我教育、自我管理的作用，提升教育实效。

4. 社会力量整合

思想政治工作是一个开放的教育系统，基层组织必须通过加强与社会教育之间更为密切的横向联系，优化整合各种社会教育力量，使思想政治工作不断得到加强。社会教育的组织形式包括社区教育、家庭教育等方面构成思想政治工作的社会网络体系。

一是加强社会舆论教育的管理。舆论教育是通过社会舆论、社会活动、社会影响等途径对群众进行的教育活动。舆论的宣传和教育的渗透具有社会性和思想性的特点，产生积极和消极的双重效应。思想政治工作在社会舆论推动下，政府主管部门要加大舆论引导和监督力度，引导大众媒介以公共性诉求为主导，公开公平公正，畅通利益表达与诉求渠道，透过对话解释性叙事以及话语的民主化，动员社会资源，走向思想政治教育公共参与；要坚持意识形态领域的社会主义阵地，创新思想政治教育传播艺术，开辟思想政治教育传播新途径，加大正面舆论宣传力度，牢牢把握主导舆论宣传，让社会主流意识和群众呼声占据网络宣传阵地的制高点。

二是强化社区思想政治教育管理。包括两个社区：家庭居住地所在社区和学校所在的学生社区。社区思想政治教育机制的构建，"必须重视社区权威的作用，在党组织的非权力性影响下，形成有社区党组织领导和参与、由社区正式权威主体和非正式权威主体构成的多元权威格局，从而重建社区思想政治教育的有效机制"。① 社区思想政治工作一方面要加强社区党组织建设和社区思想政治教育队伍建设，发挥社区思想政治教育的领导力和执行力；要依托社区自治，以组织社区服务为切入点，开展社区文化建设活动，充分利用社区内现有文化、教育、科技、体育、娱乐活动设施，形成社区精神文明建设的良好的舆论引领力。另一方面，要加强高校学生社区管理和服务水平，主要是通过学生社区空间中辅导员和（宿管站）"阿姨"的工作互动和主体自觉，实现自我教育、自我管理和自我服务的育人工作。

三是重视家庭教育管理。家庭承担着道德教育的重要职责，同时也是个体政治社会化的重要途径，人的社会化始于家庭。家长的思想作风和品德习惯对子女品德的培养，行为习惯的养成，个性的发展具有重要影响。传统家庭教育在教育目标上，重视做人教育；在教育内容上，重视伦理道德教育；在教育方法上，重视言传身教。父母教育方式对儿童社会化的作用主要表现在"情绪传导作用、性格形成作用和行为规范作用"。② 然而，当代家庭教育存在的主要问题有："重身轻心的抚养方式，使青少年自我中心主义膨胀；重智轻德的教育方式，使家庭教育学校化；急功近利的价值观，诱发了父母过高的期望值；重他律轻自律的行为养成方式，造成了孩子言行不一。"③ 这种家庭教育重智轻德、家庭教育职

---

① 戴锐：《社区权威的生成机制变迁与社区思想政治教育机制重建》，《河海大学学报》（哲学社会科学版）2010年第2期。
② 关颖：《家庭教育方式与儿童社会化》，《天津社会科学》1994年第4期。
③ 张良才：《中国家庭教育的传统、现实与对策》，《中国教育学刊》2006年第6期。

能弱化、家庭教育"学校化"以及学校教育"家庭化"之类的现象在社会不同程度的存在，反映了当前家庭教育的缺位与学校教育的错位，错失了个体的社会化，与青年人政治社会化第一道防线和阵地占领。因此，要深化对家庭思想政治教育内容、目标的认知，深化家风等家国互构的传统思想政治教育功能，有针对性地将家庭思想政治教育内容与其日常生活相结合，培养家庭思想政治教育对象公共责任。

第 十 章

转型研究

思想政治教育作为社会复杂适应巨系统的子系统而存在,伴随着社会转型与现代化发展,思想政治教育理论与实践也在不断发展中,"思想政治教育现代化""思想政治教育现代转型"和"思想政治教育现代发展"成为学界研究的重要论题,呈现"思想政治教育现代性"三重变奏图景。本专题通过梳理思想政治教育现代转型的内涵、研究现状;在把握思想政治教育转型研究的问题基础上,提出新时期思想政治教育现代转型的基本进路。

一 思想政治教育转型研究论域

(一) 思想政治教育的现代化[①]

随着思想政治教育研究不断深入和实践的不断发展,思想政治教育科学化和学科化水平日益提升,思想政治教育的现代化研究也成为应然逻辑,越来越多的学者从不同视角展开对思想政治教育现代化的研究。《思想政治教育学前沿》一书就提出"实现现代化就是要把握时代脉搏,与时俱进,不断推进思想政治教育学范畴及其体系的理论创新"[②],强调把"现代化"作为推进思想政治教育学范畴及其体系理论创新的重要要求和目标凸显出来。

[①] 部分内容参见侯勇《思想政治教育现代转型研究的现状与发展》,《中国青年政治学院学报》,2014 第 3 期。

[②] 张耀灿等:《思想政治教育学前沿》,人民出版社 2006 年版,第 64 页。

第一，人的现代化与思想政治教育现代化。李建刚认为在人和社会逐步实现现代化的过程中，对人的现代化起决定作用的思想政治教育必须适应和超越人的发展，同时，还要和社会发展、人的发展保持持久协调的发展，从而促进现代社会的发展和人的发展。① 李合亮认为要统筹推进各项改革，实现思想政治教育与经济建设的有机结合，坚持以人为本，提高社会效益，促进经济社会和人的全面发展。② 崔惠丽认为思想政治教育是促进人的现代化的重要因素，而人的现代化又是把思想政治教育导向深入的关键。③ 从上述论述可以看出，人的现代化与思想政治教育现代化具有相互促进的互动关系，人的现代化对思想政治教育现代化提出了现实要求的同时，也提出了现实的可能性，思想政治教育作为促进人的现代化、人的全面发展的重要力量，其发展不仅有利于加强社会思想道德建设，而且对传统思想政治教育漠视人的主体性和主体地位具有重要超越意义，对促进思想政治教育系统由"社会本位"向人的"主体本位"转变具有重要启示。

第二，思想政治教育现代化路向。贺宝月认为思想政治教育的现代化应从思想政治教育观念、内容、手段等几个方面实现其现代化，提高思想政治教育工作者的素质，加强对思想政治教育现代化的投入，建立思想政治教育的创新体系；④ 戴锐认为思想政治教育现代化是一个以对传统的扬弃为基本起点，以思想政治教育目的的现代化为核心的不断创新的过程，包括思想政治教育现代化的主体路向和科学化路向。⑤ 可见，思想政治教育现代化的主体路向和科学化路向论述提出了对思想政治现代化的新思考，特别是强调要素及要素间关联性和要素的有机整合等认识为思想政治教育系统的发展优化和路径选择提供重要参考。

第三，思想政治教育要素的现代化。张尚字认为思想政治教育的现代化就是要实现思想政治教育由传统向现代的转换，实现思想政治教育

---

① 李建刚：《论思想政治教育发展与人的现代化教育》，《青海社会科学》2006年第3期。
② 李合亮：《科学发展观视角下的思想政治教育发展研究》，《学校党建与思想教育》2006年第9期。
③ 崔惠丽：《思想政治教育与人的现代化》，《重庆工学院学报》2006年第2期。
④ 贺宝月：《试论高校思想政治教育现代化》，《中国青年政治学院学报》2000年第4期。
⑤ 戴锐：《思想政治教育的现代性与现代化》，《理论与改革》2004年第2期。

的观念、内容目标、运行机制、队伍、技术路等方面的现代化。① 杨威等认为人类进入了知识经济和信息全球化时代，因受教育者的主体性特点和教育环境的变化，思想政治教育的教育者队伍素质、观念、手段、理论研究等都应实现现代化。② 石振保认为要实现思想政治教育由传统向现代转换，就要实现思想政治教育的观念、内容、运行机制、队伍、技术路径和教学评价等方面的现代化。③ 可见，学界对思想政治教育现代化的研究具有共性：较多的从要素现代化角度论述的，强调通过观念、内容、手段、运行机制等要素现代化来实现思想政治教育现代化。

（二）思想政治教育现代发展

思想政治教育的发展，是社会发展与人的发展的客观要求，也是促进社会发展与人的发展的需要。思想政治教育发展是以现代思想政治教育为指向，以传统思想政治教育为参照，在思想政治教育观念、体制、内容和方法等方面的现代化。④ 关于思想政治教育发展的研究主要围绕思想政治教育的发展特征、趋势、动力、方法和思维方式转换等维度进行。

第一，思想政治教育发展的特征。郑永廷指出思想政治教育的发展具有自身的明显特点：内涵与外延相结合的发展、渐进与飞跃相结合的发展、协调与突破式相结合的发展。⑤ 孙其昂指出新时期思想政治教育的发展呈现出以下新特征：思想政治教育的理论形态向科学知识发展，思维方式向系统思维发展，工作职能向合理定位发展，工作中心向人与社会统一发展，核心教育内容向中国特色社会主义教育发展、活动方式向多种方式并用发展、体制向多元整合发展。⑥ 亓慧亭等认为思想政治教育在社会发展中与时俱进，呈现出规范化、生活化、民主化、科学化、社会化、隐形化、主体化、现代化等一系列全新的发展态势。⑦ 丁利锐等认

---

① 张尚字：《思想政治教育现代化浅谈》，《学校党建与思想教育》2005 年第 10 期。
② 杨威、高军：《浅析思想政治教育的科学性和现代化》，《思想政治教育研究》2006 年第 1 期。
③ 石振保：《思想政治教育现代化的若干思考》，《马克思主义与现实》2008 年第 2 期。
④ 张耀灿、郑永廷等：《现代思想政治教育学》，人民出版社 2006 年版，第 65 页。
⑤ 郑永廷：《论思想政治的发展及其特点》，《思想教育研究》2000 年第 6 期。
⑥ 孙其昂：《思想政治教育发展的多维探析》，《马克思主义研究》2008 年第 11 期。
⑦ 亓慧亭、刘明昆：《思想政治教育发展新趋势探析》，《理论前沿》2008 年第 6 期。

为高校思想政治教育发展也呈现新的特征变化，必须深入研究思想政治教育发展的时代性、社会性、主体性、整体性、建构性特征，从而有效促进高校思想政治教育的良性、有序发展。①从上述关于思想政治教育的发展特征分析来看，强调思想政治教育发展具有时代性、社会性、主体性、整体性、科学性等特征，为把握思想政治教育发展的表征提供重要作用。

第二，思想政治教育发展趋势。徐志远等认为思想政治教育的社会化与主体化、科学化与现代化等是现代思想政治教育的发展趋势。②李友云等认为学科横向发展与理论纵深升华是现代思想政治教育的发展趋势之一，必须超越学科边界化束缚，不断汲取相关学科的最新成果；必须对思想政治教育进行哲学式沉思与审美式沉思，从而使现代思想政治教育学理论获得一种高度的或纵深的升华。③《现代思想政治教育教育学》论述了思想政治教育的特色化、现代化、社会化、规范化、国际化发展趋势。④刘双等认为要把握思想政治教育超越学科边界、国际化与民族化并存发展、教育与管理融为一体、社会化与主体化双向互动的发展趋势。⑤邵广侠认为当前思想政治教育在面临新的机遇和挑战中，呈现社会化与个性化交融、生活化与规范化统一、民族化与国际化共存的三大发展向度。⑥张国启等认为现代思想政治教育的发展，要注意引导现代人生命关怀意识、生活质量意识和生态环境意识的培养，从而在人与自然、人与社会、人与自身的和谐发展中寻求思想政治教育学科的科学定位，在研究新问题、解决新课题中寻求学科发展的新理路。⑦综合上述关于思想政治教育发展趋势的阐释，各有侧重，但能够看出都比较强调和认同

---

① 丁利锐、朱世英：《高校思想政治教育发展的特征研究》，《中国成人教育》2008年第6期。

② 徐志远、徐国忠：《科学化与现代化：思想政治教育的发展趋势》，《当代教育论坛》2004年第2期。

③ 李友云、徐志远：《横向发展与纵深升华：现代思想政治教育的发展趋势》，《理论月刊》2006年第10期。

④ 张耀灿等：《现代思想政治教育学》，人民出版社2006年版，第457—464页。

⑤ 刘双、曲洪志：《浅析思想政治教育的发展趋势》，《鲁东大学学报》（哲学社会科学版）2008年第3期。

⑥ 邵广侠：《思想政治教育发展的向度探析》，《学术论坛》2010年第2期。

⑦ 张国启、崔颖：《论现代思想政治教育的发展向度》，《学校党建与思想教育》2010年第2期。

"现代化、社会化、科学化、国际化"是思想政治教育发展的趋势,另外也有学者强调思想政治教育发展的生活化关注,关注人的发展,这为思想政治教育发展趋势提供参考和借鉴。

第三,思想政治教育发展的动力。廖志诚认为思想政治教育动力可分为不同类型:根据来源不同,思想政治教育发展动力可分为元动力与驱动力;根据作用方式不同,可分为直接动力与间接动力;根据主体不同可分为个体动力、群体动力和组织动力;根据作用性质不同,可分为正动力与负动力;根据构成内容不同,可分为物质动力、精神动力与制度动力。① 廖志诚认为思想政治教育发展动力的系统结构有三个层次:一是宏观层次,思想政治教育作为一个开放性的系统结构,与社会结构之间进行物质、能量、信息的交换,社会各个要素不仅为思想政治教育发展提供环境,也为思想政治教育发展提供动力;二是中观层次,即现代思想政治教育的基本组织形式——学校、企业、单位、社区、村镇等,它们是思想政治教育活动的平台;三是微观层次,即思想政治教育者和思想政治教育对象,他们是思想政治教育活动的直接承担者和接受者。② 上述对思想政治教育发展动力的研究为进一步认识和深刻把握思想政治教育发展动力具有重要作用。

第四,思想政治教育的"要素式"发展。郑永廷对思想政治教育的领域和功能发展进行论述,认为"思想政治教育领域向宏观领域、微观领域、未来领域发展,功能由再生功能向超越功能发展、由单一功能向多样功能发展、发挥其文化功能"③,杨威认为思想政治教育的结构从封闭式向开放式、从金字塔向网状模式发展,功能从单一性向多样性功能、从规范性向发展性功能发展。④ 从上述论述可以看出,主要强调和关注思想政治教育主体、客体、内容、方法、载体、结构、功能等要素的发展,这当然有益于思想政治教育系统的发展,但根据"木桶原理"可知,如果思想政治教育系统要素中存在的"短板"效应会严重影响和制约思想

---

① 廖志诚:《思想政治教育发展动力类型初探》,《福建论坛》2008年第4期。
② 廖志诚:《论思想政治教育发展动力的构成》,《马克思主义与现实》2009年第6期。
③ 郑永廷:《思想政治教育发展研究》,《高教探索》2001年第1期。
④ 杨威:《思想政治教育发展的系统分析》,《思想理论教育》2008年第1期。

政治教育系统的功能和发展。

（三）思想政治教育现代转型研究

第一，思想政治教育现代转向。孙其昂从社会、历史、系统的视野来考察，思想政治教育现代转型包含思维转型、主题转型、目标转型、内容转型、载体转型和方法转型等一系列转型；思想政治工作的社会环境、外部格局和内在结构发生着变化，思想政治工作知识已经由经验形态向科学形态转变，思想政治工作的学术性、科学性、现代性初步呈现，思想政治工作正在由传统形态向现代形态转变。① 邱柏生认为，"这不是一般的变化、增长或者是规模、工作领域等的扩张，而是一种在无数量变基础上的新的质变，是一种发展，是由传统思想政治教育工作向现代思想政治教育工作的一种形态转变，这种形态转变包含着内外两大方面的状况，它们主要有环境状况及其特征、指导思想、内容特征、方式方法特征以及组织方式等方面"②。张敏认为传统思想政治教育的现代转型，重点在于从过于理想化的宏观目标转向现实的人，即关注现实的人，关注人的精神世界及人的精神困惑，积极引导人的精神需要，重视人的主体性、自然性及自由性，让教育回归人的生活世界，以化解人的生存危机。③ 邵宪梅认为网络化带来的虚拟空间、开放的社会以及个体的自主性发展为思想政治教育的现代转型孕育了必然因素，同时也为思想政治教育的现代转型提供了可能。④ 可以看出，上述研究存在一个共同的特征：强调思想政治教育面临着由传统形态向现代形态转变，但又各有侧重，或从现代转型的内容、结构角度论述思想政治教育现代转型，或从内外两种维度论述思想政治教育现代转型的社会条件和内部变化，为思想政治教育转型研究提供重要基础性作用。

第二，思想政治教育思维方式的现代转换。杨经录认为"从本质主义思维方式到生成性思维方式的转换是实现思想政治教育真正发展的一

---

① 孙其昂：《论思想政治教育的现代转型》，《思想教育研究》2007 年第 8 期；孙其昂：《思想政治教育工作的现代转型与历史精神》，《思想政治工作研究》2009 年第 2 期。
② 邱柏生：《试论思想政治教育工作的历史转型》，《理论探讨》2009 年第 3 期。
③ 张敏：《论精神危机下思想政治教育的现代转型》，《湖北社会科学》2010 年第 1 期。
④ 邵宪梅：《论网络时代思想政治教育的现代转型》，《思想教育研究》2008 年第 9 期。

个必要角度，思想政治教育的'操作系统'需要从本质主义转换成生成性思维。"① 钱广荣认为思想政治教育理论研究与建设要明确和端正与中国特色社会主义现代化建设的客观要求相一致的学术方向，首先就要认真贯彻党在新时期新阶段关于加强和改进思想政治教育工作的方针和政策，在马克思主义理论的指导下贯彻中国特色社会主义理论体系的基本精神，反映思想政治教育理论研究和建设的当代中国化气派和风格；其次，要与优良的中国传统伦理道德文化相融合，与中华民族的传统智慧和精神相贯通，具有中华民族的特色和特征；再次要吸收当代资本主义思想政治和伦理道德文明中对我有益的因素，同时抵制其对我无益和有害的因素，展现中国特色社会主义国情与当今世界的世情之间应有的逻辑关系。② 李俊伟提出"系统性：一种思维方式的框架性转换"观点，并详细的论述思维方式和观念的现代转型。③ 笔者也以为，思维方式转换研究对于推进思想政治教育实践的发展具有重要的理论意义和方法论指导作用，因而要加强这方面的研究。

第三，思想政治教育话语转型。刘建军④认为，思想政治教育话语的路径转换主要包括：政治话语的学理化，学理话语的通俗化，通俗话语的趣味化，以及书面话语的口语化，刚性话语的柔性化，熟悉话语的陌生化等。朱晓琳从实践角度出发，强调要规范思想政治教育的学科边界，增强话语实践的合法性。⑤ 向绪伟⑥认为，教育者需要结合思想政治教育话语环境的现代变迁，通过话语思维方式、话语范式、话语内容、话语效用和话语场域的现代转换以创新话语实践。

第四，思想政治教育主体间性转型。张耀灿等认为思想政治教育主体间性转向是时代发展的必然要求，并提出交往式思想政治教育是思想

---

① 杨经录：《思维方式的转换与思想政治教育的发展》，《教育评论》2006年第3期。
② 钱广荣：《思想政治教育理论研究与建设的学术方向》，《思想教育研究》2010年第3期。
③ 李俊伟：《思想政治工作现代化与科学化》，红旗出版社2007年版，第231—258页。
④ 刘建军：《思想政治教育的话语转换及其路径》，《安徽师范大学学报》（人文社会科学版）2016年第4期。
⑤ 朱晓琳：《试论思想政治教育话语实践的现代转型》，《蚌埠学院学报》2014年第3期。
⑥ 向绪伟、张芳霖：《略论思想政治教育话语的现代转化》，《湖北社会科学》2015年第9期。

政治教育主体间性转向的理想模式。① 杜敏等认为思想政治教育的现代转型不得不面对人文精神的、物化意识等现实问题，在这一过程中人的主体性的培养越发在思想政治教育中受到重视，主体人格的形成中主体意识的先导地位也决定了主体意识成为思想政治教育活动的一项重要内容。② 邵庆祥认为思想政治教育的结构模式由主客体型向主体间性的转变，方法由注重单向灌输向注重共同体验升华的方向转化，价值追求由单一的工具理性向人的全面发展转变，研究领域由外在的行为领域向主观心理领域的转化。③ 周海燕等认为主体间性是思想政治教育打破了传统思想政治教育的思维定势，从平等、和谐、人性的视角观照思想政治教育价值，突破了主客二分、对立斗争、统一思想的思想政治教育理念，是对传统思想政治教育质的跨越。④ 从上述论述可以看出，思想政治教育要重视人的主体性和主体意识的形成，随着社会发展和人的主体意识的觉醒，主体性思想政治教育存在的局限和问题逐渐暴露，"主体间性的出场"是解决这一问题的手术刀，进而提出主体性思想政治教育向思想政治教育主体间性转型是时代发展的必然要求。这为思想政治教育发展研究提供启示：要关注人的主体性和主体意识。

二 思想政治教育转型研究评估

1. 研究特点

综合上述关于思想政治教育现代转型、思想政治教育现代化、思想政治教育发展研究文献资料分析来看，围绕其研究特点、存在问题及未来发展进行简要总结。其研究的总体特征表现为：研究的视野和深度逐步扩展，由经验性研究向现代化发展路径等理论性研究过渡，有些研究

---

① 张耀灿等：《思想政治教育学前沿》，人民出版社2006年版，第378页。
② 杜敏、丁长青：《思想政治教育现代转型中的主体意识问题探析》，《求实》2008年第1期。
③ 邵庆祥：《论主体间性理论视阈下思想政治教育的转型》，《中国青年研究》2009年第3期。
④ 周海燕、孙其昂：《主体间性：思想政治教育质的突破》，《理论与改革》2009年第6期。

排除和避免了对思想政治教育结构要素现代化的简单描述，开始上升到从思想政治教育整体结构上进行系统性把握，为思想政治教育系统发展奠定基础和提供重要启示。具体呈现以下鲜明特征：

第一，研究主题呈现多样化的显著特征。"思想政治教育现代性"通过思想政治教育现代化、现代转型与现代发展"三副面孔"的交互与融合而呈现出多元化研究图景，涉及思想政治教育人的现代化、思想政治教育要素的现代化、思想政治教育现代化路向、思想政治教育现代转向、思想政治教育思维方式的现代转换、思想政治教育主体间性转型、思想政治教育发展特征、发展趋势、发展动力和发展着力点等系列主题，对于思想政治教育理论与实践发展具有重要作用，有利于推动思想政治教育科学化和现化性提升。

第二，交叉学科研究成为潮流。思想政治教育发展是一个"宏大叙事"，对于复杂和特殊的思想政治教育现象和活动，如果仅凭运用单一的视角、片面的方法对思想政治教育发展进行理论研究和考察解释，本身就是不科学的，既不能让人信服，也不适应现代思想政治教育理论研究和实践发展的需要。可喜的是，学界已关注交叉学科研究、比较研究等多样研究方法，借鉴吸收管理学、社会学、教育学、生态学等多学科视野展开研究。

第三，经验总结与理论建构并用。传统思想政治教育研究主要是在经典教育学范式语境中展开研究，而现有研究成果是越来越注重研究的宽度、广度和深度，逐渐从经验总结范式向理论建构范式跃迁，可以说已经呈现出经验总结和理论探索并存的态势，经验总结和学术话语同在，且从经验总结范式向理论建构范式的态势不断增强。

2. 研究不足

从思想政治教育现代转型研究论域和论题的研究类型来看，可以对思想政治教育转型研究作相关评估：关于思想政治教育现代转型研究越来越自觉深入，不再将工作语言与学术研究语言混同，逐渐从学科建设与发展角度，以理论语言和学科反思来思考思想政治教育现代转型。但同时，思想政治教育现代转型研究还存在不足之处。

一是仍没有摆脱经验论和实践工作色彩。关于思想政治教育现代化研究主要基于人的现代化与思想政治教育互动关系、思想政治教育要素现代化、路径等角度，关于思想政治教育创新研究主要集中于时代背景、交叉学科视野和本体论角度的创新研究，对思想政治教育机制、思路、方法、内容创新等，为思想政治教育现代转型研究提供重要启示。但研究的理论深度不够，理论视野尚不够开阔，研究成果"同质性"明显，习惯于把"思想政治教育内容方法手段"等要素冠以"现代化"之名，强调要素式的创新与发展，这固然是思想政治教育现代化的必要条件和具体体现，但这并不是思想政治教育现代化创新发展的全部，缺乏整体的现代化，容易导致对思想政治教育现代化路径作简单化描述。

二是缺乏转型研究的系统化研究。从思想政治教育发展的研究概括来看，主要从思想政治教育的发展内涵、特征、趋势、向度、动力和思维方式转换等，认同"现代化、社会化、科学化、国际化"是思想政治教育发展的趋势，强调思想政治教育发展具有时代性、社会性、主体性、整体性、科学性等特征，为把握思想政治教育发展的表征提供重要作用。但多数成果都是以散乱式、纲要式论文的形式从某一个方面来强调思想政治教育的现代化、现代发展、创新、现代转型，从而导致对思想政治教育现代转型的整体性、系统性研究不足。如思想政治教育创新研究则强调思想政治教育系统内部要素和结构的创新发展，缺乏研究的系统性和整体性。

三是理论超越和知识增量不足。虽然现有成果从现代化、现代转型与现代发展等维度开较多的研究，但以经验总结和对策应用性研究居多，脱离某一具体场景和具体问题，其知识增量和价值锐减。同时，许多难点问题尚未突破，理论超越不足：对思想政治教育现代转型相关核心概念缺乏科学阐释，对"思想政治教育转型的原因""思想政治教育转型轨迹""思想政治教育现代转型路径选择"等根本性问题缺乏思考和应对方略，对"时代需要什么样的思想政治教育转型"等问题缺乏回应。

3. 思想政治教育现代转型研究不足的原因"诊断"

思想政治教育现代转型研究存在不足的原因进行分析，对其前提进行澄清。笔者以为，主要有以下几点：

第一，缺乏转型研究的基本理论框架，缺乏转型研究的逻辑"元点"，即包括思想政治教育现代转型的本体、问题意识、核心概念和研究范式等理论体系。思想政治教育转型成为思想政治教育领域理论与实践的大趋势，思想政治教育现代转型的内涵是进行转型研究的前提性反思问题。研究主题的多元化反映学界尚未找到一个点，造成中央文件话语用改进、加强较多，而社会化语言用创新、发展较多，学界用现代化等论述较多，对思想政治教育现代转型内涵没有形成一种权威的论述。思想政治教育转型是一个总体性概念和分析工具，包括形态的转型、结构的调整、要素的增加等；还包括转换、变化、转变、创新、完善、发展等内容。思想政治教育现代转型研究是思想政治教育系统要素与结构、功能生成的社会历史过程，需要建立一个理论分析框架。

第二，转型研究的历史视域没有纳入研究者视野，缺乏思想政治教育历史发展图景的把握。中国共产党的思想政治教育实践历史比较短暂，以历史视域展开的转型研究极为缺乏。1919—1978 年是以革命为中心的传统思想政治教育时期，这一时期思想政治教育活动以党的整风运动和政治宣传教育活动为主，其话语的文件化、官方政治化和行政话语化为其特征；从 1978 年开始，思想政治教育进入了"以人为本"阶段，思想政治教育结构、内容、目标、方式、价值、途径、研究方法等处于转型之中。从党的思想政治教育史来看，思想政治教育由传统形态向现代形态转变的过程中，思想政治教育工作理念，随着思想政治教育系统所处的社会地位变化而实现从"政治自觉"到"经济自觉"到"人本自觉"的嬗变；从党的思想政治教育工作的实际地位变迁轨迹来看，思想政治教育从服从服务于党的实际工作需要的同时向既要服从服务于党的中心任务又要兼顾社会发展需要，实现党的发展和社会发展统一的视角转型。因此，应结合目标、内容、方式、理念、价值转型等方面来研究思想政治教育转型轨迹。

第三，缺乏转型研究的社会基础。在社会转型过程中，思想政治教育社会基础也发生相应变化，而只有从社会视野中揭示思想政治教育现代转型，才能更好地丰富和实现思想政治教育现代转型研究的学术价值和实践意义。思想政治教育现代转型研究不能离开中国当下的语境，特别是改革开放以来，党的思想政治教育已经发生、正在发生或可能发生的转型，思想政治教育在教育思想、教育体制、教育结构、教育内容、教育方法、教育模式等方面还相对滞后，应将社会现代转型与思想政治教育现代转型的关系应联系起来分析。这需要我们结合思想政治教育现代转型的社会关系、社会空间、社会文化、社会制度、社会结构等社会环境要素，以及思想政治教育领域存在的突出问题加以分析思想政治教育现代转型，揭示思想政治教育现代转型的社会基础。

第四，转型研究的方法论有缺陷，缺乏应有的学科筛选和学科反思。第一个表现是现有研究存在教条式运用历史唯物主义方法论，简单套用到思想政治教育现代转型研究中，抽象谈论历史唯物主义对研究的重要性。第二个表现是简单移植教育学范式或社会学范式，介入思想政治教育现代转型研究，缺乏建构思想政治教育现代转型研究方法论自觉。一方面，会导致思想政治教育现代转型研究缺乏自身的学术立场，容易丧失现代转型研究应有的学术自主性；另一方面容易导致没有经过学科筛选过的研究资料和研究对象进入现代转型研究论域，导致现代转型研究的主线和理论体系的紊乱和失序。

三　思想政治教育转型研究前提反思

综合前文所及关于思想政治教育转型研究成果分析与反思，笔者以为，思想政治教育转型研究需要关注以下几个问题：一是要科学合理地回答思想政治教育现代转型的内涵是什么，这是对思想政治教育转型研究的前提性反思；二是思想政治教育转型是在何种角度或何种意义层面的现代转型，这是探讨思想政治教育转型问题的基础性定位要求；三是要回答思想政治教育转型的历史生成或思想政治教育转型的轨迹，这是把握思想政治教育转型的历史依据；四是要回答思想政治教育现代转型的现实性及其原因；五是要回答现代思想政治教育如何实现现代转型，转向何方？等等。

第一，思想政治教育现代转型是在何种意义和标准而言的现代转型？这是进行思想政治教育现代转型研究首先必须回答的前提性问题。关于教育转型的"前提性追问"，冯建军从广义、中义、狭义三个维度对教育转型进行了分析："从广义维度看，依据生产关系的性质，通常把社会的发展历史划分为原始社会、奴隶社会、封建社会、资本主义社会和社会主义社会五种社会形态。相应地，教育的发展也经历了原始社会教育、奴隶社会教育、封建社会教育、资本主义社会教育和社会主义社会教育五种形态；根据以生产工具为标志的生产力发展的水平，把以手工工具为标志的生产力时代称为古代社会，以机器为标志的生产力时代称为现代社会。由此人类社会经历了由古代社会到现代社会的转型。与此相对应，教育的转型也从古代教育到现代教育；从社会生产方式变迁的角度，从农业社会到工业社会，以及正在形成中的后工业社会，与此适应的教育，也经历着从农业社会的教育到工业社会的教育的转型，当前正在向后工业社会的教育的发展；依据人类社会人格发展水平的角度，与社会发展过程中人的三种发展状态相一致，存在三种教育，即群体主体的依附性教育、个人主体教育和类主体教育，人类社会的教育从依附性的教育，到近现代的个人主体教育，现在逐步向类主体转变。"① 袁方等认为："新中国成立后，以发展为主的中国社会的转型特征：由自给半自给的产品经济社会向社会主义市场经济社会转型；由农业社会向现代工业社会转型；由乡村社会向城镇社会转型；由封闭半封闭社会向开放社会转型；由同质单一性社会向异质多样性社会转型，由伦理社会向法治社会转型。"② 上述理解为我们科学把握思想政治教育现代转型研究的前提提供了重要启示。笔者参与孙其昂教授项目研究时，主张要将研究定位上将中国共产党思想政治教育分为两个阶段。改革开放前的中国共产党思想政治教育称为"传统思想政治教育"，改革开放以来的中国共产党思想政治教育称为"现代思想政治教育"。"传统思想政治教育"作为讨论比较坐标，重点研究"现代思想政治教育"，即重点研究思想政治教育从传统到现代的转型，具体为"思想政治教育现代转型"。在概念定位上提出，思想政治教育转型并不是什么都是转型，转型是一个总体性概念和分析工具，它包括形态的转型、结构的调整、新要素的增加及新方式的增加、对外部新元素的借鉴和吸收等；还包括转换、变化、转变、创新、完善、发展等；还有一些不变的部分或要素；它不是绝对的抛弃或重新开始，而是继承与创新的扬弃过程，主要是形态、类型的转变，事物的根本属

---

① 冯建军：《论教育转型》，《全球教育展望》2010 年第 9 期。
② 袁方等：《社会学家的眼光：中国社会的结构转型》，中国社会出版社 1998 年版，第 30—44 页。

性和总体形态是不会改变的。① 根据中国社会转型最突出最明显的由计划经济向社会主义市场经济转型的特征，思想政治教育现代转型从适应计划经济的"传统思想政治教育"向适应社会主义市场经济的"现代思想政治教育"的转型，从中国共产党的思想政治教育向社会思想政治教育转型。作为中国的思想政治教育现代转型，当然不能离开中国当下的语境，特指中国共产党成立以来，尤其是改革开放以来，党的思想政治教育已经发生、正在发生或可能发生的转型，这需要我们结合中国的政治、经济、文化、社会背景，以及思想政治教育领域存在的突出问题加以分析思想政治教育现代转型。

思想政治教育现代转型不是性质转变。当代中国思想政治教育仍是社会主义意识形态建设的重要呈现，是建构意识形态领导权话语权管理权的主渠道主阵地。当代中国思想政治教育的中国特色社会主义共同理想和共产主义远大理想的终极价值从未改变，转变的只是围绕如何实现终极价值目标所体现出来的具体价值理念、话语方式、方式方法、思想理论创新和制度体系的完善。当前，我们在思想政治教育转型理论研究与实践中存在的种种问题，都与对思想政治教育转型认识不清、把握不准、观念模糊有着密切关系。我们必须清醒地认识到，正是当代中国社会转型的社会现实，提出了思想政治教育现代转型的理论问题。社会转型构成了思想政治教育现代转型的宏大背景。社会转型为思想政治教育现代转型的理论研究既提供了可能性前提，也提供了必要性依据。

第二，思想政治教育现代转型是思想政治教育整体的系统化转换。思想政治教育的现代转型是思想政治教育为适应现代社会而进行的以实现自身现代化为目标、以人本化和科学化为特征的整体性结构转变；是自觉、理性化的转型，是由社会主体有计划、有步骤、上下结合地推进思想政治教育系统结构变迁的过程。② 佘双好教授将 2005 年和 2016 年召开的全国思想政治工作会议相比较，认为在时代方位上从全面建设小康社会和到实现中华民族伟大复兴；聚焦主体上从大学生为主体到以高校为主体；治理问题上从大学生思想政治教育到高校思想政治工作；解决

---

① 孙其昂等：《思想政治教育现代转型研究》，学习出版社 2015 年版，第 24—26 页。
② 盛跃明、孙其昂：《思想政治教育的现代转型及其路径》，《求实》2010 年第 2 期。

方法上从思想政治工作内部环节到外部环境营造等明显变化。习近平总书记重要讲话提出了一系列新的思想和观点,如高校思想政治工作是高等教育的核心工作、党对高校领导是高校思想政治工作重要体现、高校思想政治工作要强化思想理论教育和价值引领、其他课程要与思想政治理论课同向同行、高校思想政治工作是全体人员开展的工作等;揭示了高校思想政治工作发展的一些新的趋势,如高校思想政治工作从首位拓展到中心地位,从局部拓展到整体、从国内拓展到国外、从专门拓展到全员。① 思想政治教育作为一个大系统其要素、结构、功能、表现、目标等逐步系统化转换的科学化过程,对于摆脱困境、增强实效、吸引骨干、培养人才等方面满足社会需求方面具有重要意义。所以笔者提出,要形成思想教育系统研究范式或研究视野,实现思想政治教育系统思维方式转型。② 思想政治教育现代转型的视域是以"整个"思想政治教育作为视域,从比较思想政治教育视域、历史维度、从意识形态维度、思想政治教育学科维度、思想政治教育国别维度、思想政治教育社会维度展开研究。③ 思想政治教育现代转型至少应当包括三个层次的内容:第一,在理论形态上,它应当实现思想政治教育现代化和具有中国特色的社会主义现代化的统一;第二,在制度形态上,思想政治教育现代转型应当是与中国社会主义"五位一体"总布局相适应的制度转型;第三,在实践形态上,思想政治教育现代转型应当是在"中西马"三种文化交流交融交锋的文化样态中实现时代化。

第三,思想政治教育现代转型是思想政治教育系统要素与结构、功能生成的社会历史过程。思想政治教育为什么要转型?思想政治教育实现现代转型的原因?思想政治教育系统作为社会复杂适应巨系统的重要子系统,社会系统的经济形态、社会结构、社会体制的系统配套等方面都在发生着变革与转换。一是社会现代化的因素。思想政治教育面临的外部环境的改变,社会转型期中国的党情社情对思想政治教育提出的新

---

① 余双好:《高校思想政治工作的新变化、新观点和新趋向》,《青年发展论坛》2017 年第 1 期。
② 侯勇:《论思想政治教育系统思维转型》,《思想教育研究》2012 年第 3 期。
③ 孙其昂等:《思想政治教育现代转型研究》,学习出版社 2015 年版,第 24—26 页。

要求,以及思想政治教育本身需要系统的自我完善的困境是推动思想政治教育从传统向现代转型的主要原因。实践证明,思想政治教育现代转型不仅取决于经济增长,而且会受到政治、文化、教育、科技及人口等许多非经济因素的制约。二是社会转型的因素,从国内看,仍然处在从传统型社会向现代型社会的快速转型过程之中;从国际看,则是处在国际化或全球化的历史进程之中。分析思想政治教育转型研究视角,不能脱离当前社会转型视角的独特性:首先,中国的经济转型是在坚持社会主义公有制不变的前提下,从计划经济向市场经济转变。其次,中国的政治转型是在坚持共产党的领导和国家基本制度不变的前提下,从高度集权、人治为主的治理形态向民主、法治的治理形态转变。刘祖云认为,中国的社会转型主要表现为相互联系的三个层面:"一是结构转化,即当前中国社会的社会整体结构、社会资源结构、社会区域结构及社会身份结构等均在发生转化;其二是机制转化,即当前中国社会的利益分配机制、社会控制机制、社会沟通机制、社会流动机制及社会保障机制等都在发生转换;其三是观念转变即随着当前中国社会结构的转化和机制的转换,人们的价值观念在发生转变。"① 三是社会背景因素。从背景来看,全球化、信息化、知识化是当前中国思想政治教育现代转型的宏观背景:经济背景(以经济体制改革为主导的社会体制转型)、政治背景(民主化)、文化背景(中西马文化)、时代背景(网络信息化)、国际背景(全球化)。面对世界全球化、信息化、知识化的国际竞争背景,思想政治教育在教育思想、教育体制、教育结构、教育内容、教育方法、教育模式等方面还相对滞后,还不能与经济体制、科技体制、政治体制等方面的改革和发展相配套、相适应。因此,应将社会现代转型与思想政治教育现代转型的关系应联系起来分析,揭示思想政治教育现代转型的社会原因,即过去、中间和现在的社会背景,阐述不同时间思想政治教育的社会时代特征及相应的思想政治教育特点。

第四,思想政治教育转型的轨迹研究。一是要说明思想政治教育转型的标志或时间段。"作为时间概念的传统教育与现代教育,又有不同的

---

① 刘祖云:《从传统到现代:当代中国社会转型研究》,湖北人民出版社2000年版,第53—54页。

划分方法：一是把原始教育和古代阶级社会（奴隶社会和封建社会）的学校教育称为传统教育，把资本主义社会和社会主义社会的教育称为现代教育。二是以第二次世界大战结束为界线。其前的称为传统教育，其后的称为现代教育。"① 1919—1978 年是以革命为中心的传统思想政治教育时期；从 1978 年开始，思想政治教育进入了"以人为本"阶段。结构、内容、目标、方式、价值、途径、研究方法等处于转型之中。二是结合目标、内容、理念、价值等方面来研究思想政治教育转型的轨迹。如从传统的"社会本位"思想政治教育目的观向现代"主体本位"目的观的转向。

第五，思想政治教育现代转型存在的问题研究。思想政治教育现代转型过程中存在一些困境，高红艳认为："思想政治教育的现代转型并非一帆风顺，遇到了四个方面的难题：一是思想政治教育合法性追问；二是意识形态刚性的弊痛；三是意识形态淡化论的冲击；四是'理性回归'的偏差。"② 孙其昂认为："思想政治教育面临着现代性困扰表现在主题定位困扰、内容稳定性困扰、思维应用困扰、权威转型困扰。"③

第六，思想政治教育如何实现转型。孙其昂认为，"思想政治教育现代性困扰解困的基本方法是实现思想政治教育现代转型，用改进的思想指导实践、从'旧政治'转向'新政治'、参与者合作建构权威、现代交流方式等实现思想政治教育思维转型、主题转型、权威转型、方法转型。"④ 思想政治教育现代转型应该是思想政治教育系统的整体性的转型，在"学术研究科学化、人才培养科学化和教育实践科学化"⑤ 等维度方面着手，在教育思想观念、教育体制、教育结构、人才培养模式以及教育教学的内容、方法和手段等方面都应进行改革。

---

① 冯建军：《论教育转型》，《全球教育展望》2010 年第 9 期。
② 高红艳：《思想政治教育现代转型及面临的难题探析》，《学校党建与思想教育》2011 年第 22 期。
③ 孙其昂：《思想政治教育现代性及其转型》，《安徽师范大学学报》（人文社会科学版）2012 年第 3 期。
④ 同上。
⑤ 刘建军：《论思想政治教育的科学化》，《教学与研究》2011 年第 3 期。

四 思想政治教育转型研究进路

历史与逻辑相统一分析方法运用。历史与逻辑相统一的思想最初由黑格尔提出，恩格斯科学论述历史与逻辑相统一观点。运用历史与逻辑相统一的分析方法揭示思想政治教育历史发展与现代转型是思想政治教育学人的一项重要而艰巨的任务。按照历史与逻辑相统一的方法要求，思想政治教育现代转型研究应可循这样的思维路径：第一，遵循思想政治教育历史发展与逻辑存在相一致的原则，将其置于中国共产党的思想政治教育史视野中去审视与评判思想政治教育系统发展历史和转型轨迹；第二，进行一定的逻辑假设和前提性反思，如思想政治教育转型研究首要的是回答"思想政治教育是否是在转型"这个前提性问题。这是一种前提性预设还是事实性存在？思想政治教育为什么会发生转型？转型的动因、轨迹、路径等问题都需要进行研究。第三，力求关于思想政治教育现代转型研究实现"范畴的逻辑顺序"和"时间次序相一致的历史"的统一，根据思想政治教育历史发展和社会存在，研究思想政治教育思维方式、职能定位、功能作用、工作主体、教育内容、载体方法、体制机制等要素转型。第四，研究方法论上，坚持系统研究方法，树立全面系统的思维，掌握科学统筹的方法，运用思想政治教育系统思维，结构功能主义分析方法对思想政治教育系统的各个要素和各个方面进行研究，这是思想政治教育系统要素的转型研究。

多学科与多范式研究共存。随着社会科学的理论知识和研究方法要求跨学科和综合化，交叉学科范式已初露端倪，需要实现思想政治教育系统研究的多学科聚焦和多学科方法交融。一方面，借鉴历史学、社会学、经济学、哲学、政治学等其他相关人文社会科学发展的理论成果开展思想政治教育现代转型研究是非常重要的；但另一方面，思想政治教育现代转型研究需要树立自主的学科意识和学科自觉，应对"多学科理论与方法的吸纳与运用，应当走出简单的'概念移植'、'方法套用'、'体系嫁接'等误区，进入新的层面和新的境界，不断地运用多学科思维方法和交叉学科研究范式展开"①。如运用思想政治教育社会学的思维方法，坚持从社会视角研究社会与思想政治教育互动转型作为考察思想政治教育现代转型的基本视域。

理论与实证研究并重。由于研究范式分殊与研究角度相异，"经验研究占主导，思辨研究是主流，实证研究刚入流，多学科成趋势等"②，导致了思想政治教育现代转型研究中理论与实践相脱离的现实，思想政治教育学术研究者与思想政治工作者间的鸿沟凸显。经验总结范式中思想政治教育现代转型研究来源于社会实践活动而具有活力，针对性和应用性较强，但缺乏理论思辨性和长效性，而理论建构范式中现代转型理论研究具有较强的理论性学术性，但由于概念化和抽象化，容易与现实脱离开来，缺乏应用性。因此，思想政治教育现代转型研究中，必需要把经验总结与理论建构统一起来，把学术研究与现实关照结合统一起来，凸显思想政治教育现代转型研究的时代性。"突出做好理论研究与实际应用的紧密结合，把实际工作中遇到的问题转化为研究课题，把工作成绩转化为理论成果，把经验上升为理论，切实把理论研究与现实关怀紧密联系在一起，以理论指导实践、以实践丰富理论，成为党和国家迫切需要的育人'智库'。"③ 如思想政治教育现代转型应该是思想政治教育系统的整体性的转型，在"学术研究科学化、人才培养科学化和教育实践科学化"等维度方面着手，在教育思想观念、教育体制、教育结构、人才培养模式以及教育教学的内容、方法和手段等方面进行改革，促进思想政治教育现代转型。

学理的系统研究范式和行动的系统思维方式同行。运用思想政治教育系统思维是思想政治教育系统方法论的根本要求，是进行思想政治教育现代转型研究的根本思维方式。运用系统论观点分析和研究思想政治教育与社会系统的互动，从历史与社会的角度阐述思想政治教育的系统

---

① 沈壮海：《论思想政治教育理论研究的新范式与新形态》，《思想理论教育导刊》2007年第2期。

② 余双好：《思想政治教育的科学研究现状、特点及发展趋势探析》，《思想理论教育导刊》2009年第10期。

③ 杨晓慧、张泽强：《"四个服务"：高校思想政治工作新理念》，《中国青年社会科学》2017年第3期。

性，构建一个历时态和共时态的思想政治教育系统研究观，把思想政治教育学术系统研究范式和思想政治教育行动系统思维结合起来，这是推动思想政治教育现代化和科学化发展的内在要求，对思想政治教育系统研究具有方法论的指导意义。一方面，从思想政治教育系统与社会、政治、经济、文化等社会环境系统的密切联系对思想政治教育现代转型做整体性研究；另一方面，从整体性视野中运用系统思维对思想政治教育系统要素、结构、功能、特征等进行研究，进一步形成思想政治教育学术共同体的接受和认可的学术的系统研究范式和行动的系统思维范式，进而使人们形成系统思维方式，影响人们重新对思想政治教育系统转型的整体认识和把握。

第十一章

系统建设

思想政治教育系统研究强调用系统论的观点将思想政治教育系统作为一个既存在内部紧密联系，又存在着大量外部联系的整体来看待，并对其要素、结构与功能、系统与环境之间关系进行分析。思想政治教育系统决定于社会存在基础之上的经济因素、政治因素、文化因素、意识形态等环境因素影响，人们的思想、观念、意识、价值等受制度于社会存在的物质基础和条件。正确认识和把握思想政治教育系统生态，理解和运用思想政治教育系统原理，这是做好思想政治教育工作的前提澄清和实践要求。

一　思想政治教育系统研究现状

1. 思想政治教育系统研究的问题意识

复杂性社会人们面临这样一个事实，即工业文明的兴起和现代科技鼎盛导致人们认识越来越精细的同时全然失去了对整体的认知和把握。一方面，现代科学技术进步使得社会分工的专业化越来越深入"微"层次，我们对社会物质系统认识越来越精细；另一方面，行业眼界的狭窄、部分利益的得失、知识结构的单一，使人们习惯于以局部衡量整体，习惯于用分门别类地认识和解决问题来代替从整体上认识和解决问题，使得人们对整体的认识越来越模糊。正如佛睿斯特所言："盲目的技术进步加剧了、造成了更大的复杂性，我们处于失控状态，驶在一条没有任何光明的黑道上，而绝大多数的技术进步是让行驶速度越来越快。"① 无论个体行为还是群体实践不可避免地养成了片断思维习惯，有学者概括为几种类型："'坐井观天型'、'以偏概全型'、'只见树木，不见森林型'、'面东而立，不见西墙型'"②，人们满足于部分认识的盲目片面的快感中，眼光变得更加快捷、狭隘和短浅，变得只见树木，不见森林，甚至舍木逐末、避重就轻，全然失去了对整体的认知和把握，以至于传统的思维方式和手段不能再适应现代需要。在社会科学领域，也同样存在这样一种"唯学科化困境"："事实上，包括我们这样一批致力于知识传播的人，当我们用自己学科化的知识去解释中国的时候，也会发现，整体性的中国被学科化的方式给肢解了。如果我们把中国比作一头大象，那么，经济学就好比只解释了这头大象的大腿，法学解释的是它的肚子，哲学解释的是它的脑袋。如此一来，每个人解释的都不再是一个完整的中国问题。在认识和思考实际问题时，我们根本就不可能说这个问题的左边是法学的、右边是经济学的、顶上是哲学的。"③ 我们所面临的不是一个简单的、个别的局部原因造成的危机，而是复杂的、全面的"系统危机"——这是由技术、经济、文化、政治和社会诸因素造成的。生态系统的失调造成的污染和生态问题；社会组织结构、经济系统、国际政治关系等出现的问题，也突出强调要从整体上认识和处理问题，"我们被迫在一切知识领域中运用'整体'或'系统'概念来处理复杂性问题。"④

2. 思想政治教育系统研究概观

从笔者目前所及资料分析来看，展开对思想政治教育系统的研究主要有以下几种代表性观点：

一是思想政治教育系统工程论。⑤ 田曼琦，白凯主要围绕思想教育系

---

① [美] 彼得·圣吉：《第五项修炼》，郭进隆译，上海三联书店1998年版，第2页。
② 苗东升：《论系统思维：从整体上认识和解决问题》，《系统辩证学学报》2004年第4期。
③ 邓正来：《中国社会科学面临"唯学科化困境"》，《人民论坛》2009年第16期。
④ [美] 冯·贝塔朗菲：《一般系统论：基础、发展和应用》，林康义、魏宏森等译，清华大学出版社1987年版，第2页。
⑤ 参见田曼琦、白凯《思想教育系统工程学》，人民出版社1989年版，第10—18页；参见潘树章《高校德育系统工程简论》，《西南民族大学学报》（哲学社会科学版）2001年第S1期；参见陈中建《高校德育系统工程研究》，博士学位论文，南京师范大学，2008年。

统、思想教育主体系统、思想教育客体系统、思想教育环境系统、思想教育内容系统、思想教育原则系统、思想教育方法系统、思想教育信息系统、思想教育决策系统、思想教育评价系统展开论述。潘树章从德育大系统的角度，提出高校德育系统分为主体、目标、理论、方法、激励、辅助、信息反馈、评价及惩戒等八个子系统。陈中建以系统工程的思维观念和方法分析德育系统的结构梳理和内容剖析，将目标系统、组织管理系统、内容系统、环境系统作为研究框架，对高校德育系统中的队伍建设、学生德育实践体系、德育环境和德育评价及各要素之间的相互关系进行了研究。上述研究运用系统方法从系统工程对思想政治教育系统或德育系统进行研究，为展开对思想政治教育系统研究提供重要启示，特别是系统工程研究方法中对结构和运行的剖析值得借鉴，但仍然停留在系统工程学范式框架内，并不是真正意义上的思想政治教育系统的研究。

二是大学生思想政治教育系统论。[①] 吴倬从当前高校德育工作中存在的问题出发，提出了建立结构合理、功能互补的高校德育系统的思想，认为德育领导小组与"两课"教学处于核心地位和发挥主渠道作用，人文社会科学课程起重要补充，理工类课程教学是重要环节，以党团组织、辅导员、班主任队伍为主要承担者的课外教育是对学生进行课外思想品德教育的重要环节。韩小香等认为，高校新型思想政治教育体系的构建应确定一个指导思想、两条教育线路、三大教育理念，以"隐性教育"为辅，营造浓郁的教育氛围；以生本教育为指导，构建全员育人格局；以自我教育为主体，构建立体思想政治教育网络。陈坚良认为大学生思想政治教育系统由科学控管系统、组织实施系统、信息反馈系统、评价激励系统、保障系统等构成。孙其昂认为高校马克思主义理论教育是系统存在，该系统大体包括理念、课程、制度、设施、环境、主体、活动等要素，由这些要素组成高校马克思主义理论教育的系统整体。可以看

---

① 参见吴倬《建立结构合理功能互补的高校德育系统》，《清华大学教育研究》2001年第1期；参见韩小香等《我国高校新型思想政治教育体系构建研究》，《河南社会科学》2009年第3期；参见陈坚良《大学生思想政治教育的系统分析》，《思想理论教育》2006年第23期；参见孙其昂《高校马克思主义理论教育体系构建研究》，《思想理论教育》2007年第5期。

出，上述观点主要是从高校思想政治教育运行和工作实务层次对高校思想政治教育系统进行探讨，已开始关注思想政治教育系统的研究，是对思想政治教育系统的实践层次进行的反思和探讨，对思想政治教育系统的总体性研究提供实践基础和实证检验。

　　三是思想政治教育生态系统论。[①] 宣仕钱认为思想政治教育过程依存于自身特有的生态系统，思想政治教育过程应该与开放的社会信息系统、社会实践生态系统、社会发展的群体需求相协调，与营造自我发展的绿色空间相协调。戴锐认为，思想政治教育生态可分为宏观圈层（社会大环境及区域性生态等）与微观圈层（组织内部生态）两方面，两个圈层均由意识圈层、制度圈层和物质圈层三大部分构成，其中意识圈层由心理、观念、意见和学术成果等构成，制度圈层由社会制度、思想政治教育管理规章等构成，物质圈层由设备设施、场地场所、经费支持等构成。邱柏生认为，从微观角度看，高校思想政治教育本身是一个生态系统，这种生态主要由大学生思想政治理论教育、宣传思想教育与日常思想政治教育几个子系统构成，从中观角度看，高校思想政治教育又是高等教育生态中的一个子系统，会受到高等教育体制、理念、教育制度变化的制约。从宏观角度看，高校思想政治教育更处于社会环境大生态中。他将高校思想政治教育活动本身看作是一个高度有机的系统过程，更注重将一切支配、制约与影响高校思想政治教育活动的社会因素都看作是一个更大的有机活动系统。卢岚围绕思想政治教育社会生态的结构、特征及结构创新三个方面，提出通过将以政府、学校、城市为中心的思想政治教育和以社会、农村为主阵地的草根性思想政治教育有机的融合，达到结构创新，功能升级，以实现思想政治教育实效性的全面提升。可见，学界对思想政治教育生态系统的关注已逐渐兴起，已开始由"环境"向"生态"范式跃迁展开对思想政治教育系统的生态展开研究，虽然并未直接论述思想政治教育系统的要素与结构，但作为一种从事实层面展开对

---

　　① 参见宣仕钱《思想政治教育生态系统的互动与耦和》，《求实》2006年第5期；参见戴锐《思想政治教育生态论》，《理论与改革》2007年第2期；参见邱柏生《充分认识高校思想政治教育的生态关系》，《思想理论教育》2008年第15期；参见邱柏生《高校思想政治教育的生态分析》，上海人民出版社2009年版，第2页；参见卢岚《断裂处的光缆——现代思想政治教育社会生态论》，湖北人民出版社2010年版，第22页。

思想政治教育系统生态进行的基础性分析,对思想政治教育系统的研究提供重要启示意义。

四是思想政治教育学科理论系统论。① 陈秉公认为,在学科基本理论的实践基础、理论基础、学科理论研究规范和相关学科的理论前沿发生重要变化的情况下,学术研究主体对整个学科基本理论进行的系统整合,是学术研究主体自觉的学科理论整体建构行为。关于思想政治教育学科理论体系,张耀灿认为学科理论体系包括以思想政治教育学原理和方法、思想政治教育史、比较思想政治教育为主干学科和基本研究与应用的分支学科。孙其昂认为,思想政治教育学科是思想政治教育学术共同体,它是以思想政治教育学知识为基础,由思想政治教育学科成员、价值观、科学研究、科学技术服务、学科规范(方法)等组成的学术性社会共同体。思想政治教育学科同时又是社会学术共同体,也是一个系统,具有系统的特征,要正确处理要素把握与系统把握、自然阶段与自觉阶段、历史传统与现代发展的关系,积极推进思想政治教育学科的系统发展。可见,思想政治教育学科作为系统存在的认识也成为学界的主流观点,虽然尚未对思想政治教育学科系统与思想政治教育系统二者作区分,但已为二者的关系分析提供了基础和启示。

五是思想政治教育社会系统研究。② 孙其昂运用社会学原理从宏观视角对思想政治工作进行探讨,以系统方法论为指导,特别是运用系统性观点分析思想政治工作,阐述了思想政治工作的系统性,思想政治教育系统不是一个孤立的系统,是与其他系统相联系的系统,并对社会系统的思想政治教育功能、社会变迁对思想政治教育影响等,从社会学意义对思想政治教育进行系统分析。另外,孙其昂从历史与社会的角度,对思想政治教育与社会系统、思想政治教育现代转型等主题作了持续的探

---

① 参见陈秉公《论思想政治教育学科基本理论的再系统化》,《思想理论教育导刊》2006 年第 8 期;参见张耀灿《思想政治教育学科理论体系发展创新探析》,《学校党建与思想教育》2007 年第 5 期;参见孙其昂《论思想政治教育学科系统建构》,《思想教育研究》2010 年第 3 期。

② 参见孙其昂《社会学视野中的思想政治工作》,中国物价出版社 2001 年版,第 16 页;参见孙其昂《论思想政治教育的现代转型——基于社会、历史、系统视野的考察》,《思想教育研究》2007 年第 8 期;参见孙其昂《思想政治教育工作现代转型与基本精神》,《思想政治工作研究》2009 年第 2 期。

讨，为思想政治教育系统的研究提供重要借鉴和启示。

3. 思想政治教育系统研究评估

思想政治教育系统的研究呈现出系统性、体系化关注，研究主题、内容和方法呈现多样多元特征，已然的研究虽然涉及了思想政治教育教育系统的多方面，但其研究的理论基础和学术思维还比较薄弱，对思想政治教育系统把握和认知还处于经验、零散的把握阶段，没有真正把握住思想政治教育系统整体，存在研究不足：

第一，将思想政治教育系统作为社会系统的子系统研究不够，系统化研究的深度不够。一方面，不管是经验总结范式和理论建构范式研究中都对"思想政治教育系统是什么"这个前提性追问尚未做出回答，对思想政治教育系统的要素、思想政治教育系统的结构与功能、思想政治教育系统的发展动力与优化等问题的研究都必须进一步深化与拓展，缺乏对思想政治教育系统所涉及的广泛领域和研究内容进行系统性、整体性探索与研究；另一方面，未将思想政治教育系统放置于社会在系统之中来展开研究，由于缺乏对社会现实的关照，缺乏时代性，使得思想政治教育与社会发展时代需要脱节、思想政治教育时代要求与思想政治教育系统发展割裂开来，因而存在理论研究的不足。此外，还有一些重要问题尚未涉及，具体表现为对思想政治教育系统的系统要素、结构与功能、输入与输出、系统发展动力、系统的发展方向等理论问题的研究有待深化与拓展。思想政治教育系统如何在一个社会转型与结构调整的时代与时俱进的发展？如何重新认识思想政治教育系统与环境变迁之间的交互关系？如何进一步全方位认识和拓展思想政治教育系统的功能和价值？如何构造思想政治教育系统运行机制及评价？如何进一步地实现其科学化发展？这些问题亟待进行系统深入地研究。

第二，研究视野相对狭窄，缺乏历史与现实研究。一方面，现有思想政治教育系统研究缺乏将思想政治教育系统置于社会历史发展进程和生成基础的考察，缺乏对思想政治教育系统历史生成与变迁的反思，缺乏对思想政治教育系统主题变迁与范式转换等研究，不利于正确把握思想政治教育系统的历史与现状。另一方面，现有思想政治教育系统研究大都对高校思想政治教育系统关注较多，如对高校网络思想政治教育系统、大学生思想政治教育系统等关注较多，而对其他领域思想政治教育子系统缺乏有效关注，缺乏从系统思维方式对思想政治教育系统所涉及的广泛领域和研究内容进行进一步的系统性、整体性探索与研究。

第三，跨学科研究仍然不足。从研究视角来看，思想政治教育系统研究已开始关注研究视角的多样化和多层次性，传统研究范式如经验总结、经典文献法、比较研究等是他们进行研究的主要方式，跨学科研究仍然运用不够，采取多种不同的方法进行交叉研究更加少见。同时，思想政治教育多学科研究要防止存在一种约定成俗的思维定势，如思想政治教育系统研究中要防止习惯于简单套用系统科学理论知识，移植系统科学概念、照搬系统科学体系，否则容易造成思想政治教育系统研究的误区。正如有学者敏锐且不乏远见地提出："借鉴型成果形成不了自己的特色，经验型成果已经走到了尽头，政策型成果显得理论'底气'不足，比较型成果缺乏系统研究和应用，功能泛化型成果得不到社会的认可。"①

二 思想政治教育系统本体阐释

（一）思想政治教育系统要素分析

1. 思想政治教育系统内涵

思想政治教育系统无论从宏观还是微观上说，都已形成了一个由众多要素构成的、按照一定的机制运行并同外部环境发生着互动关系的社会有机系统。思想政治教育系统是在社会思想领域内由若干涉及要素构成的、在一定结构形式下按照一定的机制运行并同环境发生互动，引导其成员吸纳、认同一定社会的思想观念、政治观点、道德规范，促进其成员知、情、意、信、行均衡协调发展并自主建构思想政治素质的社会子系统。思想政治教育系统不是把思想政治教育系统各个要素变量组成"集合"，而是进入要素的关系性当中组成的结构性有机统一整体。

2. 思想政治教育系统要素分析争议

思想政治教育是一个由诸多要素相互联系、相互作用构成的一个系统。由于研究角度相异和研究方法分殊，学界对思想政治教育系统要素

---

① 余仰涛：《思想政治工作研究方法论》，武汉大学出版社2006年版，第4—6页。

的分析，形成了较多的争论，代表性观点主要有：

表 11—1　　　　　　思想政治教育系统要素主要观点

要素说	观点
四要素说	思想政治教育主体（教育者）、思想政治教育客体（受教育者）、思想政治教育介体（思想政治教育的内容和方法）、思想政治教育环体（社会环境及其所提供的教育支持条件）①
五要素说	思想政治教育主体、思想政治教育客体、教育内容、教育方式、教育目标五大要素②
六要素说	包括思想政治教育者、思想政治教育对象、思想政治教育目的、思想政治教育内容、思想政治教育方法、思想政治教育情境③
七要素说	思想政治教育者、思想政治教育对象、思想政治教育内容、思想政治教育方式、思想政治教育目标、思想政治教育效果和思想政治教育反馈七个要素④
八要素说	思想政治教育者、思想政治教育对象、思想政治教育信息（目的、内容、原则、方法等），思想政治教育载体（第Ⅰ载体、第Ⅱ载体）、思想政治教育噪音、思想政治教育情境、思想政治教育效果、思想政治教育反馈八个基本要素⑤
十要素说	主体系统、客体系统、内容系统、方法系统、环境系统、思想系统、原则系统、信息系统、决策系统、评价系统⑥
十八要素说	包括思想政治工作理论、地位、作用、价值、规律、原则、制度、机构、队伍、目标、任务、内容、活动、途径、方法、手段、艺术、评估。⑦

从上表关于思想政治教育系统要素争鸣来看，主体、客体、介体、环体（或者说教育者、受教育者、教育媒介、教育环体）"四要素"说的认同度比较高，但同时仍然存在争议，主要纠结于"主客体之争"。"五要素说"考虑到了教育内容、教育方式与教育目标等在思想政治教育系统的中的地位与作用，具有积极意义，但同时忽略了环境对思想政治教

---

① 张耀灿等：《现代思想政治教育学》，人民出版社 2006 年版，第 236—240 页。
② 孟志中：《思想政治教育要素论》，《中国青年政治学院学报》2003 年第 3 期。
③ 沈壮海：《思想政治教育有效性研究》，武汉大学出版社 2001 年版，第 68—106 页。
④ 朱燕、吴连霞：《浅析思想政治教育要素的构成》，《前沿》2005 年第 12 期。
⑤ 叶雷：《思想政治教育要素新论》，《前沿》2004 年第 8 期。
⑥ 田曼琦、白凯：《思想教育系统工程学》，人民出版社 1989 年版，第 13—16 页。
⑦ 孙其昂：《社会学视野中的思想政治工作》，中国物价出版社 2001 年版，第 23 页。

育的影响,思想政治教育系统活动不可能离开环境而存在,思想政治教育系统实践是改造主观世界的基础上作用于客观世界的社会活动,既存在于一定的环境场域之中,又反作用于环境,而"五要素"说将思想政治教育环境排除在外,存在着系统要素缺失的缺陷。"六要素"说在"四要素"说基础上提出了一些新的观点,用教育者与教育对象代替主客体,没有采用教育介体来概括教育内容、目标、方式等,用教育情境来代替教育环体,可以说"六要素"说仍然是在"四要素"说范畴内进行阐发,两种观点没有本质区别,这也反映出思想政治教育系统要素结构的主要构件,对正确把握思想政治教育系统要素提供了重要基础。"七要素"说看到了教育内容、教育方式、教育目标等要素在思想政治教育系统中的地位和作用,但同时忽视环境要素的同时,把教育过程中的效果与反馈作为要素,在一定程度上混淆思想政治教育系统要素与思想政治教育过程之间区分,教育效果和教育反馈本身是思想政治教育活动完成后才出现的问题,不构成思想政治教育系统运行必不可少的部分。"八要素"说从思想政治教育活动过程来考察,对思想政治教育过程中影响因素进行了更细致的区分,但需要指出的是,将思想政治教育目的、内容、原则、方法等用思想政治教育信息来概括是否科学值得商榷的同时,教育噪音没有根本反映出要素的实质,不符合系统要素的理解。"十要素"说用系统论方法分析思想政治教育系统具有借鉴启示意义,但各要素系统之间存在着重叠交叉。"十八要素"说揭示了思想政治工作和思想政治教育过程的多方面要素,对分析思想政治教育系统的要素具有重要启示作用。从上表中关于思想政治教育系统要素的其主要争议在于。

争论之一:主客体之争——思想政治教育主客体范畴(或教育者、教育对象)是否是思想政治教育系统的基本要素?学界关于"主客体"的争论在哲学、教育领域早就存在,特别是近年来思想政治教育领域对"主体性""主导性""主体间性"的争论较多,用的主体、客体概念时容易造成教育"主客"体说与"双主体"说等争议。在主体性思想政治教育局限中,由于"教育者与受教育者地位的不平等性、教育内容的悬空性、教育方法的简单性、教育目标的整齐划一性",[①] 使得主体性思想

---

① 张耀灿等:《思想政治教育学前沿》,人民出版社2006年版,第365—367页。

政治教育"黄昏"的来临，以此来说明思想政治教育系统要素不宜用主客体代替教育者、教育对象作为其要素。有学者认为，教育者的概念则不应泛化，教育者只是思想政治教育活动中最活跃、最直接、最正面作用于教育对象的人。"教育者"这一概念本身无法涵盖思想政治教育过程中不直接参与具体教育但直接负责组织和实施思想政治教育的各个组织管理机构、部门和人员等，尤其是上级党政领导部门。① 在生活化和网络化形态下教育者与受教育者的关系日渐隐性化和掩藏化，教育者越来越不明显，教育对象越来越开放、越来越模糊，对象可能是一个群体、一个阶层，表现为不确定性和整体集群性。笔者以为，从思想政治教育系统来看，教育者和教育对象都是活生生的人，都有自己的主观能动性，思想政治教育者和教育对象都有主体性，都是主体。"思想政治教育领域由主客二分的主体性思想政治教育向主体间性思想政治教育转向"②，主体性的黎明——主体间性的出场，这是解决当前思想政治教育中存在的诸多问题和局限性的客观要求，思想政治教育主体间性转向是时代发展的必然要求。

争论之二：思想政治教育内容、目标和方法是否是思想政治教育系统的基本要素？思想政治教育内容、方法能否概括为思想政治教育系统的介体要素？关于思想政治教育系统要素的多种争论中，大都认同将思想政治教育内容、教育方法作为思想政治教育系统的要素而存在。事实上，思想政治教育内容和方法各有不同的内涵和外延，其在整个思想政治教育过程中缺一不可，也应当作为独立的思想政治教育要素而存在。把思想政治教育内容和思想政治教育方法作为思想政治教育介体存在不妥，思想政治教育介体不能笼统涵盖思想政治教育内容、方法等要素。此外，思想政治教育目标体现着教育者的主观愿望和要求，反映的是思想政治教育对象和社会发展的客观需要，其一旦确立就成为思想政治教育的灵魂和轴心，应当将其作为思想政治教育要素。

---

① 杨增崇、张再兴：《关于思想政治教育要素问题的思考——"四要素说"与"六要素说"的对比分析》，《思想理论教育》2008年第19期。
② 张耀灿等：《思想政治教育学前沿》，人民出版社2006年版，第342页。

争论之三：环境与情境之争：思想政治教育环境是否是思想政治教育系统的要素？思想政治教育情境是否属于思想政治教育要素？有学者提出："思想政治教育环境是指影响人的思想品德形成和发展、影响思想政治教育活动运行的一切外部因素的总和"①，"思想政治教育情境则是思想政治教育者为了实现其教育目标而有计划地创设的具体教育条件，它的创设和存在就是为思想政治教育活动的开展、为思想政治教育对象初步印证其所接受的思想意识的正确性提供具体情境"②。思想政治教育环境的定义强调"影响人的思想品德形成和发展、影响思想政治教育活动的外部因素"，这里可以理解为要对思想政治教育活动产生影响和作用的外部因素才能称其为环境，而没有对思想政治教育活动产生影响的自在环境或自然环境因素，并不是思想政治教育环境，"教育环境既作用于教育者（施教主体），又作用于教育对象（受教主体），共同制约着教育者和受教育者，反过来它又被教育者和受教育者所认识、利用和改造，成为人们（主体）共同面对的客体。环境虽然相对于主体的人（教育者、受教育者）而言是外因，但在思想政治教育过程中却是必不可少的。内外因统一于思想政治教育全过程的实践活动中。教育环境是思想政治教育过程不可缺少的一个基本要素"③。

思想政治教育活动在本质上是思想政治教育者与受教育者"共同活动"即教育者教育并引导受教育者一起认识和改造环境的过程。在这一过程中，思想政治教育环境不是思想政治教育系统的外在因素，而是思想政治教育者与受教育者共同认识和改造的对象，从思想政治教育的系统来看，它是这个大系统中不可缺少的一个子系统，它不是外在因素，而是内在因素。正如有学者指出："如果将思想政治教育上升到整个社会实践层面从宏观上来理解，那么整个思想政治教育过程的构成要素就远远不只是基于教育者、受教育者、特定场合（思想政治教育情景）的'共场'问题了，它实际上涉及和涵盖了思想政治教育的酝酿、组织、管

---

① 张耀灿等：《现代思想政治教育学》，人民出版社 2006 年版，第 294 页。
② 赵子林：《思想政治教育要素问题新探》，《思想理论教育导刊》2007 年第 1 期。
③ 张耀灿、刘伟：《论教育环境是思想政治教育过程的要素》，《江汉论坛》2006 年第 5 期。

理、实施、反馈等一系列过程。"① 综合之，思想政治教育环境是思想政治教育系统中不可缺少的一个子系统，它不是外在因素而是内在要素。

综合关于思想政治教育系统要素争论的分析，每个系统都有内部结构，结构是系统元素与元素之间的关系。结构总是内在于系统的，而且其内部结构又可以作为系统来看待。思想政治教育系统是一个由诸要素构成互动作用关系的集合体，价值、准则、信仰、思想、行为、方法的集合体。笔者以为，目前而言，现有思想政治教育系统大多指向思想政治教育活动，大体由这些要素构成系统。

主体要素。思想政治教育主体要素是指与思想政治教育活动直接有关的教育者、教育对象、管理人员和领导者，是思想政治教育系统的主体和主导因素，也是思想政治教育队伍建设科学化的重要保障。具体而言，主要分为三类：一是党政部门、企事业单位、社团和学校等思想政治教育群体；二是思想政治教育者；三是作为自我教育主体的受教育者。

理念要素。理念要素是指思想政治教育的教育原理（目标、价值、原则、原理、规律、知识、内容）等观念形态规定思想政治教育的根本内核，引导与规定思想政治教育系统的运动。

内容要素。内容要素可以理解为思想政治教育活动中不可缺少的教育内容形式，其具体的形态体现为显性的爱国主义、集体主义、社会主义、形势政策教育，进行理想、道德、纪律、法制、国防等教育。

方法要素。表现在思想政治教育专业活动（教学、学术等）、社会组织、社会实践活动中的途径方式方法要素，包括教育、教学、科研、管理以及传播思想政治所采用的研讨、座谈、交流、传播、社会实践等活动方式，成为反映思想政治教育系统实践外显的动态元素。思想政治教育中的学术与行政组织、专业与非专业组织、日常思想政治教育与系统思想政治教育、主流与非主流文化等都是思想政治教育系统的途径要素。

制度要素。制度要素是一种公开的规范体系，是进行社会机构安排，调节个体或群体之间的正式规则。思想政治教育制度是依据一定的程序

---

① 杨增崟、张再兴：《关于思想政治教育要素问题的思考——"四要素说"与"六要素说"的对比分析》，《思想理论教育》2008年第19期。

由社会性正式组织制定、颁布实施并受到社会权力机构强力保障、具有普遍约束意义的思想政治教育的制度、机制、规范、行为方式与习惯，成为联结思想政治教育系统各要素以及外部关系的纽带，规范各要素的行为及其相互关系。思想政治教育制度要素有显性与隐性之分，通过某种组织而形成的规章、法规、规则等为正式制度；风俗习惯、伦理道德、信仰信念等社会行为规范则为非正式制度。一方面，思想政治教育规章制度、教育制度、评价制度、社会建制等制度化过程发挥思想政治教育制度系统作用；另一方面，制度化的思想政治教育系统又在社会系统中发挥制度化来规约达到思想政治工作教化效果和制度规训作用。

条件要素。包括设施、经费等"硬"条件和规范条件等"软"条件。思想政治教育设施条件。思想政治教育设施条件是指思想政治教育直接相关的思想政治教育所必需的工具、设施、设备、场所、空间、信息、图书、经费等实体形态的元素，属于思想政治教育的硬件条件。经济基础是思想政治教育的基础，不仅指社会结构中的经济基础，更是直接意义上的财政条件供给，要有充裕的经费支持。思想政治教育规范条件。思想政治教育规范指的是社会风俗、礼仪、习惯、法律法规、政策、体制、规章制度、行为制度、管理方式等。

环境要素。系统是通过与环境的互动而形成并发生变化的。思想政治教育环境要素是指涉及思想政治教育系统的环境条件，包括思想政治教育政治、经济、社会、文化等软硬环境，硬环境指思想政治教育所提供的思想政治教育社区和空间条件，软环境为思想政治教育系统提供的文化氛围，其实质是一种政治生态。由于技术的发展，地理条件因素的不平衡不平等已被缩小，思想政治教育系统发展依赖于环境，又影响着环境。思想政治教育环境是思想政治教育过程的基本要素之一，不仅同时作用于教育者和受教育者，而且还影响思想政治教育内容和方法的选择。环境对人思想行为的影响主要是通过感染熏陶、规范约束、潜移默化等渗透作用实现。思想政治教育要重视和加强社会环境的研究，发挥社会环境积极因素的影响，抑制消极因素的影响，创设有利于思想政治教育活动开展的教育环境，努力营造良好的社会氛围，引导人们思想品德向健康向上的方向发展。

综合之，思想政治教育系统中的理念要素、内容要素、主体要素、方法要素、制度要素、条件要素、环境要素等可认为思想政治教育系统的要素，思想政治教育系统各要素是相互联系、相互依赖和相互促进的，正是思想政治教育系统各要素之间的相互联系和相互作用才构成了完整的思想政治教育系统。通过在思想政治教育主体客体化与客体主体化的互动过程中执行系统适应、目标达成、整合和维系功能，实现思想政治教育正向性价值。

(二) 思想政治教育系统的结构分析

思想政治教育系统的结构是指思想政治教育系统内部要素结构化的社会存在，反映了系统中各个要素相互联系、相互制约的关系。思想政治教育系统结构，反映思想政治教育系统中要素之间的联系方式、组织秩序及其时空表现形式。思想政治教育系统的总体结构是以思想政治教育理论子系统的理论知识为基础，以思想政治教育学科子系统的知识生产活动为中介联系思想政治教育工作子系统形成的整体性社会实践有机体。

1. 思想政治教育系统的内部结构

第一个层次是思想政治教育系统的理论层次——思想政治教育理论子系统，即由思想政治教育学理论基础和基本理论等构成的思想政治教育科学理论知识体系，作为思想政治教育系统的理论形态的子系统存在并发挥基础性作用。一是思想政治教育学理论基础。思想政治教育学理论基础可以理解为处于思想政治教育学理论依据的整体性的马克思主义科学体系及多学科理论知识借鉴。马克思主义哲学由辩证唯物主义和历史唯物主义组成，是研究自然、社会和人类思维一般规律的科学，是思想政治教育学研究世界观和方法论的理论基础。马克思主义政治经济学是运用马克思主义立场、观点、方法研究社会生产关系以及社会生产关系如何适应社会生产力发展规律的科学，为建立思想政治教育学提供了理论依据。一方面，既要坚持以整体性的马克思主义科学体系为指导，又要坚持以马克思主义中国化的最近理论成果为指导，以现代化建设的实际问题，以我们正在做的事情为中心，着眼于马克思主义理论的运用，着眼于新的实践和理论的发展。另一方面，思想政治教育理论既要坚持马克思主义基本理论为自己的理论基础，又要借鉴政治学、教育学、心理学、社会学、行为科学等相关学科知识体系，才能丰富和完善思想政治教育理论基础。

二是思想政治教育学基本理论知识体系。从思想政治教育学现有的二级学科地位来看，属于社会科学部类，马克思主义一级学科群，思想政治教育教育学是基本学科，下有多种分支学科。思想政治教育基本理论知识体系主要包括思想政治教育学基本理论知识和分支学科理论知识体系，为应用思想政治教育提供理论依据、分析工具和方法论基础。思想政治教育学的理论体系包括四个部分内容：思想政治教育基本理论研究，思想政治教育的形成和发展研究，思想政治教育方法理论研究，思想政治教育管理理论研究。思想政治教育学基本理论是思想政治教育学基本概念、范畴和基本原理，如张耀灿等著的《现代思想政治教育学》就重点探讨了思想政治教育发展论、本质论、目的论、价值论、主导论、结构论、主体论、环境论、过程论、方法论、载体论和管理论等组成思想政治教育学基本原理体系。思想政治教育方法原理方面包括思想政治教育方法论、思想政治教育实施方法、思想政治教育学研究方法、思想政治教育系统建设方法；思想政治教育史的相关理论知识包括中国古代思想政治教育史、中国近代思想政治教育史、中国共产党思想政治教育史、世界思想政治教育史；思想政治教育多学科知识体系包括思想政治教育哲学、管理学、心理学等分支知识体系。思想政治教育系统是实践性、社会性很强的社会子系统，其应用性、操作化理论的研究也不可或缺。如思想政治教育系统在和谐社会建设、社会治理创新、网络思想政治教育、群体事件和突发事件等社会问题中，其社会现实解题能力和作用功能发挥问题的也需要做出理论阐释和实践操作的分析。

第二个层次是思想政治教育系统的学科层次——思想政治教育学科子系统。这是表达思想政治教育学科系统的框架结构系统，即由学术组织、学术主体、学术规范、学术刊物、学术成果、学科建设等所组成，以思想政治教育的主干学科和分支学科为主，还应包括学位层次体系、课程教育体系。课程教育体系方面，高校马克思主义理论教育系统大体包括理念、课程、制度、设施、环境、主体、活动等要素，由这些要素组成高校马克思主义理论教育的系统整体。学位层次体系上，思想政治教育学位点建设要按本（专）科、硕士研究生和博士研究生三个层次设置，本科学位点，要特别注重宽口径、厚基础，重点抓学科基本知识与基础理论的研究与教育；硕士学位点要重点进行专门知识与专业理论的研究与教育；博士学位点要重点开展前沿知识与前沿理论研究。作为学术共同体而存在的思想政治教育学科，已属于社会建制中的科学建制意蕴，具有相对独立的空间，有自己的领域、价值观、规范、成员、平台、阵地等，作为思想政治教育系统的制度形态子系统存在并发挥中介枢纽作用。思想政治教育学科就是思想政治教育学术共同体，它是以思想政治教育学知识为基础，由思想政治教育学科成员、价值观、科学研究、科学技术服务、学科规范（方法）等组成的学术性社会共同体。思想政治教育学科系统的基本要素有思想政治教育学者、思想政治教育科学研究、思想政治教育科学技术服务、思想政治教育学科规范，当然它也有自己一套价值观。在这个共同体内，以思想政治教育理论知识体系为基础，以学者为主体，以思想政治教育价值观和学术规范为规范，开展思想政治教育科学研究活动和思想政治教育科学技术服务。思想政治教育学科建设主要是指思想政治教育科学研究、学术活动、专家队伍、学术团体、学术成果、学科影响等方面。

第三个层次是思想政治教育系统的实践层次——思想政治教育工作子系统，指向思想政治教育社会实践活动体系，是思想政治教育工作的运行过程呈现出来运用思想政治教育系统和外部环境互动的社会实践活动行动体系。包括思想政治教育专业活动、思想政治教育职业活动、思想政治教育社会实践活动等，深深地嵌入社会系统和社会生活之中，成为思想政治教育系统理论层次和制度层次结构的服务对象，作为思想政治教育系统的实践形态子系统存在并输出功能满足社会需要。思想政治教育运行系统由思想政治教育主体子系统、客体子系统、介体子系统（目标子系统、内容子系统、方法子系统、原则子系统、信息子系统、管理子系统、决策子系统、评估子系统）和环体子系统等相互联系、相互作用的诸要素协调发展的推进过程，是不断朝着思想政治教育系统最优化的方向迈进的过程，承担着思想政治教育协调、保证、服务、激励等肯定性作用，发挥着思想政治教育的政治、经济、文化、时代价值等正向性价值。

需要指出的是，思想政治教育系统的理论、学科、实践系统三者之间并不是完全的分离阶段或完全割裂独立存在，而是一种有机的联系，三者之间相互依存相互影响相互促进相互整合成为一个统一的整体。在理论层次，思想政治教育学的创立与发展，需要思想政治教育学科专家实务工作者的学术科研和实际工作劳动；在实践活动中，思想政治教育实践工作既需要思想政治教育理论系统的指导，又需要思想政治教育学科系统的协同配合；在思想政治教育学术共同体中，既需要思想政治教育实践工作者的经验总结，并提炼升华为学科理论知识，又需要建立在传统思想政治教育学理论知识基础上进行不断创新与发展。因此，可以说，思想政治教育系统正是通过理论、制度和实践三种层次结构的子系统之间的互动共同成为社会复杂适应系统中一个具有独特价值和功能的子系统。思想政治教育系统是由若干要素组成理论、制度、实践三元层次结构形式同环境发生互动关系，将价值观念通过内外化过程实现个体自主建构思想道德品质，进而促进人的全面发展的社会有机系统。

2. 思想政治教育系统的社会结构

思想政治教育系统作为社会子系统的一种客观存在，有着以明显的教育活动形式表现出来的方面，又有着多种多样以潜隐的形式发挥潜移默化作用；既表现为教育目的、教育内容、教育方法、教育者与教育对象等相互作用而推进着的具体活动进程，又表现为依循相应的制度与机制而展开的复杂运行体系。戴锐[①]认为，思想政治教育生态分为宏观圈层（社会大环境及区域性生态等）与微观圈层（组织内部生态）两方面，两个圈层均由意识圈层、制度圈层和物质圈层三大部分构成，其中意识圈层由心理、观念、意见和学术成果等构成，制度圈层由社会制度、思想政治教育管理规章等构成，物质圈层则由设备设施、场地场所、经费支持等构成。其中，宏观圈层，包括与思想政治教育相关的世界形势的状态与趋势、中国历史与当代中国国情（即国内外经济—政治—文化圈），社会心理、观念与社会舆论，社会对思想政治教育的制度支持、物质保障、人际协调和教育内容要求，特定区域的组织外部环境等。微观圈层，包括组织（学校、企业、机关等）内部的思想政治教育工作系统和与之

---

① 戴锐：《思想政治教育生态论》，《理论与改革》2007年第2期。

相关联的心理氛围、人际环境、制度支持与物质保障等多种要素，思想政治教育工作系统是微观环境的核心要素，它由思想政治教育专门机构及其人员、思想政治教育活动以及思想政治教育管理体制构成。可见，思想政治教育系统的社会结构运行既离不开以个体为对象的深入细致的研究、教育和引导，又离不开对整个社会意识形态发展变化历史传统、阶段特征、影响因素、动态趋势的整体考量；既需要将国家机器掌握的一切教育体系纳入自己的运行机制，又需要调动能够调动的社会体系力量参与。正如邱柏生[①]教授对高校思想政治教育系统的判断，从微观角度看，高校思想政治教育本身是一个生态系统，这种生态主要由大学生思想政治理论教育、宣传思想教育与日常思想政治教育几个子系统构成，从中观角度看，高校思想政治教育又是高等教育生态中的一个子系统，会受到高等教育体制、理念、教育制度变化的制约。从宏观角度看，高校思想政治教育更处于社会环境大生态中。可见，思想政治教育系统的社会结构运行有着特定的结构化运行机理。

思想政治教育系统的社会结构运行包括三个层次：一是宏观层面，主要是针对所有人的整体性思想政治教育，党中央领导全国思想政治工作，对思想政治工作做出全局性规划、协调和指导，通过有关决议、决定和下发的中央文件，如2016年12月召开的全国思想政治工作会议及下发的"引号"文件就体现这一点，中央主要负责人和分管思想政治工作领导的宣传动员等，强调把思想政治工作放到重要地位，经常研究党内党外思想政治状况，讨论和检查党的思想宣传工作，宣传党的理论、路线和方针、政策，全面实现政治领导，思想领导和组织领导。二是中观的思想政治教育，中央委员会以下的各级党委会领导局部思想政治教育工作制度，包括理论性系统性的思想政治教育和日常生活世界的思想政治教育。由党委会按照中央精神，主持制定区域性的理论性系统性思想政治教育工作的规划、计划和重要制度，并指导组织、实施，参与主管范围重大问题的决策，保证监督党和国家的方针、政策的贯彻执行。各级党组织的宣传部门根据党代表大会的精神、党的决议和文件，组织党员和群众学习理论、路线、方针和政策。如各省市学习全国高校思想政

---

① 邱柏生：《高校思想政治教育的生态分析》，上海人民出版社2009年版，第2页。

治工作会议精神，出台一系列相关文件、政策要求也体现这一点。三是微观的思想政治教育，主要是指基层党政工团组织协调行政、群众团体的力量，开展经常性、具体性思想政治教育实践活动。正是通过思想政治教育系统的社会化结构运行，既满足党和政府合法性合理性的需要，进行道德、职业教育和价值观的传承，不断促进和维护党和政府的执政地位和领导权威，又整合社会需要，满足社会对个体成员的角色期待，消解角色冲突和角色失调，促进社会成员全面自由发展。

三 思想政治教育系统化存在：三个样本的分析

1.《关于进一步加强和改进大学生思想政治教育的意见》样本分析

2004年8月，中共中央、国务院正式下发了《关于进一步加强和改进大学生思想政治教育的意见》（中央16号文件），这是新时期加强和改进大学生思想政治教育的纲领性文件，实际地构建了一个大学生思想政治教育系统，可作为一个样本供我们认识思想政治教育系统之用。

"16号文件"有九个部分共30条，在强调大学生思想政治教育重要性紧迫性基础上，对加强和改进大学生思想政治教育做出安排：第一，指明了加强和改进大学生思想政治教育的指导思想和基本原则，强调坚持教书与育人相结合、坚持教育与自我教育相结合、坚持政治理论教育与社会实践相结合、坚持解决思想问题与解决实际问题相结合、坚持教育与管理相结合、坚持继承优良传统与改进创新相结合等。第二，从以理想信念教育为核心、以爱国主义教育为重点、以基本道德规范为基础、以大学生全面发展四个方面作为加强和改进大学生思想政治教育主要任务；第三，强调发挥课堂教学在大学生思想政治教育中的主导作用，高等学校思想政治理论课是大学生思想政治教育的主渠道，形势政策教育是思想政治教育的重要内容和途径，高等学校哲学社会科学课程负有思想政治教育的重要职责，高等学校各门课程都具有育人功能，教师都负有育人职责。第四，强调从社会实践、校园文化、网络思想政治教育新阵地、开展心理健康教育和解决大学生的实际问题方面拓展新形势下大学生思想政治教育的有效途径。第五，从发挥党的政治优势和组织优势、共青团和学生组织、班级和社团作用方面强调发挥党团组织在大学生思想政治教育中的重要作用。第六，强调从思想政治教育工作队伍的选拔、培养和管理机制等方面加强大学生思想政治教育工作队伍建设。第七，从社会支持、各级党委和政府作用方面强调营造大学生思想政治教育工作的良好社会环境。第八，从加强领导、发挥高校主阵地主课堂主渠道作用、完善保障机制、加强科学研究工作等方面加强大学生思想政治教育保障体系建设。

从上述意见内容来看，大体上涉及思想政治教育系统八个方面的要素：一是思想政治教育理念要素，二是思想政治教育内容要素，三是思想政治教育途径方法要素，四是思想政治教育制度要素，五是思想政治教育组织领导要素，六是思想政治教育队伍建设要素，七是思想政治教育条件保障要素，八是思想政治教育环境要素。这八个方面都是大学生思想政治教育系统的子系统，分别是大学生思想政治教育系统的理念系统、内容系统、途径方法系统、制度建设系统、组织领导系统、队伍建设系统、条件保障系统、环境系统，共同构成高校大学生思想政治教育系统整体。突出体现在五个方面的成就上，即"一系列思想政治教育新理念的确立和坚持上""一系列思想政治教育新制度的建立和完善上""学科和课程建设的创造性推进上""思想政治教育队伍建设的新突破上""一系列思想政治教育方法途径的丰富拓展上"。[①] 从"16号文件"的形成到贯彻，大体上由三个社会群体发挥直接作用，并构成合力，共同推进大学生思想政治教育系统发展。一是领导者群体，二是思想政治教育学者群体，三是思想政治教育工作者群体以及社会力量。[②]

同时，"16号文件"也概括性的指出了大学生思想政治教育系统存在的问题：第一，仍然存在的理念和认识问题，"一些地方、部门和学校的领导"对大学生思想政治教育工作重视不够，办法不多；"少数学校"没有把大学生的思想政治教育摆在首位、贯穿于教育教学的全过程；第二，

---

① 李卫红：《以科学发展观为指导，深入推进高校思想政治教育的创新发展》，《思想教育研究》2009年第11期。

② 孙其昂：《思想政治教育系统建设的创新实践思想政治教育系统建设的创新实践——以"16号文件"为例》，《思想教育研究》2011年第4期。

在队伍建设方面存在不足,"学生管理工作"与形势发展要求不相适应;"少数教师"不能做到教书育人、为人师表;"思想政治教育工作队伍建设"亟待加强;第三,在教育内容载体方式方法方面存在不足:"哲学社会科学"一些学科教材建设滞后;"学校思想政治理论课"实效性不强;"思想政治教育"与大学生思想实际结合不紧;第四,社会支持力量不足,"全社会"关心支持大学生思想政治教育的合力尚未形成。可见,中央和政府十分重视的高等教育领域,思想政治教育系统推进建设进程中,仍然存在着系统建设方面的短板和不足,其他领域内思想政治教育系统建设情况可想而知,加强和改进大学生思想政治教育系统仍然是一项极为紧迫的重要任务。有学者提出了"思想政治教育系统建设"① 的命题,认为可通过三个层次推进大学生思想政治教育系统建设。第一个层次,推进大学生思想政治教育的社会建设;第二个层次推进大学生思想政治教育的高校社会建设;第三个层次,推进大学生思想政治教育系统建设。

2.《中央宣传部、国务院国资委关于加强和改进新形势下国有及国有控股企业思想政治工作的意见》样本分析

2011年2月,中共中央办公厅、国务院办公厅转发了《中央宣传部、国务院国资委关于加强和改进新形势下国有及国有控股企业思想政治工作的意见》,并发出通知,要求各地区各部门结合实际认真贯彻执行。《中央宣传部、国务院国资委关于加强和改进新形势下国有及国有控股企业思想政治工作的意见》(以下简称《意见》)实际地构建了一个企业思想政治工作系统,可作为一个样本供我们认识思想政治教育系统。《意见》有四个部分共20条。具体而言,《意见》首先在强调国有企业思想政治工作地位作用、重要意义和总体要求的基础上,对加强和改进新形势下国有企业思想政治工作主要任务做出了安排,第一,主要从内容方面指明了学习内容、形势政策、企业文化等教育内容;第二,从工作方式方法方面强调了要以人为本,维护职工合法权益,注重人文疏导和心理关怀;第三,从工作体制机制方面提出了要求,要求建立健全符合中国特色现代国有企业制度要

---

① 孙其昂:《思想政治教育系统建设的创新实践思想政治教育系统建设的创新实践——以"16号文件"为例》,《思想教育研究》2011年第4期。

求的思想政治工作格局,① 实行企业行政领导"一岗双责"的思想政治工作责任制,进一步强化企业党委（党组）在做好思想政治工作中的领导职责,积极发挥企业工会等群众组织在开展思想政治工作方面的重要作用,充分调动企业基层党组织做好思想政治工作的积极性创造性。第四,从主体建设方面强调要加强企业政工队伍建设,对企业政工干部队伍数量、人才培养、待遇等方面做出要求。第五,对企业思想政治工作保障体系做出明确阐释,要求加大企业思想政治工作经费保障和阵地建设力度。第六,在加强对国有企业思想政治工作的组织领导方面做出了明确要求,加强党委和政府对国有企业思想政治工作的领导,加强国有资产监管机构对国有企业思想政治工作的组织协调,加强思想政治工作研究会对国有企业思想政治工作的调查研究。第七,在社会环境氛围营造方面,强调要把思想政治工作同生产经营、后勤保障、人力资源开发、企业精神培育、企业文化建设、管理服务等领域工作结合起来,同集团公司、分厂分公司、车间、班组等不同层面工作贯通起来,形成党委统一领导、党政共同负责、党政工团齐抓共管,以专兼职政工干部队伍为骨干、以职工群众广泛参与为特色的大政工格局,营造全党全社会关心支持国有企业思想政治工作的浓厚氛围。从上述意见内容来看,大体上涉及思想政治工作系统七个方面的要素：一是思想政治工作理念要素,二是思想政治工作内容要素,三是思想政治教育方式方法要素,四是思想政治工作制度保障要素,五是思想政治工作组织领导要素,六是思想政治工作队伍建设要素,七是思想政治工作环境要素。这七个方面共同构成企业思想政治工作系统整体,同时这七个方面又是企业思想政治工作系统的子系统,分别是理念系统、内容系统、方法系统、制度保障系统、组织领导系统、队伍系统、环境系统等,以一种结构化的社会存在融于企业领域中,系统地作用于国有企业思想政治工作系统。

---

① 《中央宣传部、国务院国资委关于加强和改进新形势下国有及国有控股企业思想政治工作的意见》中对思想政治工作格局提出明确要求：充分发挥国有企业党组织的政治核心作用,科学配置思想政治工作资源,采取党委（党组）成员、董事会成员和经理班子成员"双向进入、交叉任职""专兼结合、一岗双责"等任职方式,建立健全目标明确、责权分明、运转协调、渠道畅通的思想政治工作领导体制和工作机制。

3. 以《普通高校思想政治理论课建设体系创新计划》教社科〔2015〕2 号文为例

高校思想政治教育体系是由思想政治教育主体、客体、目标、内容、方法、原则、环境、信息、管理、决策、评估等诸多相互关联、相互作用的要素按秩序和内部联系组成一个具有整体性、关联性、有序性、动态性和能动性的思想政治教育系统。早在 2013 年 11 月，习近平同志在中办调研室一组《文摘》第 40 期关于改进高校思想政治理论课教材的几点思考做出重要批示：高校思政课必须办好，关键是把教材编好，建设好教师队伍，把课讲好。这就对高校思想政治教育体系进行了初步论述。2015 年 10 月中央宣传部、教育部印发"教社科〔2015〕2 号文"是在中央文件当中首次对高校思想政治教育系统进行论述的文件话语确证，着眼于系统设计和总体布局，对加强和改进高校思想政治教育提出了整体构想和建设目标：围绕建成立体化教材体系、高水平教学人才体系、高效化教学体系为核心圈层，以学科支撑体系、综合评价体系、条件保障体系为外部圈层的高校思想政治教育体系。

实施高校思想政治理论课建设体系创新的任务操作系统，具体包括系统化运行的操作系统，即推进思想政治理论课立体化教材体系、教学人才体系、教学体系、学科体系、综合评价体系和条件保障体系建设。一是建设思想政治理论课立体化教材体系，在推进统编教材编写使用，编写教学系列用书、推进优质教学资源共享方面做出顶层制度规划设计，强调面向教师和学生不同对象，辐射本专科生、研究生层次，涵盖纸质和数字化等全媒体资源，强调教材体系的思想性、科学化、可读性相统一。二是建设专兼结合、结构合理的思想政治理论课教学人才体系，把政治立场作为教师聘用的首要标准，实施宣誓、定期网络注册、退出机制，建立思想政治理论课专职教师任职资格制度；建立国家、省级、校级三级培训机制，对新进教师、教学科研带头人、教研团队进行理论培训、实践研修和团队支持，完善教师培养培训制度；建立高校思想政治理论课特聘教授制度，鼓励专家学者、党政领导干部、先进人物、高校领导干部、辅导员班主任骨干、哲学社会科学教师等多元骨干主体参与思政课教学、巡讲。三是建设高效的思想政治理论课课堂教学体系，实施培育推广优秀教学方法，5 年遴选和培育推广 100 项教学方法改革项目，开发网络思想政治理论示范课，发布《高校思想政治理论课教学方法改革年度报告》；加强教学管理，落实学分规定，教师互评互学制度，创新考试考核方法，建设与课堂教学相互促进的思想政治理论课第二课堂教学体系；深化思想政治理论课教学研究与理论研究，组织精彩教案、精彩课件、精彩课堂建设，实施"高校主义理论教学与研究文库"出版资助项目。四是形成以马克思主义理论学科为引领、相关学科为补充的思想政治理论课学科支撑体系，把马克思主义理论学科建成优势学科，发挥哲学社会科学其他学科的支撑作用。五是坚持管理与激励并重建设思想政治理论课综合评价体系，规范思想政治理论课宏观管理，健全教师考核评价制度，完善先进典型宣传表彰机制。六是形成工作合力的思想政治理论课的条件保障体系，加强组织领导和机构建设，建好高校马克思主义学院，完善体系创新的条件保障。

"教社科〔2015〕2号文"内容大体上涉及高校思想政治教育系统八个方面的要素：一是思想政治教育理念要素，二是思想政治教育内容要素，三是思想政治教育途径方法要素，四是思想政治教育制度要素，五是思想政治教育组织领导要素，六是思想政治教育队伍建设要素，七是思想政治教育条件保障要素，八是思想政治教育环境要素。这八个方面都是高校思想政治教育系统的子系统，分别是高校思想政治教育系统的理念系统、内容系统、途径方法系统、制度建设系统、组织领导系统、队伍建设系统、条件保障系统、环境生态系统共同构成高校思想政治教育系统化整体。这在一系列高校思想政治教育理念确立、思想政治教育新制度、思想政治理论学科和课程建设创造性推进、思想政治理论课队伍建设、思想政治教育方法途径的丰富拓展上做出了的顶层设计与制度规划，是思想政治教育系统合法性的重要基础。

四　思想政治教育系统建设方略

(一) 正确处理思想政治教育系统生态关系

思想政治教育系统存在于社会环境之中，思想政治教育环境是多重存在。社会大生态环境主要包括经济生态环境、政治生态环境、社会心理环境和社会意识（理论形态）生态环境等相互联系却又相对"独立"

的生态环境。正如邱柏生教授将整个社会的思想政治教育看作一个生态环境，在该生态环境中存在着纵横交错的生态关系，对这种生态关系的考察，同样可以循着横向的周围牵制生态关系和纵向的前后承续生态关系。牵制生态关系指共时态状况下，社会不同行业和领域中思想政治教育工作之间的相互支撑和依赖有关系以及各自的内部诸因素的有机协调状况。这里存在着机关思想政治工作、军队思想政治工作、企事业单位的思想政治工作、农村思想政治工作或精神文明建设、学校思想政治教育工作等。前后承续生态关系主要指各个不同行业和领域内部主要业务之间内在关联的静态顺序，如考察教育领域的前后续承关系，就会包含着小学、中学和大学诸环节思想政治教育的衔接问题；在任何领域又都存在着一种共性的现象，即依据不同人员所承担的社会职责来分可以区分出领导干部的思想政治教育、一般管理干部的思想政治教育和群众的思想政治教育。这里的衔接可以指教育理念的一致、教育价值观的相似、教育内容的衔接、教育方式方法的衔接和教育影响的一致与协调等。[①] 因而要正确处理思想政治教育系统内外生态关系。

　　一方面，社会环境不仅影响思想政治教育系统，而且在相当大程度上塑造着思想政治教育系统，表现于正反两方面：正面塑造指社会环境为思想政治教育系统的存在与演变提供必需的资源设施、机构、能量、信息、资金、人力、技术、机遇等；同时社会环境负面效应会影响甚至危害思想政治教育系统生存发展，如压力、风险等。另一方面，思想政治教育系统存在和运行有两种状态，既在思想政治教育系统外部环境中存在和运行，又在思想政治教育系统内部自身环境中存在和运行：一是与其他系统相互联系中存在和运行，如思想政治教育系统在其他社会领域或空间中（没有完备思想政治教育系统的组织，如非公有制企业、家庭等）存在和运行，这是思想政治教育系统的外部存在和运行；二是思想政治教育自身系统的存在和运行，主要是指具有完备思想政治教育系统的组织化程度比较高的思想政治教育系统存在，如主要是公有制企业、国家机关、事业单位等思想政治教育系统的自身建设就是这种状况。思想政治教育系统对社会生态系统的反作用集中体现在人的思想和思想政

[①] 邱柏生：《高校思想政治教育的生态分析》，上海人民出版社2009年版，第306页。

治教育系统本身对社会系统的能动调控作用。思想政治教育系统依赖于环境提供的各种资源,因而不能忽视环境对它的要求。系统环境要素有家庭、经济、政府、法律体系、社区、利益群体、NGO 组织等。社会对个体的角色期待和政党对思想政治教育系统的期待却是一种需要,能够促进思想政治教育系统作用发挥满足这种社会角色期待和需求,因此,思想政治教育系统既要满足党和政府合法性合理性的需要,进行道德、职业教育和价值观的传承,不断促进和维护党和政府的执政地位和领导权威,又要整合社会需要,满足社会对个体成员的角色期待,消解角色冲突和角色失调,促进社会成员个体发展,实现良好的角色扮演。

(二) 推进思想政治教育系统思维方式应用

第一,树立系统整体思维方式,从整体上认识思想政治教育系统。系统思维强调从整体上认识和解决问题,反对笼统地谈论整体性,因而思想政治教育系统研究也需要处理好整体与部分的关系,把对思想政治教育的直观整体领悟与科学的逻辑推理结合起来,把抽象思维和形象思维结合起来,在分析与综合的矛盾运动中实现从整体上认识和解决思想政治教育系统问题。

第二,树立系统层次思维,从内部考察思想政治教育系统。复杂系统理论认为,复杂巨系统有四个重要特征:一是子系统数目众多;二是子系统与子系统间呈高度非线性的复杂关系;三是组成系统的各元素之间相互影响又协调一致,系统具有自组织性,从无序到有序;四是系统能动地与环境进行物质、能量、信息的交换,具有开放性特征。思想政治教育系统作为社会复杂适应巨系统中的一个子系统,需要把握其复杂性特征。因而,要认识思想政治教育系统整体,就必须深入思想政治教育系统内部,否则就不能解开思想政治教育系统整体内部相互联系的复杂组分和纽结关系,也就不可能揭示出思想政治教育系统复杂性和矛盾性以及内部与外部、本质与现象的有机联系。因此,树立系统层次思维,把分析与综合有机地结合起来,从内部深入考察思想政治教育系统,获得关于思想政治教育系统的要素的组成、结构与功能等认识。特别是在思想政治教育实践活动中,思想政治教育工作不是哪一个部门、哪几个人就能做好的事,而是一个系统性的整体问题,必须树立系统层次思维,运用分析与综合统一，从内部深入考察思想政治教育系统，从领导体制到工作机制，从队伍建设到制度建制，从教育过程到考核评估，突出思想政治教育系统主体、理念、制度、设施、组织、情境等要素，加强组织工作、宣传教育、人才队伍、文化建设、管理服务、制度建设等保障体系建设，把思想政治教育作为一个系统性整体工程坚持不懈地抓实抓好。

第三，树立系统优化思维，实现思想政治教育系统的整体优化与发展。思想政治教育系统的优化及发展不是一个一蹴而就的过程，而是一个渐进整合、系统完善的过程，是一个伴随着社会现代化发展和人的全面发展的协调和深化发展的过程。树立系统思维，既要总揽全局、统筹规划，又要抓住牵动全局的主要工作、事关思想政治教育系统的突出问题，着力推进、重点突破，强调思想政治教育系统的整体性和系统性，培养运用系统思维的自觉性，实现思想政治教育系统的整体功能的"帕雷托最优"。其具体的思路就是按照系统思维要求，避免思想政治教育系统理论研究和实践操作的偏差，把分析与综合、整体与部分的关系统一起来，树立系统优化和系统发展思维，一方面，在思想政治教育系统内部以扬弃的态度优化要素组合和结构功能，"在一定条件下对于系统的组织、结构和功能的改进，从而实现耗散最小而效率最高、效益最大"① 的系统整体优化；另一方面，在思想政治教育系统外部以开放的胸襟吸纳新的养分和质料，以发展的手段解决发展中的问题，制定思想政治教育系统发展战略，发挥思想政治教育系统发展动力作用，从而实现耗散最小而效率最高、效益最大的思想政治教育系统整体优化发展。

（三）以推进思想政治教育系统化建设为引领

当下高校思想政治教育面临理论的微观性与实践的丰宏性、系统性认同焦虑与工作整体性缺失、研究的精细化与工作宏大化等分化局面，推进高校思想政治教育系统化是实现理论体系、学科体系、实践工作体系整体优化的重要举措。在建构大学生思想政治教育系统性认同和实践工作整体性认知基础上，把握系统化存在边界内外的复杂性关系中，推

---

① 魏宏森、曾国屏：《系统论——系统科学哲学》，清华大学出版社1995年版，第342页。

动大学生思想政治教育系统化内部建设与外部生态优化。思想政治教育系统需要关注：一部分人即科研人员要进行客观的科学研究，发挥学术作用；另一部分人围绕社会需要和合法性需要贯彻、发挥科学研究成果作用，实现学术力和行政力的融合。具体而言，高校思想政治工作要因事而化、因时而进、因势而新，以教材建设和学科建设为基础，以教师队伍为重点，以教学方法创新为关键环节，以加强组织领导保障全面推进。

1. 健全组织执行机制为保障，建成运行科学有力的工作体系

第一，健全高校思想政治教育体系化的"良制规约"机制。从顶层设计和科层层级健全高校思想政治教育体系化规训机制，中央政策有要求，具体的高校层面也要有针对性贯彻制度执行，从制度层面明确高校思想政治教育体系创新的"校党政—院（系）党政—多元工作主体"具体制度规范，明确高校党委组织部、宣传部、共青团、研工部等党委领导主体和主体责任；高校马克思主义学院执行主体、学生处、研究生院、后勤处等校行政领导主体和主体责任；发挥高校思想政治理论课教师、辅导员、班主任、专业课教师、导师等思想政治教育多元主体合力开展高校思想政治教育的主体作用。第二，健全高校思想政治教育体系化的主体认同机制。高校思想政治理论体系创新的关键主体是党政领导班子、思想政治教育职能部门、思想政治理论课教师的党性观念、责任意识要强，这样主体责任就容易落实，最忌讳的是"嘴上喊得好、口号喊得响"，但实际上是不重视。建议围绕贯彻落实高校思想政治教育体系化为主要内容，充分发挥平台载体的传播作用，动态宣传落实高校思想政治教育体系化的文件、政策、讲话、案例，增强落实高校思想政治理论体系创新的思想自觉和行动自觉。四是对出台文件精神，纳入中心组及领导干部教育培训的重要内容，编入各级党校和干部培训机构的教学规划纲要，建立高校思想政治教育体系化相关制度数据库。第三，健全高校思想政治教育体系化的程序执行机制。一是贯彻落实高校思想政治教育领导与执行整体体制机制。完善高校党的领导体制，建议成立以党委书记亲自负责的思想政治理论课建设领导小组，规范校党委主体责任执行，上级组织人事部门在有条件有步骤地逐渐选任党建、马克思主义理论类专业背景出身的校党委副书记为主管领导，形成组织、宣传、人事、学

工、团委、马院、后勤等多部门协同、多主体参与的"大思政"推进体制。发挥高校思想政治教育领导小组的组织协调领导责任,负责高校思想政治教育体系建设工作的规划、督办、协调、组织,领导多元执行主体负责高校思想政治教育教学体系、队伍体系、学生工作体系的协同,推进思想政治理论课第一课堂教学、第二课堂实践教学的知与行的统一。加强教师党支部、学生党支部建设,充分发挥党支部的战斗堡垒作用。第四,健全高校思想政治教育体系化的协商共治机制。健全责任追究信息沟通协同,根据思想政治工作顶层规划设计进行信息沟通协同处理,强化院(系)党的领导,发挥院(系)党委(党总支)的政治核心作用,建立思想政治教育领导小组与组织人事部门以及其他有关部门之间的工作规划、情况通报制度,或定期召开联席会议等方式沟通情况。当思想政治教育体系创新主体之间有重叠或者涉及协商时,由党委(党组)统一领导,领导小组办公室负责综合协调,督促相关机关或部门根据职责和权限实施。第五,健全高校思想政治教育体系化的考核反馈机制。围绕高校思想政治理论课建设标准设计的评价指标进行考核,加大对教学体系、学科体系、队伍体系等作为监督考核的重点。

2. 健全队伍主体建设为根本,建成马克思主义理论高水平教师队伍体系

经过30多年的发展,思想政治理论课教学队伍发生巨大变化,无论是队伍、年龄、学历等发生巨大变化,而且是朝向好的方向发展,但仍然存在一些问题,需要在以下四个方面进行着力:一是着力解决教师队伍结构"合理化"问题。高校马克思主义理论高水平教师队伍存在"青黄不接"的"断层"现象,相当部分有经验有水平的老教师快退休了,但年轻的青年骨干教师却还未成长起来。二是着力解决教师队伍"稳定性"问题。科研平台资源倾向于老一辈教学团队与科研团队建设、精品资源共享课,对年轻教师没有体现出来。因此要在学科队伍合理更替、队伍团队建设、队伍价值认同等方面展开针对性工作。三是着力解决教师队伍"发展性"问题。主要围绕高校教师职称评审、青年教师进修、教师生活压力等方面展开工作,针对当前高校新进教师职称评审过程中呈现出"文理科一刀切""非升即走""无博士学位、无省部级项目、无高级论文、无教学评价前30%、无海外经历"等"五个免谈"等职称晋升难问题展开有针对性的评价考核。加强对青年教师引进与培养,打造

引进以后的培养是核心,如何培养年轻人是核心的问题。老中青搭配的教学科研工作团队,建设好教学平台与科研平台,推进青年教师成长。四是着力解决教师队伍"幸福度"问题。青年教师教学科研压力大,如每年的实践调研报告、开卷考试作业,名著阅读等作业批改工作量大,大班化教学要求高,大部分老师超负荷运转,特别是中青年老师教学科研压力比较大,加之相关的利益激励机制等因素,对思想政治理论课教师是很大挑战。要在利益激励机制、工作量计算、职称岗位评聘等给以制度定位与政策支持,让思想政治理论课教师不断提升自身水平时,能更好地全身心的站稳、站直、站好育人讲台。

3. 健全教学改革为关键,建成高效有力的思想政治理论课教学体系

高校思想政治理论课不仅要提升高校思想政治理论课的"抬头率",还要提升"点头率"和师生的"获得感"。第一,以教学内容的时代化为先导,促进教学内容的时代化契合。在强调思想政治理论课教学遵循教育与学生成长的双重规律的前提下,强调思想政治理论课教学对理论逻辑、认知逻辑、生活逻辑的关注,注意教学内容的理论性和认知性。如在思想政治理论课教学内容体系中增加生命教育、核心价值教育、廉洁教育、交往教育和幸福观教育的内容,充分利用生活中的各种教育资源和载体,如乡土地理、民风习俗、革命文化、历史人物、社会变迁等,及时有效地进行教学。第二,以教学方式的生活化为中介,促进教育教学方式的公共化转型。要提高思想政治理论课的教学效果,达到意识形态目的仅仅用意识形态手段是远远不够的。在教学方式方面需要将道德、法律、意识形态等作生活化处理,改变传统的相对封闭的教育方式,采取一些形式把大学生推向公共空间和公共生活,以生活化的教学形式,将思想政治理论课教学与社会、实践和主体生活结合起来。通过教学方式的"公共性"关注和公共化转型,来将封闭的课堂教学与公共的社会交往的联通,改变理论的系统灌输向价值观念引导、公共生活能力的训练转变,让大学生主体拥有真实丰富的价值观心理体验与公共参与。第三,以教育主体的理论自觉为根本,促进教学主体间性转型。思想政治理论课教学主体是实现思想政治理论课教学改革的主体性力量,教师要有言传身教、身心兼修、教学科研相长的主体自觉,实现由教师"独白"向师生"合奏"的主体间性转型是提升思想政治理论课教学实效的内在

诉求。第四，以教学课程环境建设为重点，促进教学环境的"文化化"转型。通过植根于社会文化环境的大系统中，建构思想政治理论课程教学的物质文化、制度文化和精神文化环境，发挥文化熏陶、文化育人的"文化力量"，实现课程教学所倡导的价值观的接受、认同。第五，以教学体系化为归宿，促进教学体系的"系统化"转型。要有价值理念引领，以教材体系、教学体系、认知体系和行动体系建构为中介，发挥专家、教师与学生三个主体作用，强化学术与知识统一、理论与实践统一、育人与育心统一，课内与课外统一，努力提高思想政治理论课教育教学的针对性、亲和力和吸引力、感染力。

4. 健全学科建设为基础，建成有效支撑思想政治理论课建设的学科体系

第一，建设高校思想政治教育学科体系的外部支持。在推动学科外部性条件、资源建设，解决制约思想政治教育学科建设的外部性问题，它们主要针对相关体制与政策的支持力度和完备状况、相应的社会文化心理气氛、其他学科学术资源的丰沛状况以及社会成员对思想政治教育学科的态度倾向性等。不难看到，外部性问题是制约思想政治教育学科建设的重要因素。第二，推进高校思想政治教育学科内部化建设。从系统性、整体性角度而言，主要包括思想政治教育学科知识体系、知识生产、知识应用体系科学化建设。现阶段应着重推进学科组织机构、队伍、科研、人才培养、课程、教材等建设，开展高校思想政治教育基础理论研究、强化重大现实研究、发挥学术引领作用，推动学科队伍素质的提高、学科研究方向的凝练、学科学术方法的集聚、学科制度规范的形成。第三，建成高水平学科科研体系为教学体系服务。教学体系是学科体系的拓展和延伸。马克思主义学院质量提升工程建设，完善经费保障运行，逐渐设立马克思主义理论学科作为学校重点学科建设，提升马克思主义理论学科科研水平，将学科队伍科研成果运用于服务于教学体系之中。从教学体系到学生认知体系的转换过程中，思想政治理论课教学过程中，教师主体既要自觉渗透对大学生主体的本体的关注，也要将教学内容与学生的切实需要和利益联系起来，依靠思想的力量和真理的力量建构富有思想与逻辑的教学能力，适应学生认知水平与成长需要的能力。

结　语

本书考虑思想政治教育专业课程教学和读者自学，注重对思想政治教育元理论的深度研究，一是面向思想政治教育本体内部；二是进行元理论的深度研究，注重突出思想政治教育科学研究。突破传统思想政治教育将经典教育学范式作为基本线索和理论分析框架，运用系统论从社会视域中对思想政治教育概念澄清、思想政治教育学科建设、思想政治教育本质论争、思想政治教育价值追问、思想政治教育话语建构、思想政治教育公共关注、思想政治教育组织建制、思想政治教育转型研究、思想政治教育系统建设等进行专题分析，推动思想政治教育学科宏观与精细化研究统一，为现代思想政治教育理论与实践的整体性、结构化协同提供参考。因此，新时期要创新思想政治教育前沿研究，树立问题意识和创新意识，时刻瞄准理论和实践前沿，不断凝练具有中国特色、时代特征和问题导向的研究方向，在寻找前沿、抓住前沿、突破前沿的良性循环中，推动思想政治教育学科创新发展，为更好地服务于全国高校思想政治工作，推动意识形态工作建设提供参考借鉴。

一　运用结构功能主义方法深化思想政治教育前沿研究

从思想政治教育前沿研究的理论基础来看，马克思主义整体性思想是思想政治教育前沿研究的理论基础，思想政治教育前沿研究创新所要追求的价值目标、主体设定、内容创新、空间拓展、方法探索等，都是思想政治教育前沿研究创新发展的不同角度或方面的具体表现。思想政治教育前沿研究也要因事而化、因进而进、因势而新，运用结构功能主义方法来进行逻辑架构，揭示思想政治教育科学研究的前沿问题，揭示出思想政治教育学科建设与学科发展的瓶颈问题。冯刚教授提出要始终保持研究动力和活力："首先，要把握理论前沿，就是要紧紧围绕习近平总书记系列重要讲话，围绕党中央治国理政新理念新思想新战略，加强选题策划，加强资源整合，组织集体攻关，推出更多有分量的研究成果。其次，要把握实践前沿，就是要立足国家经济社会发展实践，立足高校思想政治教育工作实际，在服务国家经济社会发展中获得位置、获取自信，在服务学生健康成长中体现价值、赢得尊重，逐步增强研究的感召力、公信力和影响力。最后，要体现创新性，就是要坚持立足中国、以我为主，围绕构建中国特色、中国风格、中国气派的思想政治教育学科的目标，不断挖掘新材料、发现新问题、提出新观点、构建新理论，构建起思想政治教育的中国话语体系。"①

二　运用系统思维进行前提性反思阐释思想政治教育前沿问题

第一，运用系统方法论研究思想政治教育前沿问题。将思想政治教育系统看作是由若干要素构成而又彼此联系的部分构成的系统性整体，将复杂的思想政治教育系统划分为不同组成部分进行研究，如理论、学科、实践、人、环境等要素，通过学科共同体意识和学科自觉将知识生产和知识应用整合在一起，包括问题的学术定位、致思的学者立场、研究的学术精神，以及对学术责任和社会责任的自觉担当，探索思想政治教育的规律与发展问题。

第二，丰富思想政治教育理论基础与基本原理研究。思想政治教育理论基础以马克思主义为主，以多学科理论为辅，马克思主义理论基础在不断与时俱进，如何以中国化马克思主义为具体指导，如何以马克思主义中国化最新成果指导思想政治教育理论与实践发展是一个迫切需要解决的问题。学科基本理论是思想政治教育学理论体系中原理部分，研

---

① 冯刚：《思想政治教育创新发展的四个着力点》，《教学与研究》2017年第1期。

究对象如何进一步科学规定，概念范畴如何进一步科学抽象，基本原理如何进一步科学完善等，都是基本理论研究的前沿问题，如理论界对思想政治教育元理论中的元概念、范畴、价值、理念、环境等进行重新审视，这是对思想政治教育学前沿结构的不断拓展。新形势下应确立学科意识、树立责任意识、培养开放意识，拓展思想政治教育学科领域、丰富学科内涵、增强学科特色、提高学科水平。

第三，推动思想政治教育的学科发展与科学发展研究。思想政治教育学科发展与科学发展关系思想政治教育发展前途。思想政治教育学科发展是科学发展的前提，科学发展是思想政治教育学科发展的前进方向。从基本原理角度，思想政治教育范畴论、本质论、价值论、结构论、主体论、接受论、过程论、载体论、方法论、环境论、管理论等需要完善；从教育对象角度，高校思想政治教育、军队思想政治教育、职工思想政治教育、干部思想政治教育、农民思想政治教育、社区思想政治教育、中小学生思想政治教育等需要不断拓展提升。这些都是思想政治教育学科科学发展的重要路径，也是思想政治教育学前沿研究丰富、领域拓展和结构完善的方向和趋势。

第四，推进思想政治教育交叉学科研究范式创新。经验研究在思想政治教育研究中占据着重要地位，思辨研究依然是思想政治教育研究的主流，实证研究开始逐渐进入思想政治教育研究领域，交叉学科研究成为趋势。如何借鉴教育学、心理学、伦理学、社会学、政治学等多学科理论和研究方法，形成一批具有思想政治教育学基本概念和理论体系的分支学科，这是思想政治教育分支学科发展的前沿问题，如思想政治教育经济学、思想政治教育社会学、思想政治教育文化学、思想政治教育心理学、思想政治教育管理学等，这是对思想政治教育学科的丰富与发展。在分支学科发展方面要发展"主旋律教育、理想信念教育、道德法制教育、网络思想政治教育；加强与思想政治教育直接有关的非智力因素的研究，主要包括心理健康、心理咨询研究，婚恋道德、婚恋规范研究，事业理想、职业选择研究以及现代人际交往研究"。如何处理好思想政治教育与马克思主义一、二级学科关系、如何处理思想政治教育分支学科关系、如何把马克思主义学科整体化等问题关系到思想政治教育学科发展的前沿问题，制约着思想政治教育学科发展的迫切性问题。此外，学习学、成功学、创造学等结合实际进行本土化路径也值得研究。

三 运用社会系统理论推进思想政治教育前沿研究

第一，关注社会现代化视野中的思想政治教育现代性问题。社会现代化给高校思想政治教育多层次冲击，马克思主义指导思想面临多样化社会思潮挑战，核心价值观面临市场逐利性挑战，传统教育引导方式面临网络新媒体挑战，培养建设者和接班人面临敌对势力渗透争夺的挑战，这给大学生思想政治教育"孤立、分散、封闭、碎片、分化"的现状，造成了思想政治教育还存在着"工作缺乏顶层设计""环节缺乏衔接""资源缺乏整合""整体合力尚未形成"等问题。这就要求思想政治教育研究要重点关注思想政治教育社会化和思想政治教育专业化双重进程中的传统与现代、理论与实践、正向与负向、物质与精神、理想与现实、整合与分化关系。

第二，思想政治教育转型与创新研究。现代化带来了一个不断变迁的社会，由于技术、竞争、政治、经济、全球化等因素影响，人们生活的经济、政治、文化、社会环境发生巨大变化，社会由传统社会向现代社会转型，思想政治教育从传统向现代的转型如何实现？如何通过思想政治教育转型来推进思想政治教育现代化；如何推进思想政治教育的社会化和国际化也是值得深入研究的前沿课题。如何在思想政治教育面临的新形势、新任务、新课题与新思路的研究中，推动不同领域思想政治教育创新与发展；如何深入推进思想政治教育的理论体系研究、思想政治教育的方法论研究、思想政治教育的历史发展研究、思想政治教育的比较研究、当代思想政治教育的发展研究，这是思想政治教育研究的前沿问题中的热点问题。

第三，契合当前社会前沿热点问题展开跟踪研究。从研究趋势来看，思想政治教育"史""论""比较""方法"研究将仍然成为研究热点。思想政治教育学术史研究、思想政治教育话语研究、社会主义核心价值观践行研究等问题已经成为研究前沿与研究重点问题，将来仍然会继续成为研究热点问题。在习近平同志为核心的党中央领导下，在全面推进党的建设新的伟大工程、推进中国特色社会主义伟大事业进程中，习近平思想研究将会逐渐形成研究热点，关于习近平总书记系列重要讲话精神、五大发展理念、"四个全面"战略布局、"四个自信"研究、党中央的治国理政新理念新思想新战略研究、高校思想政治理论课教学改革研究等成为思想政治教育学界的研究热点和研究前沿问题。

  第四，推进思想政治教育实践应用前沿问题研究。现代思想政治教育实证研究缺乏，脱离于生活世界和现实发展，思想政治教育研究不仅要有哲学的追问和现实生活世界反思来检验思想政治教育的真理性和科学性，还要关注思想政治教育的应用性问题，提升对社会主流意识形态和民众思想政治素质提升的真切关注。如信息化时代"智慧地球"的广泛发展，网络事件频发的社会格局中，思想政治教育如何利用网络新媒体，占领网络思想政治阵地，探索网络思想政治教育理论与方法；对全球变暖、生态恶化等危及人类生存的重大问题，思想政治教育研究如何打破原有价值局限，重视生态价值；关注社会重大理论如马克思主义大众化、社会主义核心价值体系与社会主义核心价值观社会化问题；青少年、大学生、研究生以及弱势群体的思想政治教育、生活教育、活动教育等问题研究；根据社会、自然风险与危机频发的新情况，研究思想政治教育风险预测、预防以及危机干预理论与方法等，这都是思想政治教育学前沿研究应对社会挑战的现实需要。

参考文献

一 中文著作类

张耀灿等:《思想政治教育学前沿》,人民出版社 2006 年版。

张耀灿、徐志远:《现代思想政治教育学科论》,湖北人民出版社 2003 年版。

张澍军:《思想政治教育前沿论略》,人民出版社 2015 年版。

王学俭:《现代思想政治教育前沿问题》,人民出版社 2008 年版。

刘建军:《马克思主义基本原理与当代中国思想政治教育专题研究》,中国人民大学出版社 2015 年版。

孙其昂:《思想政治教育学前沿研究》,人民出版社 2013 年版。

孙其昂:《思想政治教育现代转型研究》,学习出版社 2015 年版。

马振清:《思想政治教育前沿问题研究》,国家行政学院出版社 2014 年版。

周先进等:《高校思想政治教育前沿问题研究》,中国书籍出版社 2015 年版

倪愫襄:《思想政治教育元问题研究》,中国社会科学出版社 2014 年版。

李春华:《思想政治教育若干重大问题研究》,中国社会科学出版社 2015 年版。

张蔚萍、张俊南:《思想政治工作概论》,陕西人民出版社 1983 年版。

张蔚萍:《思想政治工作学教程》,中共中央党校出版社 2008 年版。

冯刚,郑永廷主编:《思想政治教育学科三十年发展报告》,光明日报出版社 2015 年版。

郑永廷:《现代思想道德教育理论与方法》,广东高等教育出版社 2000

年版。

沈壮海：《思想政治教育发展报告（2014/2015）》，高等教育出版社 2016 年版。

沈壮海：《思想政治教育有效性研究》，武汉大学出版社 2001 年版。

石书臣：《现代思想政治教育主导性研究》，学林出版社 2004 年版。

祖嘉合：《思想政治教育方法教程》，北京大学出版社 2004 年版。

万光侠等：《思想政治教育的人学基础》，人民出版社 2006 年版。

李合亮：《思想政治教育探本：关于其源起及本质的研究》，人民出版社 2007 年版。

李合亮：《解析与建构：当代中国思想政治教育的哲学反思》，人民出版社 2010 年版。

罗洪铁：《思想政治教育学原理》，西南师范大学出版社 2009 年版。

罗洪铁等：《思想政治教育学学科理论体系演变研究》，中国社会科学出版社 2012 年版

赵兴宏：《思想政治教育理论与实践若干问题研究》，社会科学文献出版社 2015 年版。

邱柏生：《高校思想政治教育的生态分析》，上海人民出版社 2009 年版。

平章起、梁禹祥：《思想政治教育基本理论问题研究》，南开大学出版社 2009 年版。

田鹏颖、赵美艳：《思想政治教育哲学》，光明日报出版社 2010 年版。

韦冬雪：《思想政治教育过程矛盾和规律研究》，光明日报出版社 2011 年版。

金林南：《思想政治教育学科范式的哲学沉思》，江苏人民出版社 2012 年版。

刘基：《高校思想政治教育论》，中国社会科学出版社 2006 年版。

洪波：《思想政治教育话语范式转换研究》，浙江大学出版社 2012 年版。

邹绍清：《当代思想政治教育方法论发展研究》，人民出版社 2013 年版。

邱伟光、张耀灿：《思想政治教育学原理》，高等教育出版社 1999 年版。

刘书林、陈立思：《青年思想政治教育学原理》，中国青年出版社 1999 年版。

杨生平、隋淑芬：《思想政治教育理论研究》，首都师范大学出版社 1999

年版。

秦在东：《思想政治教育管理论》，湖北人民出版社2003年版。

邱柏生：《高校思想政治教育的生态分析》，上海人民出版社2009年版。

石书臣：《现代思想政治教育主导性研究》，学林出版社2004年版。

李辉：《现代思想政治教育环境研究》，广东人民出版社2005年版。

戴钢书：《德育环境研究》，人民出版社2002年版。

王树荫：《中国共产党思想政治教育史》，中国人民大学出版社2011年版。

李征：《马克思恩格斯思想政治教育理论与实践研究》，北京大学出版社2011年版。

卢岚：《断裂处的光缆——现代思想政治教育社会生态论》，湖北人民出版社2010年版。

万美容：《思想政治教育方法发展研究》，中国社会科学出版社2007年版。

陈秉公：《思想政治教育学》，吉林大学出版社1992年版。

闵永新：《大学生思想政治教育整体有效性问题研究》，中国社会科学出版社2012年版。

杨增崟：《思想政治教育生态分析引论》，中国社会科学出版社2015年版。

蓝江：《思想政治教育社会化研究》，湖北人民出版社2005年版。

任剑涛：《后革命时代的公共政治文化》，广东人民出版社2008年版。

曹锦清：《如何研究中国》，上海人民出版社2010年版。

孙立平：《转型与断裂：改革开放以来中国社会结构的变迁》，清华大学出版社2004年版。

李强：《转型时期的中国社会分层结构》，黑龙江人民出版社2002年版。

李培林：《中国社会》，社会科学文献出版社2011年版。

高宣扬：《当代社会理论》，中国人民大学出版社2010年版。

李俊伟：《思想政治工作现代化与科学化》，红旗出版社2007年版。

刘祖云：《从传统到现代：当代中国社会转型研究》，湖北人民出版社2000年版。

侯勇：《社会视野中的思想政治教育系统研究》，人民出版社2016年版。

余仰涛：《思想政治工作研究方法论》，武汉大学出版社 2006 年版。

鲁洁：《德育社会学》，福建教育出版社，1998 年版。

苗东升：《系统科学大学讲稿》，中国人民大学出版社 2010 年版。

［英］大卫·麦克里兰：《意识形态》，孔兆政、蒋龙翔译，吉林人民出版社 2005 年版。

［美］托马斯·库恩：《科学革命的结构》，金吾伦、胡新和译，北京大学出版社 2003 年版。

［美］赫伯特·马尔库塞：《单向度的人》，刘继译，上海译文出版社 1989 年版。

［德］哈贝马斯：《公共领域的结构转型》，曹卫东等译，学林出版社 1999 年版。

［美］詹姆斯·博曼：《公共协商：多元主义、复杂性与民主》，黄相怀译，中央编译出版社 2006 年版。

［德］尤尔根·哈贝马斯：《合法化危机》，刘北成、曹卫东译，上海人民出版社 2009 年版。

［日］佐藤学：《课程与教师》，钟启泉译，教育科学出版社 2003 年版。

［德］马克斯·韦伯：《学术与政治》，冯克利译，生活·读书·新知三联书店 2005 年版。

［美］C. 赖特·米尔斯：《社会学的想象力》，陈强、张永强译，生活·读书·新知三联书店 2013 年版。

［美］马泰·卡林内斯库：《现代性的五副面孔》，顾爱彬、李瑞华译，商务印书馆 2002 年版。

［美］冯·贝塔朗菲：《一般系统论：基础、发展和应用》，林康义、魏宏森等译，清华大学出版社 1987 年版。

［美］珍妮·H. 巴兰坦：《教育社会学：一种系统分析法》，朱志勇、范晓慧译，凤凰出版传媒集团 2005 年版。

［美］伯顿·R. 克拉克：《高等教育系统——学术组织的跨国研究》，王承绪等译，杭州大学出版社 1994 年版。

［法］让·鲍德里亚：《消费社会》，刘成富、全志钢译，南京大学出版社 2008 年版。

二　中文期刊类

郑永廷：《论社会意识形态与思想政治教育的内在联系》，《中国高校社会科学》2015年第6期。

吴潜涛：《协调发展理念与社会主义核心价值观》，《中国高等教育》2016年第6期。

吴倬：《建立结构合理功能互补的高校德育系统》，《清华大学教育研究》2001年第1期。

陈占安：《论习近平治国理政思想的主题》，《思想理论教育》2017年第8期。

陈秉公：《论思想政治教育学科基本理论的再系统化》，《思想理论教育导刊》2006年第8期。

石云霞：《习近平人生哲学新理念探析》，《思想教育研究》2016年第6期。

张澍军：《试论思想政治教育学科前沿的若干重大问题》，《马克思主义研究》2011年第1期。

冯刚：《思想政治教育创新发展的四个着力点》，《教学与研究》2017年第1期。

冯刚：《深刻把握思想政治教育的前沿问题》，《教学与研究》2012年第9期。

沈壮海：《改革开放以来思想政治教育研究的学术版图》，《思想理论教育导刊》2008年第11期。

沈壮海：《论思想政治教育理论研究的新范式与新形态》，《思想理论教育导刊》2007年第2期。

沈壮海：《思想政治教育学科的新自觉与新未来》，《马克思主义理论学科研究》2015年第1期。

杨晓慧、张泽强：《"四个服务"：高校思想政治工作新理念》，《中国青年社会科学》2017年第3期。

杨晓慧：《加强高校党委在思想政治工作中的顶层设计》，《思想理论教育》2017年第3期。

佘双好：《新时期思想政治教育专业建设的发展方向》，《思想理论教育》

2016 年第 7 期。

佘双好：《高校思想政治工作的新变化、新观点和新趋向》，《青年发展论坛》2017 年第 1 期。

靳诺：《全面建设一流马克思主义理论学科》，《思想教育研究》2016 年第 1 期。

王永贵：《掌握高效思想政治工作主导权的现实思考》2017 年第 4 期。

韩华：《推进思想政治教育学科科学化发展的思考——基于对 2000—2009 年思想政治教育学科博士学位论文的分析》，《思想理论教育》2011 年第 7 期。

黄蓉生：《思想政治教育专业政策价值探析——基于思想政治教育专业 30 年发展视域》，《国家教育行政学院学报》2016 年第 3 期。

王学俭、张哲：《多维空间视阈下的思想政治教育研究》，《马克思主义研究》2014 年第 4 期。

宇文利：《马克思恩格斯"人与环境"关系论及其思想政治教育应用》，《思想教育研究》2016 年第 5 期。

王习胜：《当前思想政治教育的主要矛盾与发展趋向》，《马克思主义研究》2015 年第 9 期。

刘云林：《思想政治教育内容的形态及其功能向》，《学校党建与思想教育》2015 年第 19 期。

王树荫、石亚玲：《论提升思想政教育质量的着力点》，《思想理论教育》2015 年第 7 期。

刘建军：《思想政治教育的话语转换及其路径》，《安徽师范大学学报》（人文社会科学版）2016 年第 4 期。

郭凤志：《加强高校意识形态建设的文化主体意识及话语体系创新》，《红旗文稿》2015 年第 18 期。

骆郁廷：《论网络思想政治教育的主体与客体》，《马克思主义与现实》2016 年第 2 期。

骆郁廷、魏强：《论大学生思想政治教育的网络文化话语权》，《教学与研究》2012 年第 10 期。

项久雨：《以人为本：思想政治教育主客体关系的马克思主义人学之维》，《教学与研究》2016 年第 2 期。

顾钰民：《高校思想政治理论课改革"慕课热"以后的"冷思考"》，《思想理论教育导刊》2016年第1期。

柳礼泉：《让德育在文化中诗意的栖居——论德育"以文化人"的三个维度》，《湖南社会科学》2015年第5期。

冯培：《审时度势借"式"化事提升思想政治教育的针对性与亲和力》，《思想理论教育导刊》2017年第1期。

张瑜：《大数据背景下我国网络意识形态建设论析》，《高校马克思主义理论研究》2016年第2期。

武东生、余一凡：《经典作家关于"思想政治教育"的思想述要》，《高校理论战线》2008年第2期。

石书臣：《思想政治教育的本质规定及其把握》，《马克思主义与现实》2009年第1期。

苏振芳：《对思想政治教育学科定位的若干思考》，《思想教育研究》2013年第11期。

白显良：《改革开放以来思想政治教育学科定位的回顾与思考》，《思想理论教育》2009年第5期。

戴锐：《思想政治教育的公共化转型》，《马克思主义与现实》2013年第1期。

侯惠勤：《马克思关于意识形态虚假性之判断与当代意识形态之争论》，《河南大学学报》2002年第2期。

李辽宁：《论中国社会主义思想政治教育话语体系的传承与创新》，《学校党建与思想教育》2013年第10期。

吴琼、纪淑云：《马克思主义大众化语境中的思想政治教育话语变革》，《求实》2010年第10期。

鲁杰：《思想政治教育话语的功能定位与实现路径研究》，《理论与改革》2011年第2期。

邱仁富：《思想政治教育话语的基本结构和功能》，《思想政治教育研究》2011年第5期。

王颖：《现代思想政治教育公民话语的生成与建构》，《首都师范大学学报》2007年第2期。

张异宾：《构建中国特色的哲学社会科学学术话语体系》，《中国高等教育》2015 年第 1 期。

李昆明：《构建当代中国马克思主义理论学科的学术话语体系》，《思想政治教育研究》2013 年第 2 期。

王易：《论思想政治教育学科的理论创新》，《高校辅导员》2016 年第 4 期。

温静：《论爱国主义在中华民族精神中的核心地位》，《马克思主义研究》2016 年第 2 期。

叶方兴、孙其昂：《论思想政治教育内部化》，《湖北社会科学》2014 年第 9 期。

郑敬斌：《思想政治教育者形象论》，《思想理论教育导刊》2017 年第 4 期。

吴林龙：《思想政治教育学科理论建设的生长点》，《思想教育研究》2016 年第 2 期。

唐爱军：《社会分化中的意识形态整合》，《江苏行政学院学报》2016 年第 2 期。

廖志诚：《论思想政治教育发展动力的构成》，《马克思主义与现实》2009 年第 6 期。

杨威：《思想政治教育发展的系统分析》，《思想理论教育》2008 年第 1 期。

冯建军：《论教育转型》，《全球教育展望》2010 年第 9 期。

邓正来：《中国社会科学面临"唯学科化困境"》，《人民论坛》2009 年第 16 期。

褚凤英：《思想政治教育价值研究的理论演进与人本价值研究之展望》，《学校党建与思想教育》2017 年第 9 期。

史宏波：《论思想政治教育理论研究的问题意识》，《思想理论教育》2013 年第 15 期。

李基礼：《"主客体"与"双主体"之争："对立"还是"统一"——兼与顾钰民教授商榷》，《教学与研究》2015 年第 3 期。

代玉启，陈文旭：《思想政治教育学科定位新探析》，《思想政治教育研究》2009 第 3 期。

陈宗章：《思想政治教育公共性的网络"空间化"转向》，《广西社会科学》2015年第9期。

李怀杰:《思想政治教育大数据评价及其实践路径》,《思想理论教育》2017年第6期。

张智:《新形势下做好思想政治教育工作的科学思维》,《中国高等教育》2017年第5期。

张哲:《论思想政治教育的话语困境与出路》,《教学与研究》2016年第7期。

董雅华:《论思想政治教育学研究的公共性视野》,《思想理论教育》2017年第8期。

许瑞芳、高国希:《思想政治教育模式研究的回顾与展望》,《思想教育研究》2014年第8期。

艾四林、康沛竹:《守正出新,在改进中加强高校思想政治理论教育》,《马克思主义与现实》2017年第3期。

双传学、郝园园:《公共性视角下社会主义核心价值观的认同与践行》,《苏州大学学报》(哲学社会科学版)2016年第3期。

后　记

之所以用"思想政治教育学理论前沿问题研究"这个书名，是因为当前关于思想政治教育前沿研究维度和研究内容较多，关于"前沿研究"的分析框架和研究思路不尽相同，而本书用"前沿问题"主要是想直面思想政治教育前沿研究方面的热点与难点问题，不以建构体系为目的，而是以专题式分析来切入思想政治教育前沿研究这个比较宏大的研究场域，着重分析思想政治教育前沿专题的研究现状、问题意识、存在问题及其发展创新，探究如何推进现代思想政治教育学理论生长与发展创新，以期引起专家同仁的思考和交流研讨，共同促进思想政治教育学科理论研究和实践发展。

本书的写作源自两方面：一方面，在我攻读硕、博士学位时，业师孙其昂教授开设的专业课程"思想政治教育学前沿"的影响，先生言传身教、班级同学的课堂研讨及张耀灿先生等2006年版《思想政治教育学前沿》专著给我很多启发和思考，在这样的学术训练中，我们那样一个思想政治教育学前沿课程的小空间主体受益良多，有好几位同学以课上研讨主题为博士论文选题，如"思想政治教育现代性""思想政治教育现代转型""思想政治教育研究方法"等，好几位以这些选题成功申请了教育部项目、国家社科基金项目等。另一方面，在我到江南大学工作以后，我利用两年时间完成了大部分专题的内容写作，给思想政治教育专业研究生开设了"思想政治学前沿研究"专业课程，在完成教学的讲义同时，我也想把讲义进一步丰富和完善形成书稿，又开始重新写作增加了新章节的内容，可以说本书的完成前后持续了5年时间，历经了三年三届思政研究生班级同学的讨论与完善。回想书稿关键章节的写作完善过程中，正是小儿咿呀学语学步时期，有时他会跑到我的电脑前要拿我的鼠标玩，有时要扯着正忙于打字敲打键盘的我的衣袖（意思要我陪他玩）。此情此景之下，我只有放下手头的专注和脑海中的灵感，陪伴他一起亲子游戏或是给他读故事书或教他写写字、涂涂鸦。我的大部分下班生活和休闲娱乐时间里，这样的状态持续好长一段时间。当然投入本书的写作时间就受到严重影响，写作进度也是一拖再拖。后来，只好是等晚上十点左右小朋友睡觉后，才把电脑拿出来，开始查阅文献，搜集资料，写下灵感，完善书稿。当然，这样的工作进度是比较缓慢，经过了相当长的"碎片化"时间进行快速阅读、深度浏览、补充文献、录入文字。有时凌晨关上电脑，伸了伸有些酸疼的右肩，为了不影响家人休息蹑手蹑脚走进卧室；有时会因为大脑在继续思考问题或是高速运转而失眠，往往翻来覆去个把小时后才会睡去。很多时候可能因为头脑太过于兴奋或是一个观点的火花闪现的刺激，躺在床上辗转反侧思考其中一个观点是否还有更好的表达，是否还可以更多办法解决研究遇到的困难瓶颈，等等。

当然，思想政治教育学理论前沿的实践领域还有大量热点、难点、重点问题还有待进一步深入研究，如本书最初的大纲设计有"课程教学"章节，且已完成近3万字左右的内容，考虑书名主要为理论前沿问题的分析与探究，所以删除了这部分内容，类似这些实践前沿问题将有待进一步另行计划安排推进，遂不在本书中一一涉及。本书写作的第一稿大纲中，还有一章内容思想政治教育研究之研究方法论是我需要重点去强化和完善的，原本是作为本书最后一章"方法研究"章节的内容，因为篇幅所限及还有待进一步完善，补充数据，故本书暂未将其放入其中，待后面围绕这个选题进行专门研究。本书的写作初心仅仅作为思想政治教育前沿研究的一种初探，以期抛砖引玉，共同推动思想政治教育学基本理论生长与创新发展。本书的完稿感谢在中宣部借调时的领导、同事的指点关心，感谢江南大学领导、同事的关怀帮助；感谢江南大学马克思主义学院2013级、2014级、2015级思想政治教育专业研究生的课堂讨论及研究生孙然、孙希颜、曾文博等分工阅读校对书稿引文。本书的出版得到了江南大学博士点培育学科经费资助。中国社会科学出版社赵丽老师团队在本书选题、写作和出版过程中，付出了辛苦劳动，体现出高超的专业水准和职业水平！本书写作中参考了学界诸多专家学者的优秀成果，在此对他们表示衷心感谢。

  由于思想政治教育学理论前沿问题是一个复杂且常议常新的话题，由于作者水平有限，研究中还存在整体性不强、逻辑建构不严密、语言表达不严谨、对策思路不成熟等问题，敬请同行专家与读者批评指正。

侯　勇

2017 年 3 月于无锡太湖之滨